KB143845

당신을 말해주는
하나의 단어는
무엇입니까?

# 한 단어의 힘

**초판 1쇄 발행** 2019년 7월 22일
**2판 1쇄 발행** 2023년 9월 18일

**지은이** 에번 카마이클
**옮긴이** 김고명

**펴낸이** 조기흠
**책임편집** 송병규 / **기획편집** 박의성, 이자은, 유지윤, 전세정
**마케팅** 정재훈, 박태규, 김선영, 홍태형, 임은희, 김예인 / **표지 디자인** 필요한 디자인 / **본문 디자인** 이창욱
**제작** 박성우, 김정우

**펴낸곳** 한빛비즈 (주) / **주소** 서울시 서대문구 연희로2길 62 4층
**전화** 02-325-5506 / **팩스** 02-326-1566
**등록** 2008년 1월 14일 제 25100-2017-000062호

**ISBN** 979-11-5784-696-2 13320

이 책에 대한 의견이나 오탈자 및 잘못된 내용에 대한 수정 정보는 한빛비즈의 홈페이지나
이메일(hanbitbiz@hanbit.co.kr)로 알려주십시오. 잘못된 책은 구입하신 서점에서 교환해드립니다.
책값은 뒤표지에 표시되어 있습니다.

⌂ hanbitbiz.com   🇫 facebook.com/hanbitbiz   🅽 post.naver.com/hanbit_biz
▶ youtube.com/한빛비즈   🅞 instagram.com/hanbitbiz

**지금 하지 않으면 할 수 없는 일이 있습니다.**
**책으로 펴내고 싶은 아이디어나 원고를 메일(hanbitbiz@hanbit.co.kr)로 보내주세요.**
**한빛비즈는 여러분의 소중한 경험과 지식을 기다리고 있습니다.**

# YOUR

**당신이
선택한 그 단어가
당신의 인생이 된다**

# ONE

# WORD

## 한 단어의 힘

에번 카마이클 지음 | 김고명 옮김

한빛비즈 Hanbit Biz, Inc.

당신을 설명할 수 있는

단 하나의 단어를 찾고 싶다면

먼저 자신이 어떤 사람인지 들여다보라.

출발점은

당신의 본질이다.

#YOUR ONE WORD

**#NAVIGATION**

당신의 본질이 담긴 단 하나의 단어를 찾는다면

당신이

인생의 중요한 결정을 내려야 할 때

헷갈리지 않고 올바른 결정을 내릴 수 있도록

당신의 단어가

나침반이 되어줄 것이다.

## 인생을 바꾸고 업그레이드하기 위해
## 만들어야 할 한 단어

성공하고, 돈을 벌고, 자신의 영향력을 세상에 알리는 데 관심이 없는 사람은 단 한 명도 없습니다. 그것이 생존에 관계되는 일이니까요. 만나는 사람마다 끊임없이 이에 대해 물어봅니다. 정말 대답하기 어려워요. 그런데, 이런 고민을 간단하게 끝내주는 책이 있습니다.

저는 이 책을 읽기 전부터 저자가 운영하는 유튜브 채널을 구독하고 있었는데, 첫인상은 이랬습니다.

'아, 이 사람 장사 천재구나. 마케팅에 도가 텄네!'

《한 단어의 힘》의 저자 에번 카마이클이 처음부터 천재적인 재능을 발휘한 것은 아녜요. 10만 달러의 연봉을 거절하고 자신만만하게 사업을 시작했지만, 그의 손에 들어오는 돈은 고작 한 달에 300달러 남짓에 불과했습니다. 그렇게 악착같이 버티는 동안 그는 성공의 '비밀' 하나를 발견합니다.

당신의 사업을 성공으로 이끌고, 위대한 리더들이 자신의 기업을 성공시킨 비밀이지만, 알고 보면 별것 아닌 비밀. 그가 발견한 '비밀'이 도대체 무엇일까요? 저의 이야기부터 하자면, 제가 하고 있는 일에서 결정적으로 무엇이 빠져 있는지를 이 책을 읽고 알게 되었습니다.

"모든 것은 한 단어로 시작된다."

위대한 사람은 모두 한 단어로 설명될 수 있습니다. 마틴 루터 킹은 '평등', 오프라 윈프리는 '마음', 스티브 잡스는 '영향력'이 딱이겠네요. 그렇다면 당신은 무엇인가요? 김미경을 한 단어로 표현하면 무엇일까요? 저는 저를 통해 여러분이 얻고 싶은 것, 그것이 저를 표현하는 한 단어라고 생각했습니다. 그래서 물었죠. 누군가는 '꿈'이라고 말해줬고, 누군가는 '열정'이라고 답했습니다.

열정적인 사람이 되기 위해 나는 매일 이렇게 열정적으로 삽니다.
그리고 내 열정을 나눠주기 위해 나는 수많은 사람 앞에서 강연을 합니다.
그리고 열정을 갖고 있기에 나는 10년 후까지 할 수 있는 두 번째 꿈을 꾸고 있습니다.

저자는 가장 힘들었던 시기에 스티브 잡스의 연설을 듣고 자신의 단어를 찾아냅니다. 스티브 잡스는 연설에서 "마케팅에서 제일 중요한 것은 가치"라며, 사람들에게 알리고 싶은 것이 무엇인지 명확해야 한다고 말합니다. 애플의 본질, 애플의 핵심 가치는 열정이 있는 사람이 세상을 더 좋은 곳으로 바꿀 수 있다는 믿음이고, 그것은 절대로 변해서는 안 된다는 말에 충격을 받은 저자는 고민을 시작하죠. '그렇다면 나는, 무엇이어야 될까?'

그가 찾아낸 단어는 바로 #BELIEVE, '믿는다'였습니다.

그리고 모든 것이 바뀌었죠.

이후 그는 자신의 본질을 담은 한 단어, '믿는다'를 공유하는 리더십 아카데미를 시작했고, 나사와 존슨앤드존슨 같은 대기업과 계약을 체결하는 데 성공했습니다. 지금은 전 세계 30여 개국에서 고객을 확보하고 있죠. 벤처캐피털리스트로 활동하며 자신과 같은 처지의 창업자들이 자금을 유치할 수 있도록 돕고 있기도 합니다. 이제 그의 목표는? 창업가 10억 명을 구원하는 것!

저자는 자신이 발견한 성공의 비밀을 다른 사람들과 적극적으로 공유하며 그들이 자신의 핵심 가치를 발견하도록 돕고 있습니다. '비범함'을 자신의 단어로 선택한 영화 제작자의 이야기도 굉장히 흥미롭습니다. 그는 사업을 하며 길을 잃은 듯한 느낌을 받았다고 합니다. 그를 움직이는 건 다른 사람들의 '인정'이었어요. 돋보이는 사람이 되고 싶었고, 평범하게 사는 것을 두려워하고 있었죠. 자신이 무엇을 원하는지 곰곰이 생각해보니, 비범한 남편(!)이 되고 싶었고, 네 아이에게 비범한 아버지가 되고 싶었으며,

비범한 시민, 비범한 사업가가 되고 싶었습니다. 그는 '비범한' 일을 할 때 행복했습니다. 그는 '비범함(#EXTRAORDINARY)'이라는 단어가 자신의 것임을 직감하고 사명도 바꾸고 이렇게 홍보했다고 하네요. "나는 비범한 영상을 만듭니다!"

이렇게 자신을 규정하는 한 단어를 찾고 난 후, 그 핵심 가치를 사람들에게 지속적으로 반복적으로 알리면서 그는 지금도 영화 제작자로 왕성하게 활동하고 있습니다. (물론 금전적인 성공은 말할 것도 없지요.) 이 외에도 가족(#FAMILY)을 한 단어로 선택한 후 50만 달러의 기업가치를 가진 북아메리카 최대 살사 클럽 TDS를 키워낸 외로운 회사원의 이야기도 창업을 꿈꾸는 분들에게 용기를 불어넣어줄 것입니다.

한 단어의 힘은 여기서 그치지 않습니다. 이 단어 하나를 증명하기 위해 많은 일들이 이 단어 위주로 돌아가기 시작합니다. 만약 한 단어가 열정이라면, 열정적으로 하루를 살기 위해, 열정적으로 미래를 만들어가기 위해, 열정을 사람들에게 전파하기 위해 내가 해야 할 일들과 이벤트들이 생겨나는 거죠. 그래서 당신이 출발하기 전에 한 단어가 중요합니다.


단어 하나를 만들기 위해서는 한 달 내내 그 생각만 해야 합니다. 저자는 #BELIEVE를 찾기 전에 자신을 행복하게 하는 것이 무엇인지 먼저 찾기 시작했습니다. 예를 들면 이런 거예요. '내가 좋아하는 영화는 뭐지?' '좋아하는 책은 뭐지?' '가장 친한 친구는 누구지?' '내 좌우명은?' '나는 어떤 사람을 좋아하지?' 이런 식으로 A4 용지를 채워나갔죠.

그러다 보면, 한 단어가 떠오릅니다.

물론, 이 책에는 한 단어를 만들고 이후 어떻게 해야 하는지도 자세히 나와 있습니다. 어떻게 한 단어를 운영하고, 어떻게 행동해야 하는지, 마케팅은 어떻게 할 것인지까지도요.

자, 이제 당신을 표현하는 하나의 단어를 무엇으로 할지 결정했나요?

가장 체험적이고 바로 적용 가능한 이 책을 따라 그리고 나의 단어를 찾아 길을 떠나봅시다.

#김미경

#한_단어의_힘

#열정

# PART 1

## 코어: 한 단어의 본질을 발견하다

# PART 2

## 캠페인: 한 단어의 영향력을 확장하다

#INFLUENCER #EXTEND #PANDOM

당신의 한 단어가 영향력을 발휘할 수 있도록 캠페인을 활용하는 방법을 탐구한다.
실제 캠페인 성공 사례를 통해 실질적인 활용법을 배운다.

# #CAMPAIGN

# PART 3

## 컴퍼니: 한 단어를 비즈니스에 적용하다

#BUSINESS #MANAGEMENT #SUCCESSFUL CASE

회사를 세우고 성장시키는 과정에서 자본금 조성, 마케팅 및 브랜딩, 고객 서비스,
팀원 채용, 문화 형성, 운영 등에 한 단어를 접목하는 방법을 알아본다.

# #COMPANY

CHAPTER

7

## 한 단어로 경영하라 303

꿈을 현실로 바꾼다.
당신의 한 단어가!

## 단 한 번의 기회가 찾아온다면…

만약에 당신이 이제껏 원했던 모든 것을 이룰 단 한 번의 기회, 단 한 번의 순간이 찾아온다면

그것을 붙잡겠는가, 그냥 날려버리겠는가?

－ 에미넴(다수의 히트곡을 배출한 래퍼)

"내가 에번한테 큰돈 들인 거 알죠? 지구 반 바퀴를 돌아서 여기까지 오
는 비행기 삯만 해도 얼마예요? 그러니까 오늘 여기 모인 사람들 껌뻑 죽
게 만들어주셔야 합니다!"

말레이시아에서 행사의 개막을 알리기 위해 무대에 오르기 2분 전 주최
측 관계자가 내게 한 말이다.

응원 한번 살벌했다.

말레이시아소셜미디어위크Malaysia Social Media Week(MSMW)는 초대형 행사였다. 행사장으로 들어서자 장난이 아니구나 하는 생각이 들었다. 광활한 홀, 거대한 무대, 휘황한 조명, 고급 시청각 장비, 곳곳의 카메라, 홀을 가득 채운 의자. 사람들이 우르르 들어오고 있었다. 그렇게 긴장이 되긴 또 오랜만이었다. 에미넴의 가사가 머릿속을 맴돌았다. 이 절호의 기회를 날려버리고 싶지 않았다. 시차에서 오는 피로를 극복하려고 프라푸치노로 카페인과 당을 때려 부은 나는 정신을 가다듬고 관계자에게 말했다.

"걱정 말아요, 노먼. 잘할 테니까."

나는 내가 찾은 강력한 비법, 내 인생과 사업을 변화시키고 또 내게 그것을 소개받은 사업가들의 인생과 사업을 변화시킨 비법을 이야기하러 말레이시아에 와 있었다. 하지만 노먼이 걱정할 만도 했다. 노먼은 내 유튜브 영상을 보고 연설을 요청했다. 그는 내 열정을 높이 샀고, 내가 그 열정을 그 나라 사업가에게도 잘 전파할 수 있기를 바랐다. 조금만 있으면 내가 MSMW 역대 최다 관중과 전 세계의 온라인 시청자 앞에 나서야 할 시간이었다. 객석에는 말레이시아 정부 고위 인사와 그 나라에서 내로라하는 마케팅계의 영향력자가 앉아 있었다. 내가 제대로 못 하면 쓸데없이 캐나다 유튜버를 주역으로 초청해서 행사를 망쳤다고 노먼이 두고두고 욕을 먹을 게 뻔했다.

그 후 일어난 일은 실로 경이로웠다.

나는 무대에 서서 내 모든 것을 변화시킨 '한 단어'의 비밀을 이야기했고 청중은 내 말에 흠뻑 빠져들었다. 여기저기서 격정적으로 노트북 자판을 두드리는 소리가 들렸다. 내 연설은 트위터로 말레이시아 전역에 생중계되었다. 실시간으로 트위터 상황을 보여주는 대형 화면은 너무 빨리 업데이트되어 읽을 수조차 없을 지경이었다. 연설이 끝나자 사람들이 줄을 지어서 나를 기다렸다. 질문을 하기 위해서가 아니라 같이 사진을 찍기 위해서였다. 나는 불과 1시간 만에 무명인에서 초특급 스타가 되어 있었다. 그날의 백미는 무대에서 내려와 노먼을 만났을 때였다. 입꼬리가 귀에 걸린 그는 내 손을 으스러질 듯이 아프게 쥐고는 놓을 생각을 안 했다. 그는 진심 어린 목소리로 말했다.

"우리가 믿을 수 있게 해주셔서 감사합니다."

이 책에서 나는 당신을 세상에 긍정적인 영향을 미치는 사람으로 변화시키고 최악의 시기도 버텨낼 힘을 주는 한 단어의 비밀을 나누고자 한다.

## 내 생애 최악의 날

나쁜 인생은 없다… 나쁜 순간만 있을 뿐이다.

─레지나 브렛(작가이자 칼럼니스트)

"대니, 나 그만둘래."

내 입에서 이런 말이 나왔다는 게 믿기지 않았다. 나는 그때껏 내게 중요한 일은 절대로 중도에 그만둬서는 안 된다고 믿으며 살아온 사람이었다. 내 부모님은 내가 카스트릴리가와 카마이클가의 후손으로서 뭐든 하려고 하면 할 수 있다고 누누이 말씀하셨지만, 나는 동업자에게 이제 할 만큼

했다고, 더는 안 되겠다고, 그만 발을 빼겠다고 말하고 있었다.

그날 나는 저녁을 먹으러 부모님 집에 들렀다가 2층에서 대니의 전화를 받았다. 지난 1년은 정말로 힘들었다. 10만 달러쯤 되는 연봉을 주겠다는 영입 제안을 뿌리치고 사업에 매진했지만 한 달에 고작 300달러를 벌면서 간신히 버티고 있었다. 친구들이 생일을 기념해서 모이자거나 같이 저녁을 먹자고 해도 거절해야 했다. 사업 때문에 바쁘다는 핑계를 댔지만 실상은 저녁 값 20달러를 감당할 형편이 안 됐다. 그렇다고 돈이 없다는 말을 하자니 너무 수치스러웠다. 그들이 선망하는 일자리를 마다하고 사업가로서 꿈을 이루겠다던 나였다. 그런데 어떻게 진실을 말할 수 있겠는가? 나 자신이 한심한 사기꾼으로 느껴졌다.

동업자 대니가 내게 얘기를 좀 하자고 한 것도 그 때문이었다. 우리는 향후 진로에 대한 전망이 달랐다. 나는 갖은 수를 다 썼지만 소용이 없다고 생각했다. 그전까지만 해도 공부, 스포츠, 피아노 등등 하면 안 되는 게 없었다. 노력한 만큼 좋은 결과가 나왔다. 그런데 사업은 젖 먹던 힘까지 다 쥐어 짜내고, 깨어 있는 시간을 모두 쏟아 바치고, 수중의 돈을 마지막 한 푼까지 탈탈 털어 넣었는데도 영 신통치 않았다. 절망적이었다. 하늘 높은 줄 몰랐던 자신감이 변기통에 처박혔다. 그 정도면 됐다 싶었다. 더는 감당할 수 없었다.

그래서 그만뒀다.

그리고 울었다.

주체가 안 됐다.

눈으로 코로 뭐가 나오는지도 모를 만큼 심하게 울었다. 원래 눈물이 많은 편이 아닌데 그때는 참을 수 없었다. 내가 수고한 모든 것, 내가 믿는 모든 것, 내가 사랑하는 모든 것이 날아가 버린 것만·같았다. 우는 소리를 듣고 올라온 어머니가 내 어깨를 어루만지며 위로해주셨다. 그때 어머니가 뭐라고 하셨는지 모르겠다. 안 들렸다. 그럴 정신이 아니었다.

나는 잠자리에 들면서 앞으로는 더 좋은 날이 오기를 소망했다.


## 다시 일어설 때

영예로운 자는 넘어지지 않는 자가 아니라 넘어질 때마다 다시 일어서는 자다.

- 공자


이튿날 일어나자 이런 생각이 들었다.

'내가 인생을 바쳐서 하고 싶은 일이 뭐지?'

만약 돈이 문제가 아니라면, 만약 원하는 것은 무엇이든 할 수 있다면, 만약 내게 아무런 제약이 없다면…. 그렇다면 내가 하고 싶은 일은 무엇인가? 금방 답이 나왔다. 무엇이든 할 수 있다면 다시 사업으로 복귀하고 싶었다.

단순히 돈을 벌기 위해 하는 일은 쉽게 그만둘 수 있다. 대부분의 사람이 그런다. 하지만 어떤 일을 하는 이유가 살아 있음을 느끼기 때문이라면 인생이 던지는 제약을 극복함으로써 그 일을 계속할 길이 열린다.

나는 나중에 그때 만약 하루만 더 버티고 회사를 운영했더라면 어떻게 됐을까 하는 후회 속에서 평생을 살고 싶지 않았다.

좋아하지도 않는 일을 하면서 속으로는 언젠가 사업으로 복귀할 날만 기다리지만, 실상은 직장 생활의 수렁에 점점 더 깊이 빠져 헤어 나올 가망성조차 희박한 상황을 만들고 싶진 않았다.

계속해서 사업을 이어갈 방법을 찾아야 했다.

내 안의 낙천주의자가 눈을 떴다. 앞으로 사업이 어떻게 풀릴지는 알 수 없었다. 우리가 하고 있는 일이 성공하리란 보장도 없었다. 벌이라고 해봐야 월 300달러가 전부였다! 그래도 나는 사업이 성공할 것이라고 믿어야만 했다.

옷을 갈아입고 도시락을 싸서(내 형편으로는 날마다 올리브유에 통조림 콩과 허브를 버무린 샐러드가 최선이었다) 평소처럼 동업자의 아파트로 향했다. 그의 작은 아파트가 우리의 '본사'였다. 그는 한 사람이 들어가면 꽉 차는 방에서, 나는 주방 식탁에서 일했다.

가는 내내 심란했다. 전날 저녁에 그만두겠다고 말해놓고 다시 돌아가는 길이었다. 그가 어떻게 나올지 몰랐다. 나를 배신자나 도망자라고 부를지도 몰랐다. 못 들어오게 할 수도 있었다. 그나마 어색한 대화라도 나눌 수 있으면 다행이었다. 최악의 경우에는 완전히 쫓겨날 수도 있었다. 그래도 일단은 부딪혀봐야 했다.

그가 문을 열고 가만히 나를 바라봤다. 나도 그와 눈을 맞췄다. 뜻밖에도 그는 아무 말도 하지 않았다. 우리는 바로 업무로 복귀했다. 그는 그 사업이 얼마나 스트레스가 심한지 알았기에 내게 큰 아량을 베풀었다.

그렇게 바닥을 친 나는 이제 박차고 오를 추진력을 찾아야 했다.

## 내가 이 책을 쓴 이유

흔히 위기라고 부르는 기회의 순간이 찾아왔다면 최대한 신속하게 움직여서 최대한 많은 일을

하라. 위기 속에 막강한 변화의 추진력이 잠재해 있다.

－앤 멀케이(제록스 전 회장 및 CEO)

내가 이 책을 쓴 이유는 바로 당신에게 추진력을 주기 위해서다.

나는 고난의 시기를 지나왔다. 입에 겨우 풀칠이나 하고 살던 내가 나중에는 미국항공우주국NASA, 존슨앤드존슨과 계약을 맺었다. 우리는 전 세계 30여 개국에서 고객을 확보했다. "나 그만둘래!"라고 말한 지 3년 만에 회사를 키워서 매각한 나는 또 다른 사업을 벌이고 투자를 하고 모험을 감행했다. 하마터면 망할 뻔했던 내가 감사하게도 성공한 것이다.

당신도 그랬으면 좋겠다.

내가 이 책을 쓴 이유는 스타트업 중 80퍼센트가 망하기 때문이다. 당신도 회사 때문에 눈이 퉁퉁 붓도록 울어봤을 것이기 때문이다. 당신도 자신에게나 동업자에게 그만두겠다고 말해봤을 것이기 때문이다. 당신도 자신감을 잃고 이 정도 성과로는 한참 부족하다고, 이 정도 벌이로는 한참 부족하다고, 이 정도 영향력으로는 한참 부족하다고 생각해봤을 것이기 때문이다.

나도 그랬다.

사업이 생각만큼 잘 풀리지 않아서 고생하는 사업가를 만날 때마다 나는 부모님 집에서 꿈이 산산조각 났던 그날 저녁, 사업에 온 정성을 다 갖다 바치는데도 도대체 왜 추진력이 붙지 않는지 답답해하던 그때, 완전히

길을 잃고 나 자신이 희망도 없고 쓸모없는 인간처럼 느껴지던 그 순간을 떠올린다.

**당신은 그런 일을 겪지 않았으면 좋겠다.**

나는 사업가에게서 영혼의 자양분을 얻는다. 당신이 어떤 중요한 일에 매진하고 있는데 도움이 필요하다면 나는 당신과 마주 앉아서, 혹은 채팅이나 이메일, 화상통화로 온종일 얘기할 수 있다. 그게 내 삶의 일부다. 누가 나에게 100만 달러를 줄 테니까 다시는 사업가와 말을 섞지 말라고 한다면 나는 차라리 그 돈을 받지 않겠다. 나는 당신과 피를 나눈 동지다.

하지만 내 시간은 무한하지 않다. 당신처럼 나에게 주어진 하루도 24시간이다. 내 개인적 목표는 평생 10억 명의 사업가를 돕는 것이고, 설령 내가 당신을 직접 만날 기회가 없더라도 부디 이 책을 통해 당신에게 필요한 추진력, 지침, 자신감을 얻어 스스로 자부심을 느낄 만한 사업과 인생을 일구면 좋겠다.

**당신의 한 단어를 찾고 실천하며 살았으면 좋겠다. 사업가로서 당신의 꿈이 실현됐으면 좋겠다.**

## 꿈이 있습니까?

꿈을 꾸는 사람은 꿈을 이룬다.

- 월트 디즈니

**당신의 한 단어에는 꿈을 현실로 바꾸는 힘이 있다.**

어떤 사람은 이 책에 실린 아이디어를 활용해 무려 수십억 달러의 연 매출을 올리는 회사를 만들었다. 꿈을 실현하는 데 그들이 사용했고 당신도 사용할 수 있는 그 놀랍도록 간단하면서도 강력한 성공의 공식을 이제부터 공개하려 한다.

이 책에 나오는 이야기를 몇 가지만 소개하자면 이렇다.

- 루이스 트라한Louis Trahan이 1쪽짜리 사업 구상으로 총 매출 1,000만 달러를 돌파한 비결
- 크리스토퍼 개비건Christopher Gavigan이 설립 3년 만에 어니스트컴퍼니 Honest Company를 연 매출 수억 달러, 평가 가치 10억 달러의 기업으로 성장시킨 비결
- 디라즈 판데이Dheeraj Pandey가 사람들이 굳이 입에 올리려 하지도 않을 만큼 재미도 매력도 없는 업계에서 연 매출 10억 달러 규모의 기업을 일군 비결

이들 외에도 많은 사업가가 자신의 한 단어를 이용해 굵직굵직한 문제를 해결하고, 막대한 부를 창출하고, 세상에 어마어마한 영향을 미친다.

하지만 자신의 한 단어를 찾고 활용하기 위해서 꼭 돈이 많아야 하거나, 유명인이나 영향력 있는 사람이어야 하는 것은 아니다.

어쩌면 당신은 연 매출 수십억 달러를 올리는 기업을 만들 생각까진 없을지도 모른다. 그저 가족을 부양하고 빚에서 해방될 수 있도록 꾸준한 벌이만 있으면 족하다고 생각할 수도 있다.

당신의 한 단어는 50억 달러를 벌려고 할 때뿐만 아니라 5,000달러를 벌려고 할 때도 똑같이 힘을 발휘한다.

이 전략은 다음과 같은 목적으로도 활용할 수 있다.

- 사업 아이디어 발굴하기, 첫 번째 고객 찾기, 창업 밑천 마련하기, 입소문 나는 캠페인 만들기, 미디어의 관심 끌기, 엔젤투자자와 벤처캐피털의 투자받기, 중요한 협력 관계 맺기, 국제적인 기회 만들기, 첫번째 직원 채용하기, 지속적이고 의미 있는 문화 조성하기, 더 살기 좋은 세상 만들기 등

내가 지금 소개하는 이 기법을 이용하면 어려운 결정을 내리기가 한결 쉬워지고, 꾸준히 의욕이 유지되고, 다른 사람이 당신의 메시지를 대신 퍼트려줄 것이다.

자, 이제 당신의 차례다. 출발!

# YOUR ➡ONE WORD

# 코어
## 한 단어의 본질을 발견하다

당신 안의 위대함을 발견하고, 그것을 활용해 돈을 벌고 영향력을 발휘하는 방법을 알아본다. 한 단어의 철학과 본질 장사 기법을 배운다. 내가 어떻게 한 단어를 사용해서 바람을 일으켰고, 다른 사업가들이 어떻게 자신의 한 단어로 연 매출 수십억 달러의 가치를 자랑하는 제국을 건설했는지 살펴본다. 끝으로 당신의 한 단어를 찾고 잠재력의 빗장을 푸는 방법을 습득한다.

어떻게
나를
세상에
알릴 것인가

HERE I AM

# 1

# 한 단어의 힘

자신이 아무런 영향력도 발휘할 수 없을 만큼
너무나 작은 존재라고 생각한다면 한번 모기와 동침해보라.
– 아니타 로딕(더바디샵 창립자)

# 뻔한 인생을
# 살고 있나요?

미국인의 90퍼센트는 매일 아침 일어나 하기 싫은 일을 하러 출근한다.
- 데이나 화이트(UFC 대표)

우리 같이 앉아서 허심탄회하게 얘기해보자.

대부분의 사람이 뻔한 인생을 산다. 아침에 일어나 별로 좋아하지도 않는 직장에 출근해 딱히 보탬이 되지 않는 사람들과 일을 한다. 그 일이란 것도 당신의 능력이 아까운 수준이다.

이래서야 절대로 위대해질 수 없다. 절대로 꿈을 이룰 수 없다. 절대로 세상에 큰 영향을 미칠 수 없다. 그저 저녁과 주말만 바라보고 살면서 제발 근무 시간이 너무 짜증스럽지 않기만 바랄 뿐이다.

왜 그럴까?

어쩌면 당신은 아직 뭔가를 도모하기에는 실력이 부족하다는 소리를 들었을 수 있다. 어쩌면 당신이 진정으로 열정을 느끼는 일을 하기에는 아직 가진 것이 너무 부족하다고 생각하고 있을 수도 있다. 어쩌면 이미 벌여

놓은 일이 있어서 새로운 일을 시도할 엄두가 나지 않을 수도 있다. 그리고 휴우, 당신에게는 책임지고 먹여 살려야 할 식구가 있고 모아놓은 돈도 턱없이 부족하기만 하다. 감히 위험을 무릅쓸 수가 없다.

참으로 애석하게도 당신은 자신에 대한 기대치를 너무 낮게 잡았고, 그래서 뻔한 게 용납되는 세상을 만들어버렸다. 패기 없이 별 볼 일 없는 사람으로 살 수밖에 없는 환경을 만들어버렸다.

사실은 지금보다 더 큰 일을 하고 더 큰 사람이 되고 싶지만 뭔가가 자꾸 발목을 붙잡는다.

당신이 만나는 사람, 당신이 들어가는 웹사이트, 당신이 소비하는 미디어, 이렇게 당신의 주변에 있는 모든 것이 당신을 지금 있는 그 자리에 붙들어놓고 있다. 한 발짝도 앞으로 나가지 못하게 막고 있다.

이제는 뻔하게 사는 게 그냥 용납되는 수준을 넘어서 당연한 게 되어버렸다. 왜냐하면 그게 편하니까. 그게 안전하니까. 하지만 바로 그것이 당신을 제약하고 있다.

나는 당신이 살아가는 이상, 뻔한 삶을 끝내고 큰일을 했으면 좋겠다.

# 건너뛰기!
# 뻔한 삶에서 특별한 삶으로

뭐든 뻔한 것을 보면 미칠 것 같다.
– 이방카 트럼프

YOUR ONE WORD

인생을 막 살 게 아니라면 뻔하게 사는 것은 수치스러운 일이다.

기분 나쁘게 들려도 어쩔 수 없다. 일부러 센 표현을 썼다. 그만큼 중요하기 때문이다. 이 점을 중요하게 여긴다면 당신은 달라질 것이다. 이 점을 중요하게 여긴다면 우선순위를 정하게 될 것이다. 이 점을 중요하게 여긴다면 두려움을 직시하게 될 것이다. 이 점을 중요하게 여긴다면 변명을 그만두게 될 것이다.

뭔가를 정말로, 진심으로 중요하게 여긴다면 당신은 어떻게든 그것을 실현할 길을 찾을 것이다. #쪼그만놈(204쪽)이 아무리 불가능하다고 떠들어대더라도 말이다.

반대로 이것을 중요하게 여기지 않는다면 당신은 아무것도 하지 않을 것이다. 그냥 계속 지금처럼 살 것이다. 뻔하게 사는 것은 쉽다. 누구나 할 수 있다. 사실 대부분의 사람과 기업이 그러고 있다.

열정을 좇고, 뭔가에 꽂혀서 세상을 바꾸려 하고, 중요한 것을 추구하면서 살기는 어렵다. 대부분의 사람과 기업이 그렇게 하지 않기 때문에 대부분의 사업이 뻔하기 짝이 없다.

다 시시하고 재미없다. 이런 것으로는 사람의 관심을 끌 수 없다. 마음을 사로잡을 수 없다. 마음을 사로잡는다는 게 무엇인가? 당신에게 강렬하게 끌리게 만드는 것이다. 친구에게 자꾸 당신의 얘기를 하게 만드는 것이다. 당신 회사의 로고를 문신으로 새기게 만드는 것이다. 그 절반 수준으로만 관심을 끌어도 당신은 경쟁에서 앞서가게 될 것이다.

지금 당장 경쟁자가 가격을 10퍼센트 인하하면 당신은 고객을 잃는다. 왜냐하면 당신이나 경쟁자나 어차피 똑같은 상품과 서비스를 팔고 있기 때문이다. 당신을 경쟁자와 차별화하는 요소가 딱히 없기 때문이다. 고객 충성도가 높지 않은 것은 당신이 충성심을 자아내지 못하기 때문이다. 하지만 휴우, 그런 사람이 당신만은 아니다.

포천 500대 기업 목록은 1955년에 처음으로 작성됐다. 최초의 목록에 올랐던 기업 중에서 지금까지 등재되어 있는 기업은 13퍼센트에 불과하다. 고작 13퍼센트! 나머지 시시한 기업은 있으나 마나 한 기업이 되어 종적을 감췄다. 대부분의 사업이 시시하기 짝이 없다.

눈에 확 띄는 사업을 시작하는 첫걸음이 무엇인지 알고 싶은가? 당신의 사업과 인생을 완전히 딴판으로 바꿔놓을 여정의 출발점은 바로 이것이다.

**당신 안의 위대함을 발견하는 것!**

# 내 안의 위대함을
# 발견하자

위대함은 오직 특별한 사람에게만 은밀히 허락된 천상의 것이 아니다.
우리 모두에게 있는 것이다.

– 윌 스미스(배우이자 사업가)

당신은 위대함에 걸맞은 사고방식을 갖고 있는가?

뭐 이런 시답잖고 낯간지러운 소리를 조언이랍시고 늘어놓느냐고?

혹시 지금 이 말을 비웃고 있거나 뻔한 소리는 듣고 싶지 않다고 책을
덮어버릴 작정이라면 당신이야말로 이번 장을 꼭 읽어야 할 사람이다.

현재 원대한 목표를 이루며 살고 있지 않은 당신이 이 책을 집어 든 것
은 다 그럴 만한 이유가 있었을 것이다. 그러니 일단 이번 장만이라도 다
읽으면 좋겠다. 당신이 사고방식을 바꾸지 않는 한 세상의 어떤 조언이나
책도 쓸모없을 것이다.

쩨쩨한 사고방식이 당신을 지금 있는 그 자리에 붙들어놓고 있다.

나이키 역사상 최고의 광고에는 마이클 조던이나 르브론 제임스가 출연
하지 않는다. 그 광고에 나오는 것은 헉헉대면서 큰길을 달리는 뚱보 소년

이다. 혹시 못 봤다면 evancarmichael.com/oneword/extras에서 볼 수 있다.

나이키의 광고에는 주로 위대한 운동선수가 나온다. 남다른 성공을 거두고 선수 인생에서 전성기를 구가하고 있는 그들은 그야말로 육체미의 화신이다.

그런데 뭐? 뚱뚱한 애가 달리는데, 걔가 위대하다고?

그럼 위대하고말고. 왜냐하면 첫걸음을 뗐으니까. 행동을 개시했으니까.

# 제로에서
# 시작하다

우선, 필요한 것을 하라. 그러고 나서 가능한 것을 하라.
그러면 어느 순간 불가능한 것을 하고 있을 것이다.
－아시시의 성 프란치스코(프란시스코 수도회의 창립자)

이 나이키 광고를 만든 사람이 누군진 몰라도 이런 천재는 연봉을 팍팍 올려줘야 한다. 이 광고는 위대함에 대한 당신의 사고방식을 쿡쿡 찌른다.

당신의 위대함을 찾는 과정은 제로에서 시작된다. 모든 사람이 중간이 아니라 제로에서 시작한다. 그리고 본래 시작이란 매우 어려운 일이다. 첫 걸음을 내딛는 것은 보통 일이 아니다. 어쩌면 이 뚱보 소년은 장차 장거리 달리기 선수가 되어 올림픽 메달을 따는 것을 꿈꾸고 있을지도 모른다. 친구와 가족에게 그런 말을 하자 다들 그를 비웃는다.

#쪼그만놈의 전형적인 행동이다.

"뭐가 되고 싶다고? 품, 거울도 안 보냐?"

이 뚱보 소년은 바로 당신이다.

당신에게는 원대한 목표가 있고, 이제 막 그 목표를 향해 첫걸음을 내디

디려 하고 있다. 당신의 실력은 아직 보잘것없다. 훈련도 받지 못했다. 경험도 없다. 뭐가 뭔지도 모른다. 그래서 많은 실수를 저지를 것이고, 당장은 큰 발전이 없을 것이다.

하지만 차이는 거울 속의 자신을 '어떻게' 보느냐에 따라 만들어진다. 가슴에 손을 얹고 대답해보자. 그 속에서 미래의 올림픽 선수를 보고 있는가? 아니면 그냥 뚱보를 보고 있는가?

거울 속에서 보는 것이 당신을 빤히 쳐다보는 뚱보라면, 그런 사고방식을 바꾸기 전에는 절대 목표를 달성할 수 없다. 어쩌면 처음 밖으로 나갈 때는 겨우 대문까지만 뛰고 돌아올지도 모른다. 그래도 괜찮다. 어지간한 사람은 거기서 관둔다. '너무 힘들어. 어차피 난 안 될 거야. 도대체 뭔 생각을 한 거야? 어휴, 꿈 깨.'

성공한 사람도 모두 처음에는 이 뚱보 소년이었다. 그리고 모든 일이 그렇듯이 기술을 배우고 연마하면서 점점 발전했다. 그들은 꾸준히 달렸다. 그래서 자기 안의 위대함을 발견했다. 그들은 #쪼그만놈이 자신의 발목을 붙잡고 늘어지는 것을 허락하지 않았다. 그들은 자기 자신을 믿었다. 그래서 결국 성공했다.

당신은 거울 속에서 무엇을 보는가?

그 속에서 위대함을 본다면, 이제 당신의 한 단어를 찾을 준비가 됐다.

# 당신만 모르는
# 한 단어의 비밀

천 마디 공허한 말보다 한마디 말이 낫다.
－부처

당신에게 비밀을 하나 알려주겠다.

이것은 실로 엄청난 비밀이고, 일단 한번 터득하고 나면 생활에서도 사업에서도 어떤 결정이든 한결 쉽게 내릴 수 있을 것이다.

이전에는 도무지 발전이 없었던 영역에서 문이 열리기 시작할 것이다. 비로소 자신이 세상과 싸우고 있는 게 아니라 목적이 있는 삶을 살고 있다는 느낌이 들 것이다.

위대한 리더들은 이 비밀을 이용해 강력한 기업을, 큰 바람을, 의미 있는 변화를 일으켰다.

이제 당신도 그렇게 할 수 있다.

그 비밀이란, 당신이 어떤 사람인지를 정의하는 한 단어가 존재한다는 것이다.

당신을 살맛 나게 하는 것을 하나로 잇는 한 단어가 존재한다. 당신이 좋아하는 친구, 좋아하는 음악, 좋아하는 책, 좋아하는 영화, 당신이 다니는 회사, 당신이 시작한 사업을 생각해보자. 무엇이든 좋으니 지금 당신이 좋아하는 것을 모두 생각해보자.

그런 요소가 모두 하나로 이어져 있다. 그 연결 고리가 무엇인지 알아내지 못하면 절대로 잠재력을 발현할 수 없다.

당신이 좋아하는 노래는 무엇인가? 그것이 과연 당신이 좋아하는 친구나 책과 관련이 있을까? 당연히 관련이 있다. 그리고 그 관련성은 단순하고도 강력한 한 단어로 표현될 수 있다.

**위대한 사람은 모두 한 단어로 설명될 수 있다.**

마틴 루서 킹은 '평등', 오프라 윈프리는 '마음', 스티브 잡스는 '영향력'. 그렇다면 당신은?

뻔한 인생의 사슬을 끊고 정말로 영향력 있는 사람이 되기를 원한다면 당신의 한 단어부터 찾아야 한다. 당신이 추구하는 어떤 강력하고 중요한 것을 표현하는 단어다.

# 무엇을
# 추구하는가?

믿음은 계단이 다 보이지 않아도 일단 첫걸음을 떼는 것이다.
- 마틴 루서 킹(목사, 사회활동가, 인도주의자, 인권운동가)

1963년 8월 23일, 워싱턴 D.C.의 링컨기념관에 운집한 25만 명의 군중
이 마틴 루서 킹의 연설에 귀를 기울였다.

그는 어떻게 그 많은 사람을 끌어모았을까?

그는 이메일 소식지를 돌리지도 않았고, 트위터 계정도 없었다. 유튜브
영상을 만들거나 구글 광고를 사용하지도 않았다. 웹사이트도 없었고, 페
이스북도 이용하지 않았다. 당시는 지금처럼 많은 사람에게 메시지를 전
달하고 바람을 일으키기가 쉬운 시대가 아니었다.

그런데도 25만 명이란 인파가 모였다. 왜?

**그가 중요한 것을 추구했기 때문이다.**

마틴 루서 킹의 신념은 수많은 사람의 마음을 움직여 행동하게 만들었
다. 사람들은 그의 신념이 무척 중요하다고 생각해 자발적으로 그것을 사

방팔방으로 퍼트렸다. 그의 신념은 그들의 신념이었기 때문이다.

당신도 그렇게 해야 한다.

이게 사업과 무슨 상관이 있느냐고?

당신은 속으로 '그게 좋은 거고 정치적으로나 문화적으로 어떤 바람을 일으킬 수 있다는 건 알겠는데 사업과 무슨 상관이 있어?'라고 생각할지도 모른다. 좋은 질문이다.

여기서 중요한 것은 사람들이 행동하게 만드는 것이다. 다시 말해 사람들의 마음을 뜨겁게 달궈서 그들의 의사결정에 영향을 미치는 것이다. 그렇게 하면 사람들이 마틴 루서 킹의 연설을 듣기 위해 버스로 먼 길을 달려온 것처럼, 당신의 웹사이트를 방문하고 당신의 상품을 구입하게 만들 수 있다.

하지만 대부분의 기업은 그렇게 하지 않는다(그래서 앞에서 말한 대로 뻔한 기업으로 남는다). 당신의 사업을 단순히 상품이나 서비스를 판매하는 수준에 그치게 해서는 안 된다. 그것은 실패의 지름길이다.

사람들은 당신에게서 뭔가를 사기 전에 당신이 어떤 사람이고 무엇을 추구하는지 알고 싶어 한다. 당신은 뭔가 중요한 것을 추구하는 사람이어야 하고, 당신의 신념은 고객의 신념과 일치해야 한다.

그럼 본질 장사에 대해 알아보자.

# 핵심을 담고
# 본질을 판다

사람들을 열광케 하는 평범한 아이디어가
그 누구의 가슴도 울리지 못하는 위대한 아이디어보다 더 큰 힘을 발휘한다.
– 메리 케이 애시(메리케이화장품 창업자)

이 개념만 알아도 당신의 사업이 달라지고 당신을 마케팅하는 방법이 달라진다.

세상에는 세 가지 장사법이 있다. '기능' 장사, '편익' 장사, '본질' 장사.

### 1. 기능 장사

사업을 처음 시작한 사람들은 보통 상품이나 서비스의 기능을 앞세운다.

상품과 서비스로 무엇을 제공하는지 구체적으로 말한다.

예를 들면 이런 식이다.

- 이 이불은 200수 원단을 사용합니다.
- 이 차의 연비는 리터당 14.5킬로미터입니다.
- 이 전구의 수명은 10년입니다.

## 2. 편익 장사

그러다 책을 읽고 동영상을 보고 사람들과 얘기를 나누다 보면 기능이 아니라 편익을 팔아야 한다는 것을 알게 된다. 상품이나 서비스에 어떤 기능이 있는지가 아니라 상대방이 거기서 무엇을 얻을 수 있는지를 말하는 것이다. 예컨대 드릴을 판매하는 게 아니라 구멍을 판매하는 것이다.

편익 장사를 하면 영업 멘트가 이렇게 바뀔 것이다.

- 이 이불은 아주 포근해서 잠이 솔솔 올 겁니다.
- 이 차를 사면 기름을 자주 안 채워도 되니까 연료비와 시간을 아낄 수 있습니다.
- 앞으로 전구를 바꿀 일이 없을 겁니다!

오늘날 세계에서 이뤄지는 장사의 99퍼센트가 기능과 편익 장사다. 쓸데없다고 할 수는 없지만 딱히 효율적이지도 않다.

## 3. 본질 장사

기능과 편익은 저리 치워두자. 진짜는 본질을 파는 것이다. 그리고 그 중심에는 당신의 한 단어가 있다. 그 한 단어에 당신이 무엇을 하려고 하는지, 그리고 그게 왜 그렇게 중요한지가 담겨 있다.

일단 실제 사례를 하나 보자.

# #평온 (CALM)

'평온'을 파는 '꽃집 남자'를 본 순간,
마치 머릿속에서 전구가 폭발하는 것 같았다.

– 웨인 E.(저자의 유튜브 채널 구독자)

내 유튜브 채널 구독자인 제이가 꽃집을 개업하려고 하는데 어떻게 하면 돋보이는 가게를 만들 수 있을지 알려달라고 부탁했다.

화훼 업계는 인정사정 봐주지 않는 동네다. 정말로 냉혹한 시장이다. 대형마트와 온라인 쇼핑몰이 이익을 탈탈 털어간다. 화초 재배업자가 점점 줄어들고 있기 때문에 같은 지역에서 재배된 상품을 구하기가 점점 어려워지고 있다. 온라인에서도 경쟁이 심해서 사람들이 웹사이트를 찾아 들어오게 하는 것부터가 운이 따라야 할 정도다. 경기가 나빠지면 사람들은 화초 같은 사치품의 지출부터 줄인다. 장례식장이나 연회장 같은 큰손에게는 이미 오랫동안 거래해온 단골 매장이 있다. 어휴, 이런 판에 누가 들어가려고 할까? 제이가 들어가겠단다. 그래서 그를 도와주기로 했다.

제이의 성공 비결은 바로 그가 팔려는 게 꽃이 아님을 안다는 데 있었다.

그가 팔려는 것은 바로 #평온이었다. 제이가 꽃을 사랑하는 이유는 꽃을 보면 마음이 편안해지기 때문이었다. 그는 스트레스를 받거나 걱정이 있을 때 꽃을 보면 평온해진다고 했다. 그게 본질이었다. 제이가 승산 없는 싸움에서 쫄딱 망하지 않고 승리하려면 #평온을 중심에 둬야 했다.

예쁜 꽃만 갖다 놓는다고 될 일이 아니다. 매장은 평온을 원하는 사람의 안식처가 돼야 했다. 사람들에게 평온을 주는 꽃을 팔아야 했다. 간판부터 사람들에게 평온을 줘야 했다. 매장의 구조, 음악, 향기, 일하는 직원, 인사법이 모두 평온을 선사해야 했다. 스트레스와 트라우마에 시달리는 사람을 돕는 자선단체와 자매결연을 맺어야 했다. 손님이 제이는 물론, 어느 직원과 대화를 나눠도 마음이 평온해져야 했다. 제이의 꽃집이 성공하려면 그가 꽃에서 느끼는 평온을 다른 사람도 느끼도록 해야 했다.

이 일들은 사실 쉬웠다. 억지로 꾸밀 필요가 없었고, 얄팍한 상술도 필요 없었다. 제이는 사람들에게 평온을 나눠주기만 하면 됐다. 그러면 그의 꽃집은 평온을 찾는 사람들의 아지트가 될 것이다. 그와 천성적으로 잘 맞는 사람들이 와서 더 많은 꽃을 사고, 더 많은 돈을 쓰고, 더 많은 사람에게 그의 꽃집을 추천하고, 온라인 쇼핑몰에서는 장미 수십 송이를 19.99달러에 살 수 있는데 여긴 왜 이리 비싸냐는 불평도 나오지 않을 것이다.

이것이 본질 장사다. 이것은 단순히 장사에만 국한된 문제가 아니라, 사업과 인생을 이끌어가는 방식에 대한 철학이다. 대부분의 사람이 이 원칙을 따르지 않기 때문에 당신이 업계를 평정할 기회이기도 하다. 그리고 이 원칙은 큰돈을 버는 비결이기도 하다.

# 돈을 버는
# 비결

그저 돈을 벌려고 일하는 사람은 절대로 성공할 수 없다.
하지만 자신이 하는 일을 사랑하는 사람은 반드시 성공한다.
– 레이 크록(맥도날드 창립자, 억만장자)

"○○살이 되기 전에 100만 달러를 벌겠어."

어디서 많이 들어본 소리 아닌가?

대부분의 창업자가 그저 돈을 벌기 위해 사업을 한다. 그래서 실패한다.

남 밑에서 일하는 것에 진절머리가 난 사람들은 왠지 자신이 회사를 차리면 부자가 될 것 같다고 생각한다. 반은 맞다.

세계 최고 부자의 명단을 뽑아서 부모로부터 큰돈을 물려받은 사람을 제외하면 사실상 사업가만 남는다.

남 밑에서 일해서는 큰돈을 못 번다.


하지만…, 하.지.만!

돈을 버는 게 유일한 목표라면 절대로 부자가 될 수 없다.

내로라하는 사업가의 면면을 보면 단순히 돈만 보고 일하는 사람은 아무도 없다.

그들은 판을 바꾸려고 한다.
그들은 세상에 영향을 미치려고 한다.
그들은 유산을 남기려고 한다.

사업가로 성공하려면 자신이 열렬히 사랑하는 일로 사업을 하고, 자신의 한 단어를 경영 철학으로 삼아야 한다.

물론 당신의 회사가 자선단체는 아니다(실제로 자선단체를 운영하고 있다면 또 모르겠지만). 때문에 돈은 분명히 중요한 요소다. 이윤을 창출하고 재산을 모아야 한다. 하지만 돈이 최고는 아니다.

스티브 잡스가 어떻게 부자가 됐는지 한번 보자.

# 세상에 족적을
# 남기는 사람의 비밀

내 재산은 내가 스물셋이었을 때 100만 달러를 돌파했고,
스물넷일 때 1,000만 달러를 돌파했고, 스물다섯일 때 1억 달러를 돌파했다.
하지만 돈은 내게 그리 중요하지 않았다. 나는 돈 때문에 일하는 게 아니었다.
－스티브 잡스(애플 공동 창립자)

스티브 잡스는 '우주에 족적을 남기기'를 원했다.

그는 이미 이십 대 초반에 평생 쓰고도 남을 돈을 벌었다. 마음만 먹으면 바로 은퇴해서 파티를 즐기고, 세계 여행을 다니고, 프로스포츠 구단을 인수하고… 여하튼 뭐든 다 할 수 있었다!

그런데 그는 무엇을 했을까?

계속 애플에 남아서 일했다. 스티브 잡스는 세상을 떠나기 직전까지 우주에 족적을 남길 프로젝트에 몰두했다.

혹시 지금 이런 생각을 할지도 모르겠다. '그걸 말이라고! 나도 10억 달러가 있으면 우주에 족적을 남길 수 있다.'

그게 바로 당신이 성공하지 못하는 이유다.

물론 '아직' 성공하지 못했다는 뜻이다.

스티브 잡스는 억만장자가 된 후에야 세상에 영향을 미쳐야겠다고 마음을 먹은 게 아니다. 세상에 영향을 미치려고 했기 때문에 억만장자가 될 수 있었다.

이제 좀 감이 잡히는가?

본질이 먼저고, 돈은 그 뒤에 따라온다.

스티브 잡스만 그런 게 아니다. 이 원칙은 세계 굴지의 사업가에게서 공통으로 발견된다. 그러므로 이 원칙을 따르면 당신도 상상을 초월하는 목표를 달성할 수 있다.

위대함에 대한 당신의 사고방식이 당신의 한 단어로 이어지고, 그 한 단어를 토대로 당신은 중요한 것을 추구하며 본질을 판매하여 큰돈을 벌게 된다.

이게 바로 사업 성공의 근간이다.

# 성공에는
# 단서가 남는다

성공하고 싶다면 자신이 원하는 것과 똑같은 결과를 이룩한 사람들을 찾아서 그들의 행동을 모방하라.
그러면 그들과 똑같은 결과를 이룩할 수 있을 것이다.
– 토니 로빈스(라이프코치, 자기계발서 저자, 동기부여 연사)

YOUR ONE WORD

아직도 돈을 최우선 목표로 삼으면 절대 안 된다는 말이 믿기지 않는가?
몇 가지 사례를 더 들어보겠다. 당신이 좋아하는 사업가를 찾아서 그 사람
이 어떻게 사업을 시작했고 무엇에 우선순위를 뒀는지 확인해보길 바란다.

순전히 돈을 벌기 위해서 사업에 뛰어드는 것은 절대 금물이다. 그것이 유
일한 사업 동기라면, 차라리 아무것도 안 하는 게 낫다.
– 리처드 브랜슨(억만장자, 버진그룹Virgin Group 창립자)

사업을 하겠다면 자신이 열렬히 사랑하는 것을 찾아서 거기에 혼신의 힘
을 다 쏟을 각오를 해야 한다. 돈은 생각하면 안 된다.
– 크리스 가드너(영화 〈행복을 찾아서〉의 모태가 된 노숙자였던 백만장자)

큰돈을 벌겠다는 일념으로 사업에 뛰어들면 큰돈을 벌지 못할 가능성이 크다. 하지만 섬김과 품질을 우선으로 두면 돈은 알아서 굴러들어 온다. 사람들에게 진정으로 필요한 일류 제품을 생산하겠다는 마음가짐이 부자가 되기를 바라는 마음보다 훨씬 강력한 성공의 원동력이다.

　－조이스 클라이드 홀(홀마크Hallmark 카드회사의 공동 창립자)


내가 알기로 자신이 사랑하고 성취감을 느끼는 일을 하면 나머지는 다 알아서 풀린다. 내가 경제적으로 큰 성공을 거둔 이유는 단 한순간도 돈에 초점을 맞추지 않았기 때문이라고 믿는다.

　－오프라 윈프리(억만장자, 사업가, 〈오프라 윈프리 쇼〉 제작자)


디즈니랜드는 사랑의 산물이다. 우리는 그저 돈을 벌기 위해 디즈니랜드를 만든 게 아니다.

　－월트 디즈니(사업가, 만화가, 애니메이션 제작자, 월트디즈니컴퍼니 공동창립자)


인생에서 제일 중요한 것은 자기가 하는 일을 사랑하는 것이다. 왜냐하면 그래야만 그 일을 진정으로 잘할 수 있기 때문이다. … 나는 단 한 번도 돈을 목표로 삼은 적이 없다. 돈은 그저 성과를 측정하는 수단이었을 뿐이다. 사업의 진정한 재미는 바로 그 게임판에서 뛰는 것이다. 그리고 승리하는 것이다. 그러면 돈은 저절로 따른다.

　－도널드 트럼프(미국 45대 대통령, 전 기업인)

돈만 생각해서는 아무것도 이루지 못한다. 아무리 성공을 원한다고 해도 돈이 목표가 되면, 그렇게 얄팍한 시각으로 인생을 보면 결국에는 껍데기만 남은 인간이 될 뿐이다. 그 내면에 자신을 이끄는 것, 곧 열정이 없기 때문이다.

– 제니퍼 로페즈(배우, 저술가, 패션 디자이너, 댄서, 프로듀서, 가수, 억만장자)

**그만두고 싶을 때…
딱 한 걸음 더 내디뎌라!**

뻔한

인생의

사슬을 끊고

정말로 영향력 있는 사람이

되기를 원한다면

**당신의 한 단어부터
찾아야 한다.**

나
자신에게

먼저
솔직해지자!

내가
나를
도울 수 있도록!

# 2

## 나의 한 단어, '믿는다'

자신을 제한하지 마라. 많은 사람이 자신은 딱 이만큼만 할 수 있다고 한계를 정한다.
하지만 당신은 '마음이 허락하는 한' 어디까지나 나아갈 수 있다.
믿는 만큼 성취할 수 있다는 것을 명심하라.

– 메리 케이 애시(메리케이화장품 창업자)

# 너 자신을
# 알라고?

부모가 좋다고 하는 직업을 가질 수도 있다. 돈을 많이 버는 직업을 가질 수도 있다.
많은 관심을 받는 직업을 가질 수도 있다.
하지만 자기 자신에게 솔직하지 않다면 전부 부질없다.
　－오프라 윈프리

대부분의 사람이 타인의 꿈을 좇느라 인생을 낭비한다.

그들은 타인의 사고가 낳은 산물을 받아들임으로써 자신을 감옥에 가둔다. 그들은 타인의 견해에 자기 내면의 목소리가 짓밟히는 것을 방치한다.

어쩌면 당신은 지금까지 너무 많이 짓밟혀서 이제는 자신의 꿈이 꽃을 피울 기회를 채 얻기도 전에 스스로 그것을 짓밟아버리고 있을지 모른다. 스스로 #쪼그만놈이 되어버린 것이다.

이제 당신을 재발견해야 할 때다.

고대 그리스에 '그노티 세아우톤', 곧 '너 자신을 알라'는 격언이 있었다. 이 말은 무리의 의견에 휘둘리지 말라는 경고의 뜻으로 사용됐다.

이 말은 당신의 인생이 당신의 것임을 일깨워준다.

당신 인생의 주체는 바로 당신이다.

성공을 원한다면…

목표를 달성하고 싶다면…

의미 있는 인생을 살며 큰 영향력을 발휘하고 싶다면…


먼저 자기 안으로 깊이 들어가 자기 자신을 알고 자신의 한 단어를 찾아, 새롭고 바람직한 방향으로 진로를 힘차게 바꿔야 한다.

어떤 사람은 자신의 한 단어를 식은 죽 먹듯 순식간에 찾아낸다. 어떤 사람은 시간이 좀 걸리더라도 고민하고 분석하면서 많은 단어 중에서 한 단어를 추려내야 한다. 나도 그랬다.

평소에 자기성찰을 많이 하지 않는 사람이라면 이 일이 만만치 않을 것이다. 그래도 절대로 손해 보는 장사는 아니다.

나는 나의 한 단어를 찾고 나서 사업이 달라지고 인생이 달라졌다.

# 나의 #믿는다 (BELIEVE) 이야기

뭔가를 믿으려면 한 치의 의심도 없이 철석같이 믿어라.
- 월트 디즈니

나는 행복하지 않았다.

내가 사업을 시작한 이유는 창업자들을 돕고 싶었기 때문이다. 그전에 나는 첫 사업을 안착시키기까지 무진장 고생을 했고, 도중에 포기하기 직전까지 갔다. 내 인생에서 최악의 순간을 꼽으라면 동업자에게 "나 그만둘래"라고 말했을 때이다.

나는 시간과 노력, 돈을 들이붓는데도 성과가 나오지 않는 사업에 지칠 대로 지쳐 있었다. 죽어라 일해도 최저임금조차 벌지 못하는 현실이 지긋지긋했다. 자존감이 바닥을 치고 스스로 한심한 실패자라고 느끼는 게 싫었다.

그래도 꿋꿋이 버텨서 역경을 딛고 성공담을 말할 수 있는 사람이 됐다. 나 자신이 실패의 문턱까지 갔기 때문에 다른 사람에게 내 경험을 들려주고 조언을 해주고 싶었다. 그들은 나보다 조금이라도 편한 길을 걷게 해주고 싶었다. 그래서 사업을 시작했다.

하지만 행복하지 않았다.

내가 행복하지 않았던 이유는 웹사이트를 만들고, 유튜브 영상을 올리고, 라디오 방송에 출연하고, 언론 인터뷰를 하는 등 온갖 일을 벌이는데도 내 사업이 사람들의 입에 그다지 오르내리지 않았기 때문이다.

왠지 너무 두서없이 일을 벌인 것 같았다. 너무 어수선해서 내가 하는 일이 무엇인지 사람들이 갈피를 잡지 못했다.

한마디로 명확하지 않았다.

마케팅이 문제라고 생각해 친구 제이슨과 머리를 맞대고 캐치프레이즈를 고민했다. 내 사업의 캐치프레이즈는 '당신이 꿈꾸는 회사를 함께 만드는 파트너'에서 시작해 '창업자를 위한 열정과 전략의 공급처'를 거쳐 '지금까지 2,000만 명이 넘는 창업자가 도움을 받았습니다'가 되었다.

모두 맹탕이었다.

여기에서 벗어나 제이슨이 끌어낸 캐치프레이즈는 '배고픈 창업자는 도움을 받을 자격이 있습니다'였다. 예전보다 나았지만 여전히 마음에 쏙 들진 않았다. 뭔가가 부족한데 그게 뭔지 콕 집어 말할 수가 없었다.

그때 스티브 잡스가 내 인생을 바꿔놓았다.

# 트리거
## '스티브 잡스'

마케팅처럼 큰일을 어떻게 마케팅 부서에만 맡길 수 있겠는가.
— 데이비드 패커드(휴렛팩커드 공동 설립자)

어느 날 우연히 본 유튜브 영상이 내 인생 최고의 영상이 됐다.

스티브 잡스가 마케팅에 대해 말하는 영상이었다. 그 영상을 보고 나는 내게 부족한 게 뭔지 정확히 알 수 있었다. 내게는 애플이 대성공을 거두는 데 원동력이 됐던 본질 장사가 없었다. 그 영상으로 나의 사업과 인생은 극적인 변화를 맞았다.

스티브 잡스의 연설 중 일부를 옮긴다.

내가 볼 때 마케팅에서 **중요한 것은 가치입니다**. 지금 우리는 아주 복잡한 세상에 살고 있습니다. 아주 요란한 세상에 살고 있죠. 그래서 사람들이 우리에 대해 많은 것을 기억하게 만들기가 무척 어렵습니다. 어느 회사나 그렇습니다! 그렇기 때문에 우리가 사람들에게 알리고 싶은 게 무엇인지가 명확해야 합니다. … 속도와 비용을 말하는 건 절대로 좋은 방법이 아닙니다. 비트와 메가헤르츠를 말하는 것도 절대로 좋은 방법이 아닙니다. 우리가 윈도우보다 나은 점을 말하는 것 역시 절대로 좋은 방법이 아니에요.

 … 가장 좋은 본보기는 지상 최고의 마케팅 사례를 보여준 나이키입니다. 알다시피 나이키는 공산품을 팔죠. 신발을 팔아요! 그런데 나이키를 생각하면 그냥 신발회사라는 느낌이 안 들죠. 광고를 보면 제품에 대해서는 한마디도 안 나와요. 나이키의 에어가 어떤지, 리복의 에어보다 뭐가 나은지는 말하지 않아요.

그러면 광고에서 뭘 하느냐? 위대한 운동선수와 위대한 스포츠를 찬란하게 보여줍니다. 그게 나이키고, 그게 나이키가 하는 일입니다! 우리도 업무 처리용 기계나 만드는 회사가 아닙니다. 우리가 그쪽으로 일가견이 있긴 하지만요. 애플이 하는 일은 그런 차원을 초월하는 거예요!

애플의 본질, 애플의 핵심 가치는 열정이 있는 사람이 세상을 더 좋은 곳으로 바꿀 수 있다는 믿음입니다. 이것이 우리의 신념입니다!

예, 우리는 사람들이 세상을 더 좋은 곳으로 바꿀 수 있다고 믿습니다. 자신이 세상을 바꿀 수 있다고 생각할 만큼 정신이 나간 사람들이 실제로 세상을 바꾼다고 믿습니다! … 본질과 핵심 가치는 절대로 변하면 안 됩니다. 애플은 어제 핵심 가치로 믿었던 것을 오늘도 추구합니다.


사업의 본질, 변하지 않는 핵심 가치를 추구하는 것!
이것이 스티브 잡스가 말하는 성공 원칙이다.

# 본질은
# 힘이 세다!

리더십과 혁신력을 기르고 평범에 안주하지 않는 의지를 함양하고 싶다면
애플의 스티브 잡스만큼 좋은 본보기가 없을 것이다.
— 하워드 슐츠(억만장자, 스타벅스 회장)

YOUR ONE WORD

스티브 잡스가 말한 대로만 하면 당신도 새로운 바람을 일으킬 수 있다.

이 연설을 했을 때 스티브 잡스는 애플에 막 복귀한 시점이었다. 그가 떠나 있는 동안 애플은 고전을 면치 못했다. 파산이 코앞에 닥쳤고, 시장점유율은 4퍼센트에 불과했으며, 연간 10억 달러 이상의 적자가 났다.

애플은 '마지막 지푸라기'라도 잡는 심정으로 잡스에게 돌아와 달라고 부탁했다. 이미 CEO가 세 번이나 교체됐지만 그 누구도 상황을 역전시키지 못했다.

잡스는 애플이 내민 손을 잡아 인공호흡기를 달고 있던 회사를 세계에서 가장 가치 있는 기업으로 탈바꿈시켰다. 가히 역대 최고의 반전이라고 할 만했다.

이제 당신의 사업도 그렇게 도약할 때다.

이 연설에서 잡스는 본질 장사의 기본을 말한다.

"속도와 비용을 말하는 건 절대로 좋은 방법이 아닙니다. 비트와 메가헤르츠를 말하는 것도 절대로 좋은 방법이 아닙니다(기능 장사)."

"우리가 윈도우보다 나은 점을 말하는 것 역시 절대로 좋은 방법이 아니에요. … 우리도 업무 처리용 기계나 만드는 회사가 아닙니다. 우리가 그쪽으로 일가견이 있긴 하지만요(편익 장사)."

"마케팅에서 중요한 것은 가치입니다 … 우리가 사람들에게 알리고 싶은 게 무엇인지가 명확해야 합니다. … 애플의 본질, 애플의 핵심 가치는 열정이 있는 사람이 세상을 더 좋은 곳으로 바꿀 수 있다는 믿음입니다. 이것이 우리의 신념입니다! 예, 우리는 사람들이 세상을 더 좋은 곳으로 바꿀 수 있다고 믿습니다. 자신이 세상을 바꿀 수 있다고 생각할 만큼 정신이 나간 사람들이 실제로 세상을 바꾼다고 믿습니다(본질 장사)."

펑펑! 내 머릿속에서 폭죽이 터졌다.

비로소 내게도 명확성이 좀 생겼다. 이제 행동에 돌입할 차례였다.

# 작은 확신을
# 한 단어로 붙잡는 법

실망을 하면 명확히 깨닫는 바가 생기고, 그리하여 확신이 생기고
진정한 독창성이 생기니 좋지 아니한가.

– 코난 오브라이언(다수의 심야 토크쇼를 진행한 방송인, 코미디언, 작가, 프로듀서)

**YOUR ONE WORD**

스티브 잡스처럼 눈부신 성과를 내고 싶다면, 자신이 어떤 사람이고 무엇을 추구하는지 명확히 알아야 한다.

명확성이 생기면 다른 것은 다 알아서 풀린다.

당시 나는 사업에 탄력이 잘 붙지 않는 상황에서, 어떻게든 진척하기 위한 명확성이 없어 답답했다. 그래서 나의 핵심 가치를 찾기 위해 목록을 작성했다.

먼저 '배고픈 창업자는 도움을 받을 자격이 있습니다'라는 캐치프레이즈를 적고 나의 마음을 효과적으로 전달하기 위한 아이디어를 써봤다.

온몸에서 피가 용솟음치기 시작했다.

나는 일부러 생각을 많이 하지 않고 뭐든 떠오르는 대로 일단 쓰고 봤다. 그래서 다음과 같은 목록이 만들어졌다.

- 배고픈 창업자는 도움을 받을 자격이 있습니다.
- 내가 하는 것, 내가 믿는 것. 별 감흥이 없다.
- 창업자가 세상을 바꾼다.
- 창업자가 영웅이다.
- 창업자들을 찬양하라.
- 모여라.
- 당신의 심장을 뛰게 합니다.
- 모두 당신에게 달린 일
- 도전하십시오.
- **믿는다.**
- 열정을 따른다.
- 극복한다.
- 인내한다.
- 계속 전진한다.
- 박차를 가한다.
- 안주하지 않는다.
- 시작한다.

아직은 마음에 쏙 드는 게 하나도 없었다. 이거다 싶은 게 없었다, 아직은. 그래서 일단 한숨 푹 자고 나서 생각해보기로 했다.

# 일단
# 자고 봅시다

잠이 최고의 명상이다.
– 달라이 라마(티베트불교의 4대 종파 가운데 하나인 겔룩파의 최고승, 노벨평화상 수상자)

어떤 결정을 내리기 힘들 때는 한숨 푹 자고 일어나서 아침에 무슨 생각이 드는지 보는 것도 좋은 방법이다.

나는 스티브 잡스에게서 영감을 받아 당장 행동을 개시할 준비가 됐지만, 뭔가 명확하게 잡히는 게 없어 답답했다. 빨리 명확성이 생겼으면 좋겠는데 그게 내 뜻대로 되지 않았다.

그래서 일단 한숨 푹 잤다.

이튿날 똑같은 목록을 보는데 한 단어가 불쑥 눈에 들어왔다. '**믿는다.**' 원래부터 거기 있던 말이었다. '믿는다'가 내게 어떤 의미인지 생각해봤다. 그러자 다음과 같은 항목이 나왔다.

- 내가 하고 있는 일을 믿는다. - 열정
- 할 수 있다고 믿는다. - 자신감
- 잘될 것이라고 믿는다. - 확신

'**믿는다**'만으로는 너무 단순한 것 같아서 살을 좀 붙여보기로 했다.

- 할 수 있다고 **믿는다.**
- 가능성을 **믿는다.**
- 더 많이 **믿는다.**
- 모든 것을 **믿는다.**
- 믿는 것을 **믿는다.**
- 믿고 또 **믿는다.**

목록을 보면 볼수록 그냥 '믿는다'라고 쓰는 게 제일 마음에 들었고, 그래서 '믿는다'를 토대로 브랜드를 전면 개편하기로 결심했다.

그러자 비로소 이거다 싶었다. 조만간 내 인생이 바뀔 것 같은 예감이 들었다.

# 눈을 뜨다,
# 내 삶의 주인으로

매킨토시는 컴퓨터가 아니라 삶의 방식이다.
－돈 리트너(사학자, 고고학자, 환경운동가, 교육자, 저술가)

그 순간, 그 말이 단순히 캐치프레이즈에 그쳐서는 안 된다는 생각이 뇌리를 스쳤다. 그 말은 가치 선언문이자 사명 선언문이었다. 삶의 방식이었다.

'믿는다'는 **#믿는다**가 됐다.

그로써 내 인생에 새 바람이 불었다. 그때까지 내가 팀원으로 고용했던 사람을 떠올려보니 여전히 나와 함께하는 사람들은 나처럼 #믿는다를 핵심 가치로 여겼다. 내 삶을 돌아보자 내가 의식하지만 못했을 뿐 항상 믿음을 중요하게 여겼음을 알 수 있었다.

나는 별 볼 일 없던 사람이 역경을 딛고 성공한 이야기를 좋아했다. 내가 가장 좋아하는 영화는 왜소한 경주마 한 마리가 승리를 통해 대공황을 겪던 나라 전체에 기운을 불어넣는 영화 〈씨비스킷〉이다. 내가 가장 좋아하는 사업가는 담보라곤 손에 박인 굳은살밖에 없는 사람들에게 25달러 소액 대출을 실시한 뱅크오브아메리카의 창립자 A. P. 지아니니<sub>A. P. Giannini</sub>다. 그는 '사람의 얼굴과 서명'을 보고 돈을 빌려줬다.

내 친구들도 #믿는다를 중요시한다. 내가 즐겨 듣는 노래도 모두 #믿는다에 관한 노래다. 나를 살맛 나게 하는 것은 모두 #믿는다와 관련이 있다.

내게 #믿는다는 마케팅용 카피가 아니다. 그것은 바로 나 자신이다.

당신도 자신이 어떤 사람인지 파악해야 한다. 그래야 중대한 결정을 내릴 수 있다.

# 결정이
# 쉬워지다

가치관이 확립되면 결정을 내리기가 한결 쉬워진다.
－로이 E. 디즈니(부친 로이 O. 디즈니와 숙부 월트 디즈니가 설립한 월트디즈니컴퍼니에서 중역을 역임한 경영자)

어떤 결정을 내리기란 어려운 일일 수 있다.

자신이 무엇을 추구하는지 모르면 더욱 그렇다. 당신의 한 단어는 당신의 본질이다. 그것은 당신을 인도하는 불빛이다. 그 불빛에 의지하면 무엇이든 결정을 내리기가 한결 쉬워진다.

반면에 그 불빛이 없으면 절대로 자신이 올바른 방향으로 나아가고 있다는 확신이 생기지 않는다. 최선의 선택을 했다는 확신 없이 자꾸만 자신을 의심하게 된다. 선뜻 선택하지 못하고 고민하느라 시간을 허비하는 바람에 과감하게 행동에 나서지 못하고 자신과 타인의 삶을 개선할 결단을 내리지 못한다.

당신의 한 단어를 알면 당신의 길에 걸맞은 결정을 내릴 수 있다.

당신의 한 단어를 알면 예전에는 결정을 내리기 어려웠던 것을 쉽게 결정할 수 있다. 어떤 사업을 시작해야 할지 말아야 할지 딱 감이 온다. 어떤 도시로 이주해야 할지 말아야 할지 딱 감이 온다. 어떤 사람과 결혼해야 할지 말아야 할지 딱 감이 온다.

그리고 다른 사람도 당신이 어떤 사람인지, 당신을 어떻게 도와주면 좋을지 쉽게 알 수 있다.

모든 게 한결 쉬워진다. 당신의 인생도, 사업도, 모든 것이 훨씬 더 쉬워진다. 그리고 의욕도 더 잘 유지할 수 있다.

# 의욕을
# 충전하다

성공한 사람을 보면 어쩌다 한 번씩 의욕을 내는 사람이 아니라
항상 의욕적으로 움직이는 사람이다.

　－아르센 벵거(선수 출신 프랑스의 축구 감독, 1990년대 말 영국 축구에 혁명적 변화를 일으킨 인물)

사업가로 살자면 뭣 같은 기분이 들 때가 하루 이틀이 아니다.

의욕을 유지하기란 참 어렵다. 어느 날은 세상 꼭대기에 앉은 것처럼 들떴다가도 다음 날 아침에 일어나면 사업을 죄다 갈아엎어야 할 것만 같은 기분이 든다. 지금까지 했던 것과 다른 것, 뭔가 새로운 것, 뭔가 강력한 것을 해야 할 것 같은데, 그게 하룻밤 만에 되지는 않는다.

그 와중에 어디선가 나타난 #쪼그만놈이 온갖 이유를 들어 '넌 성공할수 없다.'고 지껄일지도 모른다.

어떻게든 길을 찾으려고 생고생을 하고 있는데도 전혀 진전이 보이지 않거나 탄력이 붙지 않을 수도 있다. 다시 직장을 구해서 '안정적으로' 가족을 부양할 방법을 확보해야 한다는 생각까지 들지 모른다. 하아, 사업가로서 의욕을 유지하기란 보통 힘든 일이 아니다.

그런데 이때 도움이 되는 게 무엇인지 아는가?

자신이 지금 뭔가 중요한 일을 하고 있다는 느낌이다. 사람들이 인생에서 진심으로 원하는 것도 바로 이것이다.

아마도 그래서 당신이 전에 다니던 직장이 지긋지긋했을 것이다. 아침에 일어날 때마다 그날 당신이 할 일이 중요한 일이라는 느낌을 받고 싶었을 것이다. 그런 느낌이 들면 의욕을 유지하기가 한결 쉬워진다. 그러자면 당신의 한 단어를 알고, 그것으로 세상에 긍정적인 영향을 미쳐야 한다.

그러면 사람들도 당신의 의욕적인 모습에 감탄해 당신에 대한 입소문을 낼 것이다.

# 올라타라!
# 입소문에

고객에게 탁월한 경험을 제공한다면 그 일이 그들의 입에 오르내릴 것이다.
입소문은 매우 강력하다.

– 제프 베이조스(억만장자, 아마존닷컴 창립자)

긍정적인 입소문이 나지 않으면 끝장이다.

당신은 인기 방송에 광고를 내거나 유명인을 홍보대사로 기용할 만큼 많은 돈이 없다. 그러니까 더더욱 사람들이 당신에 대해 말하게 만들어야 한다. 탁월한 상품이나 서비스를 제공하는 것만으로는 부족하다. 사람들이 당신의 이야기를 쉽게 할 수 있도록 해야 한다.

고객이 얼마나 바쁜지 생각해보자. 그 와중에도 그들은 마음만 먹으면 틈틈이 동료와 친구에게 당신을 알릴 기회가 있다. 그런 기회는 어제도 있었고, 오늘도 있고, 내일도 있을 것이다.

하지만 그들은 당신에 대해 말하지 않는다. 왜 그럴까? 당신의 상품이나 서비스가 싫어서가 아니다. (혹시라도 고객이 정말로 싫어서 그러는 것이라면 상품이나 서비스를 개선하기 위해 노력해야 한다!)

그 이유는 당신이 별로 돋보이는 존재가 아니기 때문이다. 그냥 당신을 잊어버린 것이다. 당신은 그저 무난한 존재에 불과한 것이다.

그러나 만약 당신이 어떤 중요한 것, 사람들이 공감할 만한 것, 사람들이 자기도 같은 편이라고 자랑스러워할 만한 것을 추구하면서 그것을 사람들이 쉽게 기억하고 여기저기 알릴 수 있게 한 단어로 표현한다면, 그때는 지인에게서 추천받았다며 사람이 몰려들 것이다.

메시지를 어렵고 따분하고 별 볼 일 없게 만들면, 아무도 당신에 대해 말하지 않는다. 메시지를 강력하고 중요한 한 단어로 만들면, 사람들이 기회가 될 때마다 당신의 메시지를 기쁘게 전파할 것이다.

# 사람들이 알아서
# 퍼뜨리는 한 단어가 있다

나의 목표는 아버지가 그러셨던 것처럼 고객이라는 나의 가족에게 기쁨을 주는 것이다.
―루이스 트라한(라스트미닛트레이닝Last Minute Training 창립자)

루이스 트라한의 문제는 그가 종사하는 분야가 따분한 업종이라는 것이었다. 루이스가 운영하는 라스트 미니트 트레이닝은 사무직 노동자를 위한 교육 프로그램을 판매하는 회사다.

대부분의 사람이 절실히 필요해지기 전에는 교육을 받을 생각을 하지 않기 때문에 사람들이 교육 프로그램에 열광하고, 그에 대해서 말하게 만들기란 무척 어렵다. 대부분의 사람은 교육받는 것을 반기지 않고 필요악으로 여긴다. 당신만 해도 액셀 교육을 받는 게 정말 재미있어서 빨리 그 시간이 왔으면 좋겠다고 말하고 다닌 적이 있는가?

현실이 그렇다.

하지만 내 도움으로 루이스는 자신이 '진짜로' 판매하는 게 교육 프로그램이 아니라는 것을 깨달았다. 그가 파는 것은 기쁨을 경험하는 것이었다.

그의 한 단어는 #기쁨이었고, 그 한 단어를 토대로 사업을 일궜다.

루이스는 고객에게 진심 어린 관심으로 기쁨을 준다. 그의 팀은 고객에게 최고의 교육 프로그램을 추천하기 위해 각종 프로그램에 대해 어느 경쟁사보다 철저히 조사해서 다량의 정보를 확보한다. 그는 각 분야에서 어떤 교육 기관이 최상의 프로그램을 제공하고, 폐강률이 제일 낮고, 최고의 교육 환경을 갖추고 있는지 꿰뚫고 있다.

그는 이윤이 좀 덜 남더라도 고객에게 꼭 맞는 수업을 예약해준다.

새로운 팀원을 뽑기 위해 면접을 볼 때 그는 지원자의 실력, 경험, 추천서를 보기 전에 사람들에게 기쁨을 주려는 자세가 되어 있는지를 본다.

마케팅 측면에서는 광고를 보는 사람에게 기쁨을 주기 위해 자신의 어린 아들이 웃는 모습을 찍은 사진을 광고에 넣기도 했다.

그래서 어떻게 됐을까?

내가 주관하는 리더 모임에서 처음 만났을 때 루이스는 아직 사업 구상 단계였다. 그의 회사는 아주 작은 스타트업으로 시작했다. 몇 년이 흐른 지금 루이스는 번듯한 사무실에서 어엿한 팀을 거느리고, 이름만 들으면 알 만한 고객들을 상대로 1만 개가 넘는 교육 프로그램을 판매하며 지금까지 약 1,000만 달러의 매출을 올렸다.

그는 세상에 영향을 미치면서 돈을 벌고 있다. 나는 루이스에게 어떻게 자신의 한 단어를 찾았는지 이야기해달라고 부탁했다.

# 루이스 트라한,
# #기쁨(DELIGHT)을 주는 사람

내가 어떤 일에 종사하더라도 고객에게 기쁨을 주는 것이
최우선순위라는 사실은 변치 않을 것이다.

– 루이스 트라한

다음은 루이스 트라한이 들려준 그의 한 단어 #기쁨을 발견한 이야기다.

20년도 더 전의 일이지만 아직도 어제 일처럼 생생하다.

크리스마스 아침에 일어나 아버지가 어디 계신지 찾아다녔다. 날씨는 매우 추웠는데 아버지가 집에 계시지 않았다. 그 추위에 (영하 40도쯤 됐던 것 같다) 다른 집 난로를 고쳐주러 가신 것이었다.

아버지는 난로 수리기사였고, 그들은 아버지의 고객이었다! 아버지에게는 아는 사람이든 생판 모르는 사람이든 고객을 돕는 게 최우선이었다. 크리스마스 때는 더 그랬다.

휴일에 아버지가 집에 계시지 않았던 적이 그때가 처음이 아니었다(물론 마지막도 아니었고!). 아버지는 사람들이 힘들어하는 것을 못 보셨다. 아버

지가 매 순간 주변 사람에게 즐거움과 안도감을 주기 위해 노력하신 것을 이야기하자면 끝이 없다. 그 때문에 주로 아버지 당신이 희생하거나 우리 가족이 희생해야 했다.

이제는 알겠다. 아버지에게는 모두가 가족이었던 것이다. 모든 사람이 아버지의 가족이었다. 이제 나의 목표는 아버지가 그러셨던 것처럼 고객이라는 나의 가족에게 기쁨을 주는 것이다. 어쩔 수가 없다. 그게 내 몸에 깊이 배어 있고, 그게 내 유전자의 일부이기 때문이다.

솔직히 말해서 교육 일정을 잡는 게 즐겁다고 여기는 사람은 별로 없을 것이다. 아마 생각만 해도 머리가 지끈거릴 것이다. 우리 고객들이 하나같이 하는 말이 수많은 업체를 알아보고 수많은 교육 프로그램의 일정을 잡고 관리하는 데 엄청난 시간을 썼지만, 막상 현장에 가보면 수준이 너무 떨어지거나 아예 폐강되는 경우가 다반사였다고 한다!

우리는 함량 미달인 업체와 교육자를 걸러내고 고객의 필요를 정확히 파악해서 꼭 맞는 프로그램을 찾는다. 그리고 협상을 통해 고객에게 유리한 조건을 만든다. 고객이 직접 프로그램을 찾으려면 몇 날 며칠이 걸리지만 우리 팀원은 몇 분 만에 최적의 프로그램을 찾아낸다.

우리 팀원은 모두 나의 아버지처럼 고객에게 기쁨을 주기 위해 구슬땀을 흘리는 사람들이다. 내가 어떤 일에 종사하더라도 고객에게 기쁨을 주는 것이 최우선순위라는 사실은 변치 않을 것이다.

이것은 루이스에게만 통하는 원칙이 아니라 다른 모든 기업에서도 효과를 발휘하는 원칙이다.

# 제시카 알바,
# #정직(HONEST)하게 팝니다

만나는 사람마다 회의적인 반응을 보였다.
남편 캐시조차 내 아이디어가 너무 원대하다고 생각했다.
― 제시카 알바(어니스트컴퍼니 공동 창립자)

어니스트컴퍼니는 한 단어를 한 단계 더 발전시켰다.

이 회사의 공동 창립자인 제시카 알바와 크리스토퍼 개비건은 한 단어
의 철학을 받아들인 것은 물론이고, 자신들의 한 단어로 회사 이름까지 지
었다. 바로 #정직하다였다.

제시카와 크리스토퍼는 수많은 아동용품이 유해물질을 함유하고 있는
현실에 신물이 났다. 아동용품이라고 해놓고 독성 화학물질 범벅에, 제대
로 된 테스트조차 거치지 않은 제품이 수두룩했다. 그런 제품이 아이들을
병들게 하고 있다는 사실에 제시카는 구역질이 났다. 제시카와 크리스토
퍼는 더 이상 방관하고 있을 수 없다고 생각했다.

그래서 자신들이 변화의 주체가 되기로 결심했다.

두 사람은 기저귀부터 목욕, 보디용품에 이르기까지 무독성과 친환경성

은 물론이고 세련미까지 갖춘 아동용품을 합리적인 가격에 공급하기 위해 어니스트컴퍼니를 설립했다. 그들은 그 사업의 가치를 굳게 믿는 제시카의 어머니를 직원으로 고용했다. 회사에 대한 그들의 애정은 벽에 장식해 놓은 회사의 선언문과 제품을 보면 알 수 있다.

#정직한 경영을 실천하는 제시카는 배우이자 사업가로서 2억 달러 정도의 자산을 보유하고 있음에도 따로 집무실이 없다. 그냥 팀원과 나란히 앉아서 일한다. 그들은 제품을 동물에게 테스트하지 않고 자녀에게 테스트한다. 그리고 매출의 1퍼센트를 자선단체와 화학 연구에 기부한다.

이 회사는 직원은 물론이고 공급업체 관계자까지 자신이 세상에 미치는 영향을 고민한다. 탄소발자국(개인이나 단체가 만들어내는 온실가스 총량-역주)을 줄이기 위해 이 회사의 제품은 모두 로스앤젤레스 반경 250킬로미터 내에서 생산되고, 항공이 아닌 육로로 운송된다. 이 회사의 제품, 사람, 경영에 대한 기준은 무자비하리만치 높다. 모든 활동이 #정직한 철학에 부합해야 한다.

그래서 어떻게 됐을까? 어니스트컴퍼니는 연간 수억 달러의 매출을 올리는 기업이 됐다. 사업을 시작하고 3년이 지난 시점에서 이 회사의 평가가치는 10억 달러에 달했다.

이 회사는 자신들의 한 단어를 따르는 것으로 돈을 벌고 세상에 영향을 미치고 있다. 그래서 나는 크리스토퍼에게 그의 한 단어에 대해 이야기해 달라고 청했다.

# 크리스토퍼 개비건,
# #정직한 사람이 팝니다

우리의 핵심 사명을 말할 때 우리는 제품을 언급하지 않는다.
그 대신 우리가 세상을 어떻게 바꾸고 싶은지,
어떻게 그런 변화를 달성할 것인지를 말한다.
– 크리스토퍼 개비건

YOUR ONE WORD

　다음은 크리스토퍼 개비건이 직접 들려준 그의 한 단어 #정직한 사람을 발견한 이야기다.

　처음 사업에 입문했을 때 나는 크게 실망했다. 진실한 관계라는 것을 찾아보기가 어려웠기 때문이다.

　다들 앞에서는 간이라도 빼줄 것처럼 말하고는 뒤돌아서면 입을 싹 닦아 버리는 현실이 실망스러웠다. 이런 짓은 정말로 부정직한 행위다. 나는 이 업계가 전반적으로 고객에게 무엇이 건강하고 안전한 것인지를 확실히 말해주는 투명성과 진정성이 부족하다고 판단했다.

　그러자 이런 생각이 들었다.

　'흠, 이게 다 우리 몸에 쓰고, 집에 쓰고, 아이에게 쓰고, 그러다 몸속으로

들어가기도 하는 건데⋯. 어떻게 이럴 수 있지?'

동업자 제시카와 사업을 구상할 때 우리는 세상에 무엇이 있으면 좋을지 생각하며 큰 꿈을 꿨다. '우리는 어떤 세상을 원하지?'라고 고민했다. 나는 '정직하다'라는 단어가 무척 마음에 들었다. 참으로 명쾌하고 아름다운 말이지 않은가. 누구나 정직해지고 싶어 한다. 이 말은 누구나 염원하는 것이고 현실에서 실제로 이룰 수 있는 것이다. 이 말을 지키는 것 자체가 영광이며, 특권이다. 그리고 의무다. 이 말은 우리가 기준을 지키게 하고 날마다 앞으로 나아가게 한다.

나는 우리 자신을 시험해보고 싶었다. 정직하다는 것은 무엇인가? 이는 결코 쉽게 성취할 수 있는 것이 아니다. 나는 우리가 과연 계속해서 정직할 수 있는지 확인해보고 싶었다.

우리는 회사의 이름을 걸고 날마다 더욱더 정직해지기 위해 우리 자신을 밀어붙이고 있다. 그런 사명감과 목적의식을 원동력으로 하는 우리 회사가 과연 핵심 목표를 잘 수행하고 있는지 모두 지켜본다. 그 핵심 목표란 단순히 제품을 만드는 게 아니다. 우리의 목표는 차세대 고객과 부모를 교육하는 것이다. 우리의 핵심 사명을 말할 때 우리는 제품을 언급하지 않는다. 그 대신 우리가 세상을 어떻게 바꾸고 싶은지, 어떻게 그런 변화를 달성할 것인지를 말한다.

사람은 옳다고 믿는 것을 행해야 한다. 내가 우리 회사를 사랑하는 이유는 우리가 진심에서 우러나온 행동을 하고, 옳지 않은 일에는 손을 대지 않기 때문이다.

정직은 불편하더라도 진실을 말하는 것이다. 정직은 중요한 덕목이다. 정직은 중요한 것을 중요하다고 말하는 것이다. 정직은 우리가 무엇을 하지 않을 것인지 말하고, 제품에 무엇이 들어가지 않았는지 말하는 것이다. 우리는 기저귀, 샴푸, 식품세척제를 포함해 각종 생활용품을 판매한다.

부모들은 우리를 믿고 싶어 한다. 나는 그런 믿음의 수호자다. 나는 날마다 그들의 믿음을 보호한다. 그런 신뢰가 우리의 유일한 자산이다. 나는 우리가 고객과 끈끈한 신뢰 관계를 유지하는 것이 중요하고, 또 우리가 날마다 그런 관계를 더욱더 증진하기 위해 노력을 아끼지 않는다는 사실을 고객에게 알리는 것이 중요하다고 굳게 믿는다. 그리고 그런 마음가짐을 열정적으로 전파한다.

크리스토퍼 개비건은 정직하게 세상을 바꾸고 싶었고, 그런 생각에 사람들은 동조했고, 그 생각을 다른 사람들에게도 알렸다. 사람들은 정직한 사업을 추구하는 그를 믿었다. 그리고 결과적으로 정직한 사람이 하는 정직한 사업을 믿게 된 것이다. 한 단어가 어떻게 사람을, 사람들을, 사업을 세상에 알리고 선명하게 만드는지 알 수 있는 대표적인 성공 사례.

나 역시 그를, 그의 사업을 #믿는다.

# 당신의 한 단어는…

광고 카피가
아니다.

삶의 방식이며,
사람들에게 당신을 이해시키는

# KEYWORD다!

심연을
보라!

그러면

한 단어를 움켜쥔 채

당신을 기다리고 있는

자
신
을
발견하게 될 것이다.

# 3

## 당신의 한 단어를 찾는 법

사람들은 필요한 '모든' 것이
자기 안에 이미 갖춰져 있다는 사실을 알아야 한다.
– 디팩 초프라(베스트셀러 저자, 심신통합건강운동 선구자)

# 나만의 한 단어 찾기, 스타트!

5분 동안 가만히 정신을 집중해보라.
5분도 시간을 낼 수 없다면 꿈꾸는 삶을 살 자격이 없다.
－오프라 윈프리

주목!

이제부터 당신은 중요한 과정을 시작할 것이다.

아마도 평생 이만큼 가치 있는 활동도 드물 것이다.

그 결과로 당신의 삶이 바뀔 것이다.

지금부터 우리는 다섯 가지 질문에 답을 할 것이다.


1. 나를 행복하게 하는 것은 무엇인가?

2. 나를 행복하게 하는 것을 하나로 연결하는 것은 무엇인가?

3. 내가 싫어하는 것은 무엇인가?

4. 내게서 변치 않는 것은 무엇인가?

5. 이것이 '진짜' 나인가?

그러고 나서 다음과 같이 당신이 위대한 일을 하지 못하도록 가로막는 네 가지 제약적 믿음을 논할 것이다.

1. 너무 대담해.
2. 어떻게 생각해?
3. 이미 다른 사람이 하고 있잖아.
4. 너무 단순해.

자, 그러면 정신 집중을 방해하는 것을 모두 치워버리고, 이제 30분간 마음을 활짝 열고 자신에게 솔직해지길 바란다.

시작!

# 나를 행복하게 하는 것은
# 무엇인가?

나는 핑크색을 믿는다. 나는 웃음이 최고의 칼로리 소모제라고 믿는다.
나는 열렬한 키스를 믿는다. 나는 모든 것이 잘못되어가는 것처럼 보일 때도
마음을 굳게 먹어야 한다고 믿는다. 나는 행복한 여자가 가장 예쁜 여자라고 믿는다.
나는 내일은 내일의 태양이 뜰 것이라 믿고 기적을 믿는다.
– 오드리 햅번(역사상 가장 위대한 영화배우 중 한 명)

성공하고 싶으면 먼저 당신을 행복하게 하는 게 무엇인지 알아야 한다.

당신의 한 단어가 무엇인지 고민하기 전에 당신을 행복하게 하는 것을 모두 떠올려보자.

목록을 만들어보자. 뒷일은 생각하지 말고 떠오르는 대로 다 적어보자.

그러면서 행복에 잠겨보자.

도움이 될 만한 몇 가지 질문을 보자.


• 내가 좋아하는 영화는 무엇인가?

• 좋아하는 책은 무엇인가?

• 좋아하는 노래는 무엇인가?

• 가장 친한 친구는 누구인가?

- 나의 좌우명은 무엇인가?

- 평소에 어떤 사람과 어울리는 것을 좋아하는가?

- 좋아했던 상사는 누구인가?

- 현재 애인이나 배우자의 어떤 점이 좋은가?

- 좋아했던 선생님은 누구인가?

- 부모님의 가장 좋은 점은 무엇인가?

- 무엇을 할 때 살맛이 나는가?

- 주중에 가장 기대되는 것은 무엇인가?

- 가장 최근에 행복해서 미칠 것만 같았던 때가 언제였는가?


모두 생각의 도약대가 될 만한 질문이다. 이 질문에 대한 답을 적어보자. 그 밖에도 당신을 행복하게 하는 게 생각나면 모두 적자.

한 면을 행복으로 가득 채우고 거기서 나오는 에너지를 만끽하자. 이것이 50만 달러가 굴러들어 오는 길이 될 수 있다.

# 50만 달러가 된 한 단어
## #가족 (FAMILY)

중요한 것은 실력이 아니라 다른 사람을 돕고자 하는 열의와
다른 사람을 가족처럼 사랑하고 편안하게 만들어주려는 마음가짐이다.
― 샤론 갤러(토론토댄스살사Toronto Dance Salsa 창립자)

처음으로 살사 클럽에 가서 플로어에 섰을 때 샤론은 몸 둘 바를 몰랐다.

실력이 형편없어서 먼저 춤을 청한 남자는 음악이 끝나기도 전에 다른 데로 가버렸다. 속상하긴 했어도 괜찮았다. 아직 실력은 부족했지만 그곳 사람들이 좋아서 마치 집에 있는 것처럼 마음이 편안했다. 클럽에 나간 지 일주일 만에 새 친구들이 생기고, 금세 소속감이 생겼다. 그녀는 살사와 그곳의 사람들을 사랑하게 됐다.

직장에서 그녀는 HR 부서에서 성공 가도를 달리고 있었다. 5년 연속으로 승진했고, 어마어마한 연봉을 받았으며, 회사의 유망주로 꼽혔다. 하지만 매일 새벽 3시까지 춤을 추고 아침 일찍 일어나 출근하자니 여간 힘든 일이 아니었다. 마침내 힘겨운 결정을 내려야 할 때가 왔다.

매일 밤 연습을 하며 자연스레 춤 실력이 늘었다. 얼마 후 인근의 사교댄

스 학원 원장이 수업을 해달라고 요청했고, 이를 계기로 샤론은 살사 수업을 시작했다. 갑자기 취미로 하던 일을 본업으로 삼을 기회가 찾아왔지만, 그 기회를 잡으면 HR 부서 유망주로서의 미래를 포기해야만 했다.

마음의 소리에 귀를 기울여보니 회사를 계속 다녀도 춤을 출 때만큼 행복하지는 않을 것 같았다. 그래서 벌이는 훨씬 적어도 행복한 게 더 좋다는 생각으로 직장을 나와 토론토댄스살사(이하 TDS)를 개업했다.

처음에는 일주일에 몇 번의 수업만 하는 수준이어서, 장차 여러 지점을 내고 50만 달러의 매출을 올리는 사업으로 발전할 줄은 몰랐다. 그저 모두가 즐겁고 편안하게 어울릴 수 있는 공간을 만들자는 바람뿐이었다. 마치 가족처럼 어울릴 수 있는 공간을.

그 결과 샤론에게 살사를 배우러 오는 TDS 가족은 6,000명으로 늘어났고, TDS는 북아메리카 최대의 살사 학원이 됐다. TDS 가족은 누군가 생일을 맞으면 다 함께 축하하는 춤을 추고 살사 클럽에서 함께 어울리며 가족이 된 것 같은 기분을 느낀다. TDS에는 일부러 자기 시간을 내서 학생에게 직접적인 피드백을 주는 '도우미'가 있다. TDS에서 도우미와 직원을 선발하는 기준은 #가족 의식이다. 샤론은 이를 재능보다 중시한다. 학생들은 모두 실력과 상관없이 사랑받고 환영받는 느낌을 받는다. 샤론이 처음 살사에 입문했을 때처럼.

#가족은 샤론을 행복하게 만들고 모든 것을 하나로 연결해 그녀의 사업을 성장시키는 요인이다.

# '나의 행복'을
# 한 단어로 정의한다면?

당신이 하는 행동은 모두 당신의 정체성과 연결되어 있고
그것이 내일의 당신을 만든다.
– 폴 E. 밀러(영성 서적 저자)

여기서부터 마법이 일어난다.

지금쯤이면 당신을 행복하게 하는 것으로 한 면이 가득 찼을 것이다. (아직
아니라면 지금 당장 써보자. 꼭 그래야 한다. 그냥 다른 책으로 넘어가지 말고 반드시 실천해
보기를 당부한다.)

당신을 행복하게 하는 것을 보면 그 모든 것을 하나로 연결하는 공통된
주제가 존재할 것이다. 물론 예를 들어 당신이 존스 선생님을 좋아했던 데
는 아마도 여러 가지 이유가 있을 것이다. 그 영화를 가장 좋아하는 이유
도 열 가지쯤 될 것이다. 당신이 평소에 즐겁게 어울리는 사람도 저마다
성격이 다를 것이다.

하지만 그 모든 것을 하나로 연결하는 주제가 존재한다. 그 모든 것에 공
통된 요소가 존재한다. 그 연결 고리를 알면 앞으로 무엇이든 결정을 내리

기가 한결 쉬워진다.

그 연결 고리는 당신에게 목적의식을 주고 더 나은 세상을 만들 힘을 주는 강력한 구호가 된다. 그것이 바로 당신의 한 단어다.

당신을 행복하게 하는 것을 망라한 목록을 보고, 그 모든 것을 관통하는 주제를 찾아서 적어보자. 그냥 봐서는 도무지 모르겠다면 당신을 행복하게 하는 것 옆에 왜 그것을 좋아하는지 적어보자.

그러면 어떤 패턴이 보일 것이다. 반복적으로 나오는 단어가 있을 것이다. 이렇게 가장 행복한 순간을 설명할 때 가장 많이 쓰이는 단어를 한데 모아보자. 그중에서 한 단어를 선택하지 못했다고 해도 걱정하지 말고, 최종 후보를 다섯 개 이하로 추려보자.

자, 이제 당신은 인생과 사업을 비범하게 만들기 위해 다음 단계로 나아갈 준비를 끝냈다.

# 100만 달러가 된 한 단어
## #비범한 길(EXTRAORDINARY WAY)

내가 비범한 인생을 살 수 있다면, 비범한 일을 할 수 있다면
그 안에 선물이 있을 것이다. 내가 비범한 아버지가 된다면
그것은 우리 아이들에게 큰 선물이 될 것이다.
내가 비범한 사람과 비범한 사업을 할 수 있다면
그것은 내가 우리 직원에게 선사할 수 있는 문화가 될 것이다.

－ 마크 드래거(팬타미디어Phanta Media CEO)

마크 드래거는 평범하게 살고 싶지 않았다.

영상제작사 팬타미디어를 설립하고 몇 년이 지났을 때 그는 자꾸만 자신이 회사에 별로 기여를 하지 못한다는 기분이 들었다. 그동안 회사가 확장되고 직원이 늘어서 예전에 그가 하던 일을 대부분 다른 직원들이 처리하고 있는 상황에서 그는 뭔가 의미 있는 일을 하고 싶었다.

왠지 길을 잃은 느낌이었다.

반년 동안 자신의 역할을 고민한 끝에 마크는 자신이 돈 때문에 일하는 것은 아니라는 사실을 깨달았다. 돈은 절대로 그에게 동기가 되지 못했다. 돈을 더 많이 번다고 해도 더 열심히 일할 마음이 생기지 않았다.

그에게 의욕을 불어넣는 것은 다른 사람의 인정이었다. 그는 돋보이는 사람이 되고 싶었다. 마크는 마음속 깊은 곳에 인생의 어떤 분야에서든 평

범하게 사는 것을 두려워하는 마음이 있다는 것을 알게 됐다.

마크는 비범한 사람이 되고 싶었다. 그는 비범한 남편이 되고 싶었고, 네 아이에게 비범한 아버지가 되고 싶었으며, 비범한 신앙인과 비범한 시민, 비범한 사업가가 되고 싶었다.

그는 뭔가 비범한 일을 할 때 행복했다. 그것이 그의 연결 고리였다. 그런데 그의 사업에는 그런 점이 부족했기 때문에 길을 잃은 기분이 들었던 것이다. 그리고 행복해지고 성공하려면 사업을 비범하게 만들어야만 한다는 판단이 섰다.

그래서 회사의 사명을 #비범한 영상을 만드는 것으로 변경하고, 거기에 맞춰 사업을 전면 개편했다. 이제 그는 #비범한 사람을 직원으로 채용한다. #비범한 프로젝트를 수행한다. 고객에게 #비범한 결과물을 제공한다. 그리고 그에게는 모든 직원이 #비범한 노력을 기울이게 할 책임이 있다. 그의 이야기는 3부에서 더 자세히 하기로 하자.

#비범한 것에 집중함으로써 마크는 연간 매출 목표액인 100만 달러를 돌파했고, 이제는 그 이상을 향해 나아가고 있다.

그가 한 단어를 찾는 과정은 쉽지 않았지만 자신이 어떤 사람인지 깊이 들여다보자 한 단어가 확실히 드러났다.

당신도 그렇게 될 것이다.

# 내가 진짜로
# 원하는 게 뭘까?

자기 안에서 평화를 찾지 못한다면 그 어디서도 찾을 수 없다.
－마빈 게이(1960년대 모타운Motown의 음악 스타일을 정립하는 데 큰 영향을 끼친 인물)

이제 진전이 보인다!

사람에 따라서는 이 두 단계 만에 자신의 한 단어를 찾기도 한다. 그러면 그 한 단어를 인생과 사업에 접목할 준비가 다 된 것이다. 혹시 당신이 그렇다면 축하한다!

하지만 대부분의 사람은 좀 더 시간을 두고 자기 안으로 더 깊이 파고들어야 할 것이다. 나도 그랬다.

어쩌면 당신은 지금 여러 개의 단어를 써놓고 그것을 어떻게 한 단어로 압축해야 할지 고민 중일지 모른다.

그 단어가 꼭 동사여야 할까? 명사여도 괜찮을까? 혹시 형용사는 안 될까? 답을 하자면, 무엇이든 괜찮다. 보통은 동사가 행동 지향적이라서 제일 사용하기 쉽다. 이를테면 당신은 세상을 #감동시키거나 #변화시키거나

#발전시키거나 #빛내거나 #사랑하고 싶을 것이다.

하지만 꼭 동사여야 한다는 법은 없다. 예를 들어 당신이 제인 할머니를 존경해서 그 삶을 본받고자 한다면 당신의 한 단어는 #제인이 될 수 있다. 혹시 당신도 오드리 햅번처럼 '핑크색을 믿는' 사람이라면 #핑크가 자신에게 어떤 의미인지 규정하면 된다.

아니면 별로 연관성이 없어 보이는 단어들을 조합해서 의미 있는 한 단어를 만들 수도 있다. 예컨대 당신이 모험을 좋아하는 한편, 타인을 돌보는 것을 중요시하는 사람이라면 당신의 한 단어는 마음의 명령을 따르고(모험) 마음 깊이 타인을 챙긴다는(돌봄) 의미에서 #마음이 될 수 있다.

이렇게 서로 동떨어진 것 같은 두 단어를 합쳐서 #마음처럼 자신이 어떤 사람이고, 어떤 인생을 살고 싶은지를 잘 설명해주는 한 단어를 만들면 된다.

단번에 될 것이라고 생각하진 말자.

어쩌면 당신은 지금 한 단어를 선정하긴 했지만 이거다 하는 확신이 없을 수도 있다. 자신이 선택한 단어가 너무 거창하다고, 너무 부담스럽다고, 너무 무섭다고 생각할 수도 있다. 그렇다면 이 책을 계속 읽어보기 바란다.

우리는 함께 답을 찾을 것이다.

# 일단, 내가
# 싫어하는 건 뭐지?

분노의 반대말은 침착이 아니라 공감이다.
— 메멧 오즈(흉부외과 의사, 저술가, 일명 닥터 오즈로 알려진 방송인)

자신이 어떤 사람인지 모르겠다면 자신이 어떤 사람이 아닌지부터 생각해보자. 이렇게 뒤집어 생각하면 한 단어가 한결 명확하게 떠오르기도 한다.

당신을 불쾌하게 하는 것의 목록을 만들어보자.

같이 있기 싫은 사람, 하기 싫은 일, 절대로 보고 싶지 않은 영화, 출근이 꺼려지는 이유를 적어보자.

사람이든 사물이든 당신을 불쾌하게 하는 것을 총망라하자.

솔직하게 적자. 괴로울 정도로 적자. 어차피 아무도 당신이 쓴 것을 보지 않는다.

크리스마스에 수지 이모를 볼 생각만 해도 치가 떨린다면 그 이름도 목록에 올리자.

하지만 주의할 점이 있다. 지금 여기 적어야 할 것은 당신이 두려워하는 것이나 당신을 제약하는 믿음이 아니다.

여기 적어야 할 것은 당신에게 알레르기 반응을 일으키고, 당신을 축 늘어지게 하고, 불쾌하게 만드는 요인이다. 이것은 어디까지나 시작일 뿐이고, 이어서 그 모든 것을 관통하는 특징이 무엇인지 알게 될 때 비로소 진짜 효력이 나타난다.

수지 이모, 꼴도 보기 싫었던 상사, 같이 있으면 짜증 나는 인간, 손도 대기 싫은 일 같은 것도 따지고 보면 모두 하나로 연결되어 있다.

그런 것을 하나로 묶는 주제가 무엇인가?

그것을 알고 그 반대를 생각하면 당신의 한 단어가 고개를 든다.

예를 들어 당신의 반대 주제가 '방치'라면 당신의 한 단어는 '관심'이 될 수 있다. 반대 주제가 '낙담'이라면 한 단어는 '의욕'이 될 것이다. '파괴하다'는 '창조하다'로 바뀐다. '미움'은 '사랑'이 된다.

이제 당신의 고통을 #즐거움으로 바꿀 때다.

# 500만 달러가 된 한 단어
# #즐거움(JOY)

내가 이 일에 뛰어든 이유도, 우리가 지금처럼 고객을 끌어들일 수 있는 이유도
우리가 개발하는 소프트웨어를 통해 사람들에게 즐거움을 주고자 하는
마음가짐 때문이다. 그렇게 '왜'를 말해주는 한 단어가 분명해지자
마법 같은 일이 일어나기 시작했다.
— 리처드 셰리든(멘로이노베이션Menlo Innovations 공동 창립자)

일이란 게 꼭 지긋지긋하란 법이 있을까?

이제는 연간 수백만 달러의 매출을 올리는 맞춤형 소프트웨어 개발회사 멘로이노베이션을 설립했을 때 리처드 셰리든에게는 '인간이 기술에서 느끼는 고통을 종식하겠다'라는 사명감이 있었다.

리처드는 컴퓨터 프로그래머가 답답하고 외롭고 불행한 직업일 수도 있다는 사실을 잘 알았다. 프로그래머는 개인 생활도 포기하고, 야근을 밥 먹듯이 하고, 휴가까지 미뤄가면서 매달리던 프로젝트가 몇 달 만에 엎어지는 일이 비일비재하다. 그래서 프로그래밍을 '죽음의 행진'이라고 부르는 사람도 있다.

하지만 리처드는 회사를 꼭 그렇게 운영해야만 하는 것은 아니라고 생각했다. 그는 사람들이 신나게 출근하는 회사를 만들고 싶었다. 그렇다고

'고통스럽지 않은 회사'를 만드는 것에 초점을 맞춰서는 안 될 것 같았다.

그는 자신이 보는 이상적인 회사의 사명을 더 잘 표현할 방법을 알고 싶었다. 문득 어린 시절에 부모님을 위해 책꽂이를 만들었던 때와 처음으로 컴퓨터로 아주 간단한 프로그램을 만들었던 때가 떠올랐다.

리처드는 다른 사람에게 기쁨을 주는 것을 만들 때 벅찬 즐거움을 느꼈다. 그는 엔지니어가 다른 것을 떠나서 고객에게 "이거 정말 마음에 들어요. 덕분에 한결 편해졌어요."라는 말을 듣고 싶어 한다는 것도 잘 알았다. 그도 그의 회사에서 설계한 소프트웨어의 사용자에게 즐거움을 줌으로써 제작진에게 즐거움을 선사하고 싶었다!

리처드는 종식하고자 했던 고통의 반대편에서 자신의 한 단어를 찾았다. 바로 #즐거움이었다. 2001년부터 멘로의 사명은 소프트웨어 개발의 #즐거움을 되살리는 것이다. 그 덕에 연 매출이 500만 달러를 돌파했다.

멘로에서는 #즐거움이라는 선명한 사명이 있기 때문에 모든 결정이 한결 쉽게 내려진다. 그리고 직원에게 #즐거움을 주고, 고객과 지역사회에 #즐거움을 주는 문화가 꾸준히 호평을 받고 있다. 리처드의 이야기는 3부에서 더 자세히 할 것이다.

리처드는 #즐거움이 자신의 한 단어가 된 게 우연이 아님을 깨달았다. 그것은 어린 시절부터 그에게 변치 않고 행복을 주는 요인이었다.

# 내게 머무르는 것,
# 변치 않는 것

우리 앞에 어떤 행운이나 불행이 닥치더라도 우리가 거기에 의미를 부여하고
그것을 가치 있는 것으로 바꿀 수 있다는 나의 믿음은 예나 지금이나 변함이 없다.
─헤르만 헤세(시인, 소설가, 화가, 1946년 노벨문학상 수상자)

당신의 한 단어는 새해 결심과 다르다.

당신의 한 단어는 어떤 강연이나 세미나에서 귀에 꽂힌 단어로 섣불리
결정해서도 안 된다. 부모님이나 친구가 당신에게 바라는 것을 당신의 한
단어로 정해서도 안 된다.

당신의 한 단어는 절대로 변하지 않는다. 그것은 항상 당신과 동행했고
앞으로도 영원히 동행할 것이다. 그것은 과거와 현재를 관통하는 당신의
정체성이다.

10년 전이나 어렸을 때 좋아했던 영화를 떠올려보자. 지금도 그 영화가
좋지 않은가? 20년이 지나 특수 효과와 촬영 기법이 이제 한물간 것처럼
보일지라도 여전히 좋을 것이다. 왜냐하면 그 영화는 당신에게 어떤 의미
가 있기 때문이다. 그 안에 당신이란 사람의 본질이라고 할 수 있는 주제

가 담겨 있기 때문이다.

당신의 한 단어도 마찬가지다.

당신의 한 단어는 시간이 지나도 싫증 나거나 지긋지긋해지지 않는다. 그것은 지금까지 항상 그 자리에 있었고, 앞으로도 항상 그럴 것이다.

아직도 한 단어를 고민 중이라면 10년 전을 떠올리며 당신을 행복하게 하는 것 목록을 보자.

그 시절의 당신을 가장 잘 표현하는 단어는 무엇인가?

20년 후의 인생을 상상해보자.

그때의 당신을 가장 잘 표현하는 단어는 또 무엇인가?

시간이 가면 많은 것이 변한다. 생각과 주변 환경, 가족과 친구도 변한다. 하지만 당신의 핵심 가치, 당신의 한 단어는 변치 않는다.

그것을 찾기 위해 우선 부모님을 생각해보자.

# 부모님이 건네주신
# 한 단어

나는 어릴 적부터 부모님께 성실의 중요성을 배웠다.
나는 여태껏 우리 부모님만큼 성실한 분을 보지 못했다.
그것이 지금의 나를 만든 토대가 됐고, 그런 집안에서 자란 것이 내게 큰 힘이 됐다.
나는 성실의 가치를 진심으로 높이 평가한다.
— 블레이크 그리핀(NBA 올스타, 성실의 대명사)

당신에게서 변치 않는 것을 아직 못 찾았다면 부모님을 생각해보자.

심리 상담을 할 때 부모님과의 관계를 묻는 데는 다 이유가 있다. 물론 나는 상담사가 아니지만 어떤 사람의 한 단어가 어린 시절과 부모님에게 뿌리를 두고 있는 경우를 많이 봤다.

많은 사람이 부모님에게서 가치관을 물려받는다. 그 가치관에 따라 세상을 보는 눈이 달라지고, 타인을 대하는 태도가 달라지고, 바른 행실과 나쁜 행실을 구별하는 기준이 달라진다. 만일 당신의 어머니가 타인을 배려하는 분이라면 당신도 #배려를 물려받았을 수 있다. 당신의 아버지가 수완이 좋은 분이라면 당신도 #수완을 물려받았을 수 있다.

그 반대의 경우도 있다.

나는 무엇이든 아버지가 했던 것과 반대로 하면 잘살 수 있을 것 같다. 이런 말을 농담처럼 할 수 있는 이유는 이제 아버지 때문에 상처받던 시기를 지났기 때문이다. 아이가 태어나면서 나는 달라졌다. 이제는 내 안에 있던 부정적인 에너지를 긍정적으로 사용할 수 있게 됐다.

−데릭 로즈(NBA 역대 최연소 MVP)

어쩌면 당신은 부모님에게서 눈곱만큼도 본받고 싶지 않은 언행을 보고 그와 정반대되는 가치관을 갖게 됐을 수도 있다. 만일 어머니가 도박에 빠져서 생계가 위태로워졌다면 현재 당신은 위험과 정반대되는 #안정을 추구할 것이다. 만일 어릴 적에 아버지가 집을 나가서 돌아오지 않았다면 현재 당신은 무책임과 정반대되는 #믿음직함을 갈망할 것이다. 만일 부모님이 당신에게 자기 자신을 제약하는 믿음을 물려줬다면, 당신은 그 점을 똑똑히 인지하기 전에는 절대로 그 굴레에서 벗어나지 못할 것이다. (그리고 당신의 자녀에게도 똑같은 행동을 되풀이할 가능성이 있는데 그 얘기를 하자면 책 한 권이 더 필요할 것 같다.)

잠깐 시간을 내서 부모님이 당신에게 어떤 흔적을 남겼는지 생각해보면 당신의 한 단어를 찾는 데 도움이 될 것이다. 당신은 #안정이나 #믿음직함을 인생과 사업의 근간으로 삼을 수도 있고, #믿는다, #배려, #수완을 근간으로 삼을 수도 있다. 당신은 부모님에게서 긍정적인 영향도 받고 부정적인 영향도 받는다. 부모님에게서 어떤 영향을 받았는지 알면 성공의 밑거름이 될 수 있다.

거기서 10억 달러짜리 아이디어가 나올 수도 있다.

# 10억 달러가 된 한 단어
# #공감 (EMPATHY)

나는 '그들'에게 초점을 맞춰야 한다고 생각한다. 여기서 '그들'이란 직원과 고객을 말한다.
나 자신이 아니라 '그들'의 이익에 초점을 맞출 때 나에게도 좋은 일이 생긴다.
– 디라즈 판데이(뉴타닉스Nutanix 창립자)

공감에 초점을 맞추는 것으로 연 매출 10억 달러 규모의 사업을 일굴 수 있을까? 뉴타닉스의 창립자 디라즈 판데이라면 그렇다고 답할 것이다.

디라즈는 인도의 서민 가정에서 태어났다. 아버지는 길에서 구걸하는 사람을 보면 남들은 다 지나쳐가더라도 디라즈에게는 꼭 적선을 하라고 가르쳤다. 어머니도 남에게 베풀면 행복해지고 선행은 다시 돌아온다고 가르쳤다. 그런 부모님 밑에서 자란 디라즈는 매사에 예의를 지키고 가진 것을 나누고 타인을 배려하는 태도가 몸에 뱄다.

그는 부모님으로부터 타인에게 공감하는 법을 배웠다.

이후 미국으로 건너와 기업의 사내 인프라를 구축하는 회사를 설립했을 때 그는 자기 인생의 기초가 된 부모님의 가르침대로 직원, 고객, 협력사의 필요와 이익에 공감하는 것에 역점을 뒀다.

디라즈는 그게 자기희생이 아니라 결국에는 회사에도 도움이 된다는 것을 잘 알았다. 어머니 말씀대로 남에게 베풀면 자신도 행복해지고, 선행은 돌아오는 법이기 때문이다.

그는 #공감에 매진하는 것이 성공으로 가는 길이라고 믿었다.

그가 가장 먼저 공감력을 발휘한 대상은 직원이었다. 그는 직원의 휴가 일수를 자질구레하게 따지지 않았고, 교육에 대한 지원을 아끼지 않았고, 건강보험료를 100퍼센트 회사가 부담하는 것으로 무한한 신뢰를 보여줬다.

이 원칙을 고객에게도 적용했다. 그는 고객이 진심으로 원하는 기능을 간편하게 사용할 수 있도록 제품을 만들어 그들에게 마음의 평화를 줬다. '온갖 프로그래밍 코드나 화려한 기능에 대해 요란하게 떠드는 게 아니라' 고객을 진심으로 배려할 때 모든 사람이 이득을 본다는 게 그의 철학이다. 그러자면 고객의 눈으로 제품을 봐야 한다. 그는 이것이 가장 자연스러운 제품 개발법이라고 믿는다.

디라즈는 자기 잇속만 챙기려는 사람을 멀리한다. 대화 중에 '나'라는 말이 너무 많이 나오면 자리를 뜬다. 그는 자신이 상대방을 존중하는 만큼 상대방도 자신을 존중해주기를 바라고, 이쪽에서만 공감하고 저쪽에서는 공감하지 않으면 일을 진행하지 않는다.

그는 제품을 팔지 않는다. #공감 경험을 판다. 그는 #공감을 통해 회사를 연 매출 10억 달러 규모로 키워냈다. #공감은 많은 사람이 사용하는 한 단어이기도 하다.

# 사람들이 가장 많이 선택한 한 단어는?

선한 생각이나 행동을 하는 것만으로는 부족하다.
타인에게 선한 모범이 되어야 한다.
— 더글러스 호턴(개신교 목사, 영향력 있는 신학자)

길을 찾을 때는 다른 모범 사례를 보는 것도 도움이 된다.

다음은 지금 설명하고 있는 과정을 통해 수많은 사람이 선택한 한 단어다. 하지만 혹시나 싫어 하는 말인데, 반드시 여기 있는 단어만 써야 하는 것은 아니다. 다른 사람이 쓰고 있으니까 당신도 그 단어를 꼭 써야 한다거나, 쓰지 말아야 한다는 법은 없다. 당신의 창의력에 불을 지피는 용도로만 사용하면 된다.

자, 많은 사람에게 선택받은 한 단어를 소개한다.


#행동 #적응하다 #모험 #포부 #균형 #전투 #존재 #용기 #기념하다 #변화하다 #매진하다 #자신감 #배짱 #호기심 #도전하다 #의지 #방향 #발견하다 #공감 #응원하다 #완수하다 #집중 #인내 #자유 #품위 #성장 #불붙이

다 #상상하다 #투자하다 #배우다 #경청하다 #사랑 #자각 #최소화하다 #
탄력 #열다 #기회 #낙천성 #체계 #평화 #끈기 #가능성 #현재 #목적 #재건
#축소하다 #성찰 #불굴 #결심 #즐기다 #무릅쓰다 #빛나다 #고요 #단순 #
상승 #강인함 #번영하다 #함께 #변신 #발전 #저돌적 #북돋다

  꼭 이 중에서 하나를 선택해야 할 필요는 없다. 그냥 가슴이 시키는 대로
하면 된다. 설마 그게 #돈은 아닐 것이다.

# 과정에 머무르는 단어와
# 목적지에 이르는 한 단어

돈은 지금까지도 그랬고, 앞으로도 절대로 인간에게 행복을 주지 못할 것이다.
돈에는 행복을 생산하는 기능이 결여되어 있기 때문이다.
— 벤저민 프랭클린(미국 건국의 아버지 중 한 명. 명망 높은 정치가)

"나의 한 단어가 '돈'이라면요?" 라고 물을지도 모르겠다.

하지만 절대로 그럴 리 없다. 혹시 그렇다고 생각한다면 아직 자신을 진정으로 살맛 나게 하는 것을 못 찾았기 때문이다. 물론 돈도 좋은 것이다. 돈은 기막힌 일을 가능하게 한다. 우리는 돈을 벌어야 살 수 있고, 돈을 많이 벌수록 더 많은 것을 일굴 수 있다. 그러나 돈은 어디까지나 수단일 뿐, 핵심 가치가 아니라는 것을 명심해야 한다.

돈이 있으면 목적지까지 가는 데 도움이 되지만, 돈이 곧 운전기사는 아니다. 돈이 왜 필요한지 따져보면 그보다 심층적인 이유가 나온다. 그것을 모르면 자꾸만 자신을 제약하게 된다. 돈은 가치를 제공할 때 생긴다. 만약에 사람들이 돈을 내고 당신의 노력을 사려고 하지 않는다면 당신이 그들에게 가치를 충분히 제공하지 못하고 있기 때문이다. 반대로 신속하게 큰

돈을 버는 방법은 신속하게 큰 가치를 제공하는 것이다.

당신이 그토록 돈을 사랑하는 이유는 무엇인가?

당신의 꿈이 내년까지 돈을 모아서 세계 일주를 하는 것이라고 해보자. 그렇다면 당신이 진정으로 원하는 것은 돈이 아니라 #모험이나 #경험 혹은 #설렘이다. 대부분의 사람이 얼마의 돈을 목표로 정해놓고 그 목표를 가장 빨리 달성할 방법을 궁리한다. 그 목표에 한 걸음 더 가까이 다가설 수만 있다면 가슴이 설레지 않는 사업도 와락 붙잡는다. 그러면서 불법만 아니면 무슨 일로 돈을 벌든 상관없다고 자신을 설득한다. 돈을 버는 게 진짜 목적이니까 그 목적만 달성할 수 있으면 그만이라는 논리다.

하지만 돈을 버는 게 전부가 아니다.

돈은 가치를 제공할 때 생기고, 가치를 제공하려면 미친 듯이 노력해야 한다. 하지만 자신이 하는 일을 사랑하지 않으면 그럴 수 없다. 일이 조금만 힘들어져도 그만두게 될 것이다. 내가 볼 때 나중에 원하는 삶을 살기 위해서 지금 하기 싫은 일에 매진하는 것은 정신 나간 짓이다. 나중이 아니라 지금부터 원하는 삶을 살아야 한다. 세계 일주를 위해 돈을 벌려고 하는 것은 사실 #모험, #경험, #설렘을 원하기 때문이라고 했다. 그렇다면 지금 당장 자신이 하는 일에 #모험, #경험, #설렘을 집어넣으면 된다! 지금 당장 세계 곳곳을 누비는 사업을 시작하면 된다. 이제 그만 기다리고, 지금 당장 그동안 바라기만 했던 일을 시작하자. 그러면 결과를 떠나서 일 자체가 재미있기 때문에 성공할 확률도 훨씬 높아진다.

자신의 한 단어가 돈이라고 하는 말은 뭘 몰라서 하는 소리다. 자기 안으로 깊이 들어가서 자신의 진짜 모습을 보지 않았기 때문이다.

# 이 단어가
# '진짜' 나인가?

우리는 자신이 누구인지 알아야 한다.
그것은 다른 사람이 대신 말해줄 수 있는 것이 아니다.
- 헤일 어원(1970년대 중반~1980년대 중반 골프계를 주름잡은 선수)

이 모든 것이 효력을 발휘하려면 자기 자신에게 잔인할 정도로 솔직해져야 한다.

여기서 중요한 것은 당신이 '마땅히' 어떤 사람이 되어야 한다거나 어떤 사람이 되기를 희망하느냐가 아니다. 가족이 당신에게 원하는 것이나 문화가 당신에게 요구하는 것도 중요하지 않다.

여기서 중요한 것은 지금 당신이 어떤 사람이냐 하는 것이고, 그 점을 바탕으로 당신의 목적을 좇고 행복한 인생을 만드는 것이다. 다시 말해 타인의 삶, 타인의 꿈이 아닌 당신의 삶, 당신의 꿈을 추구해야 한다.

계속해서 자기다움을 뒷전으로 하고 다른 사람이 생각하는 이상적인 삶을 살기 위해 발버둥 친다면 절대로 성취감을 맛볼 수 없다.

자신의 한 단어를 부끄러워하거나 무서워할 필요가 없다. 당신의 한 단어는 당신 존재의 정수이고 일평생 당신의 길을 인도할 것이다.

당신의 한 단어를 보고 이렇게 물어보자.

"이것이 내 본연의 모습인가?"

만일 그렇다고 대답했다면 이제 #경이로운 것을 이룩할 준비가 다 됐다.

혹시 아니라고 대답했다면 첫 번째 질문으로 돌아가서 처음부터 다시 한 단어를 생각해보기 바란다. 한숨 푹 자고 일어나서 생각해도 좋다. 욕실 거울에 비친 자신을 보며 생각해도 좋다. 밖으로 나가 산책을 하면서 생각해도 좋다. 명상을 해도 좋다. 그래도 정 모르겠다면 내게 연락해서 같이 찾아봐도 좋다.

# 놀라운 사업 아이템이 된
# 한 단어 #경이로움(AWESOME)

잔이 반쯤 찼다고 보든 반쯤 비었다고 보든 상관없다.
그 기회를 놓치지 말고 잔을 채워라. 그렇게 공백을 메워서 가치를 창출하라.
- 로베르토 블레이크(그래픽 디자이너, 강연자, 교육자, 마케터)

YOUR ONE WORD

　　로베르토 블레이크는 많은 사람이 질투할 만한 일을 해냈다.

　　그래픽 디자이너이자 마케터인 그는 자신이 진정으로 중요하다고 여기는 일로 소득원을 만들어냈다. 그게 무슨 일인가 하면, 바로 #경이로운 것을 만들어내는 일이다.

　　로베르토도 원래는 대부분의 사람과 비슷했다. 자신이 꿈꾸는 사업을 하고 싶었지만 영 진척이 없었다. 책을 쓰고 싶고, 유튜브 채널을 만들고 싶고, 팟캐스트를 시작하고 싶고, 여하튼 하고 싶은 일이 잔뜩 있었지만 인생이 자꾸만 훼방을 놓는 것 같았다.

　　그는 이미 오래전부터 자신에게 #경이로운 것을 만들고 싶은 욕구가 있다는 것을 알고 있었다. 운영하는 디자인·마케팅 회사가 잘 돌아가고 있긴 했지만 그에게는 더 큰 계획이 있었다.

하지만 '나중에 다 때가 되면' 계획을 실현하게 될 것이라고만 여겼다. 그러다 한 남자로 인해 당장 계획을 실행에 옮겨야만 하는 상황이 됐다.

그 남자는 술집 앞에서 그의 지갑을 훔쳐간 노상강도였다. 그렇게 온몸의 피가 곤두서는 경험을 하고 나자 비로소 눈이 번쩍 뜨였다. 하마터면 큰 불상사가 생길 뻔했다고 생각하자 이제 중요한 결단을 내려야 할 때라는 생각이 들었다.

그는 영원히 방에 갇혀서 살아야만 한다면 무엇을 하고 싶은지 생각해봤다. 그 답은 #경이로운 것을 만들어 세상 사람과 함께 나누고, 다른 사람도 그렇게 할 수 있도록 가르치는 것이었다.

이제 자신이 어떻게 시간을 소비하고 있는지 계산해봐야 할 때였다. 우선순위에 맞춰 일정을 재조정해야 했다. 로베르토는 #경이로운 것을 만드는 데 올인했다.

이제 그는 화가, 음악가, 작가를 포함해 누구든 자신처럼 뭔가를 만들어 세상에 선보이기를 원하는 사람을 돕는 리더로서 헌신하고 있다. 그는 시간을 내서 사람들의 작품, 영상, 소셜미디어에 대한 피드백을 제공하는 멘토로 활동 중이다.

당신도 솔직하게 자신을 들여다보고 꿈을 이루는 것을 최우선순위에 두면, 그리고 자신을 믿으면 #경이로운 것을 만들어낼 수 있다.

# 나를 가두는
# 4개의 말

할 수 있다고 생각하든 할 수 없다고 생각하든 그 생각은 적중한다.

– 헨리 포드(포드 창립자)

YOUR ONE WORD

당신이 지금 그 자리에 있는 것은 당신의 믿음 때문이다. 당신은 주변 환경, 주위 사람, 당신이 소비하는 미디어와 정보가 낳은 산물이다.

당신에게는 당신을 지금 그 자리에 붙잡아놓는 네 가지 제약적 믿음이 있다. 그 정체는 이렇다.

1. 너무 대담해.
2. 어떻게 생각해?
3. 이미 다른 사람이 하고 있잖아.
4. 너무 단순해.

혹시 큰 목표를 세웠다가 어떤 이유로든 행동에 나서지 않은 적이 있다면, 혹시 정말로 하고 싶은 일을 시작했다가 도중에 발을 뺀 적이 있다면, 혹시 어떤 일이 조금 성공하는가 싶다가 정체에 빠져서 끝내 돌파하지 못한 적이 있다면 아마도 그렇게 된 이유는 당신의 제약적 믿음 때문이다.

당신이 처한 상황을 바꾸고 싶다면 먼저 당신의 믿음을 바꿔야 한다.

당신의 한 단어는 아주 강력하다.

거기에는 인생을 바꾸고 세상을 바꾸고 역사를 바꿀 힘이 있다.

하지만 지금 이 순간에도 과거에 당신이 큰일을 하지 못하도록 가로막았던 제약적 믿음이 당신을 훼방놓고 있을 가능성이 크다(누구에게나 그런 믿음은 조금씩 있다).

그런 만큼 한 단어와 관련해서 많은 사람이 갖고 있는 네 가지 제약적 믿음에 대해 알아볼 필요가 있다.

자, 당신의 제약적 믿음을 분쇄할 시간이다!

# "너무
# 대담해"

우리가 진짜로 두려워하는 것은 능력 부족이 아니다.

우리가 진짜로 두려워하는 것은 능력 초월이다.

우리를 가장 겁먹게 하는 것은 우리의 어둠이 아니라 우리의 광채다.

우리는 스스로 '내가 뭔데 영리하고, 멋지고, 유능하고, 탁월한 사람이 될 수 있단 말이야?'라고 묻는다.

아니, 그러면 당신은 도대체 무엇이란 말인가?

— 매리앤 윌리엄슨(영성 지도자, 저술가, 강연자)

'너무 거창해, 너무 무모해, 너무 대담해.'

'내가 뭐라고 이렇게 거창한 단어를 써?'

그만, 당장 그만!

당신은 지금까지 할 수 없다는 말로 자신에게 상처를 입혔다.

더는 그런 말에 기죽지 말자. 절대 기죽지 말자. 당신의 한 단어는 당연히 거창한 것이어야 한다. 당연히 당신에게 기운을 주고 의욕을 불러일으키는 것이어야 한다. 당신의 한 단어는 당연히 대담한 것이어야 한다.

과제 1: 당신이 여든 살이 되어 인생을 돌아본다고 하자. 그때가 돼서 자신을 믿지 못해 행동하지 않은 겁쟁이로 산 것을 후회하고 싶은가?

**과제 2:** 당신의 자녀와 손주에게 어떤 메시지를 물려주고 싶은지 생각해보자. 자신은 꿈을 좇지 않았으면서 그들에게 꿈을 좇으라고 한다면 진정성이 느껴지겠는가?

**과제 3:** 당신이 뭔가를 처음으로 시도했던 때를 떠올려보자. 분명히 겁이 나고 불안했을 것이다. 하지만 두 번째 시도할 때는 좀 더 쉬웠을 것이고, 세 번째는 훨씬 더 쉬웠을 것이다. 대담해지는 것도 반복할수록 쉬워진다.

**과제 4:** 당신이 동경하는 유명한 사업가에 대해 조사해보자. 아마 그 사람도 지금 당신보다 나을 게 없는 상황(어쩌면 더 나쁜 상황)에서 출발해 마침내 성공했을 것이다. 당신도 하면 된다.

당신의 한 단어를 보고 기운을 받자. 거기서 나오는 힘을 느끼자.

당신은 그 한 단어를 이용해 큰일을 이루고, 많은 사람의 삶에 영향을 미칠 것이다.

대담해지자. 당당해지자.

당신의 한 단어를 사랑하자.

# 수백만 달러를
# 벌어들인 한 단어 #사랑(LOVE)

관건은 직감에 귀를 기울이는 것이다. 회의실에서 모든 사람의 시선이
자신에게 쏠린 상황에서 온몸의 세포가 '하지 마, 하지 마'라고 아우성치는데도
하겠다고 대답하는 것은 부정직하고 잘못된 행동이다.

─마리아 로데일(로데일Rodale, Inc.의 전 CEO 겸 회장, 현 마리아로데일닷컴mariarodale.com 운영자)

마리아 로데일은 자신에게 사업 의지를 불러일으키는 한 단어를 떳떳이 말하지 못했다. 현재 마리아로데일닷컴을 운영하는 그녀는 로데일출판사 Rodale Publishing의 경영자였다. 로데일출판사는 〈멘즈 헬스Men's Health〉, 〈위민즈 헬스Women's Health〉, 〈러너즈 월드Runner's World〉 등 유수의 건강 잡지를 발행해 연 매출 수백만 달러를 올리는 미국 최대 독립출판사였다. 마리아의 할아버지가 세운 회사는 아버지가 물려받았으나 유감스럽게도 교통사고로 세상을 떠났다. 아버지가 돌아가신 후 출판사에서 계속 일하는 마리아에게 한 친구가 회사에 있는 것만으로도 괴로울 텐데 어떻게 그럴 수 있느냐고 물었다. 그때 그녀는 일을 계속 할 수 있는 이유는 그 일을 #사랑의 실천이라는 고결한 사명을 감당하는 행위라고 믿기 때문이란 것을 알았다.

#사랑은 그녀가 비밀리에 간직한 단어였다. 그녀는 #사랑이 사람을, 그

리고 세상 만물을 아름답게 이어주는 끈이라고 생각했다. 그리고 그녀는 사람들이 사랑하는 것을 찾기 위해 힘쓸 때마다 보람을 느꼈다. 하지만 회사 사람들이 #사랑과 사업의 연관성을 이해하지는 못할 것 같아서 선뜻 말하지 못했다.

회사를 물려받고 몇 년 후 스타벅스 창립자 하워드 슐츠의 강연을 듣는데, 그 자리에서 슐츠는 자신을 움직이는 힘이 무엇이냐는 질문을 받았다. 그는 뭐라고 대답했을까? "사랑입니다." 바로 그때 마리아는 자신도 그 단어를 향한 열렬한 마음을 당당히 드러낼 수 있겠다고 생각했다.

사업에서 #사랑의 중요성을 대담하게 말해도 되겠다고 생각하자 커다란 안도감이 생겼다. 그녀가 대담하게 #사랑에 입각해서 결정을 내리기 시작하면서 회사가 달라졌다. 별로 효과적이지 않던 전략에 투입되던 자원, 관심, 에너지가 #사랑에 초점을 맞춘 새로운 전략에 투입되었다. 이후 마리아는 자신의 일을 진정으로 사랑할 때 단행본도 잡지도 더 좋은 성과를 낸다는 것을 경험으로 깨달았다. 책 한 권을 만들려면 오랫동안 거기에만 전념해야 하고, 그러려면 그 책을 사랑해야 한다. 그녀는 출판사 식구들이 자신의 출판물에 깃든 힘을 믿어야 하고, 그 믿음의 근간은 바로 #사랑이라고 생각했다.

마리아는 기업에 대한 세간의 인식이 어떻게 바뀌는지 똑똑히 봤다. 그리고 많은 사람이 뚜렷한 가치관이 있는 기업, 인간과 지구를 아끼는 기업의 상품을 구입하기를 원한다는 것을 알았다.

마리아는 사업에서 자신이 #사랑하는 것을 소신 있게 선택하는 법을 터득한 후, 남이 자신의 한 단어를 어떻게 생각하든 신경 쓰지 않았다.

# "어떻게
생각해?"

마음의 소리를 따르면 남이 해야 한다고 말할 것 같은 일을 하는 게 아니라
자기가 끌리는 일을 하게 된다.
– 윌.아이.앰(싱어송라이터, 사업가, 배우, 음반 프로듀서, 자선사업가, 블랙아이드피스Black Eyed Peas 원년 멤버)

이제는 다른 사람의 생각과 판단에 지배당하지 말자.

타인과 협력하는 것은 괜찮다. 타인의 조언을 구하는 것도 괜찮다. 타인의 안내를 받는 것도 괜찮다. 하지만 타인의 허락이 떨어지기 전에는 아무 것도 할 수 없다면 절대로 인생을 자기 것으로 만들 수 없다. 사람들에게 이 과정을 안내하다 보면 "에번, 지금까지 나를 본 걸로 판단할 때 내 한 단어가 뭐라고 생각하세요?"라는 질문을 많이 받는다.

당신의 인생은 누구도 아닌 당신의 것이다. 당신은 당신의 인생을 살아야 한다. 거기에 타인의 허락 따윈 필요 없다.

자신의 한 단어를 찾는 것은 지극히 개인적인 일이다. 기왕이면 아무도 없는 곳에서 찾기를 권한다. 친구나 가족의 생각은 중요하지 않다. 그들에게 인정받으려고 하지 말자. 그냥 자기 안으로 깊숙이 들어가자.

산책을 해도 좋고, 명상을 해도 좋고, 어딘가로 멀리 떠나도 좋다. 휴대폰이니 뭐니 다 꺼버려도 좋고, 한숨 푹 자도 좋고, 자전거를 타거나 조깅을 해도 좋고, 샤워를 해도 좋다. 자신의 한 단어가 번뜩 떠오르지 않는다면 정신적으로 여백을 만들 필요가 있다.

다른 사람과 더 얘기하지 말고, 자기 자신과 더 얘기하자.

당신의 목적은 당신이 정해야 한다. 이제는 남이 말하는 인생을 그만 살고 당신다운 인생을 살아야 한다.

당신의 한 단어를 찾으면 그것이 마음에 쏙 들어서 남이 그것을 나쁘다고 하든 말든 신경 쓰지 않을 것이다. 그것을 꽉 붙들게 될 것이다. 왜냐하면 그게 바로 당신이란 사람 그 자체이기 때문이다.

당신의 목적을 내가 대신 선택해줄 수는 없다. 내가 당신을 대신해 답해줄 수도 없다. 당신 말고는 그 누구도 할 수 없다.

내가 당신의 코치가 되어줄 수는 있지만 당신을 대신해 경기장에 나가 골을 넣어줄 수는 없다. 그것은 오롯이 당신의 몫이다.

이렇게 중대한 결정을 내릴 때 남의 생각에 휘둘리면 절대로 안 된다. 그러지 말고 자신의 판타지를 실현하자.

# 매출을 비약적으로
# 상승시킨 한 단어 #판타지(FANTASY)

생각을 적어서 글로 읽을 수 있게 되면
더 선명한 그림이 그려지고 더 실감이 난다.
– 제니퍼 프라이스(머치Much Inc. 창립자)

제니퍼 프라이스는 공상을 좋아했다.

처음에는 공상을 카피라이팅 사업에 접목하는 게 말도 안 된다고 보았다. 하지만 자신이 고객의 꿈을 실감 나는 글로 옮기는 것을 얼마나 좋아하는지 생각하자 #판타지에 실마리가 있음을 깨달았다. 따지고 보면 신제품 소개용 웹페이지를 작성하는 것은 소비자가 자기 안의 #판타지를 실감하도록 도와주는 일이었다. 그 신제품을 통해 자신이 원하는 모습에 얼마나 더 가까이 다가갈 수 있는지를 보여주는 것이었다.

매출은 논리에서 나오지 않는다. 매출은 #판타지에서 나온다.

제니퍼는 사업 계획이 위력을 발휘할 때는 사람을 매혹하는 그림이 그려질 때라는 사실을 깨달았다. 아무리 좋은 아이디어도 명쾌한 글로 정리되지 않으면 탄력을 받지 못한다. 그래서 #판타지를 글로 표현하는 것은 사업 계획을 실현하기 위한 첫 번째 단계이다.

　그녀는 대부분의 사람이 쉽게 소화하지 못하는 단어를 선택하기로 했다. '꿈'이나 '상상하다'처럼 평범한 단어를 선택할 수도 있었다. 하지만 그녀는 #판타지라는 훨씬 큰 단어에 끌렸다. 이 단어는 꿈과 상상이라는 개념을 포함할 뿐 아니라 그녀의 사명을 구체적으로 보여주는 단어이기도 했다. 그녀의 사명은 사람들이 일상에서 즐거움을 느낄 수 있도록, 자신이 욕망하는 것을 두려움 없이 받아들일 수 있도록, 그것을 타인과 공유함으로써 관계를 더욱 돈독히 하고 함께 #판타지를 실현할 동지를 얻을 수 있도록 돕는 것이었다.

　사람들은 #판타지로 사업을 하겠다는 그녀에게 말도 안 된다고 했다. #판타지라는 말이 섹스 판타지처럼 부정적인 의미로도 많이 쓰이기 때문에 잠재적 고객이 착각할 수도 있다고 했다. 그녀가 #판타지를 쓴 브랜드를 만든 후에도 가족은 #판타지를 뺀 평범한 브랜드를 추가로 만들어야 한다고 조언했다. 그녀가 고객을 유치하지 못할까 봐 걱정하는 마음에서였다. 하지만 제니퍼는 자신의 마음의 소리를 따르기로 했다.

　세상 모든 사람이 당신의 뜻을 이해하진 못한다.

　사람들은 당신의 한 단어를 제각각으로 해석할 테지만, 당신이 그 한 단어를 추구하는 이유를 말해주면 당신과 마음이 맞는 고객이 찾아올 것이다. 제니퍼를 찾는 고객은 다른 업체에서 만들어주는 평범한 카피가 아니라 #판타지가 가미된 카피를 얻을 수 있다면 돈을 좀 더 쓰는 것쯤은 상관하지 않는다. 제니퍼는 이 한 단어로 인해 더 가치 있고 더 매력적인 존재가 됐다.

# "이미 다른 사람이
하고 있잖아"

혹시 내가 남보다 더 멀리 내다볼 수 있다면
그것은 거인들의 어깨 위에 올라 있기 때문이다.
– 아이작 뉴턴(역사상 가장 영향력 있는 과학자로 꼽히는 영국의 물리학자, 수학자)

YOUR ONE WORD

당신이 선택한 단어가 강력한 것일수록 이미 다른 사람이 그 단어를 쓰고 있을 확률이 높다. 나의 한 단어인 #믿는다BELIEVE도 이미 오래전부터 여기저기서 쓰이고 있다.

'빌리브'라는 제목의 영화와 드라마가 7편이다.

'빌리브'라는 제목의 음반은 28개나 된다. 유명한 가수가 내놓은 '빌리브'라는 노래도 40곡쯤 있다.

저스틴 비버와 셰어는 '빌리브'라는 이름으로 투어 공연을 했다.

브리트니 스피어스는 '빌리브'라는 향수를 출시했다.

'빌리브'는 샌디에이고 시월드에서 공연하는 범고래의 이름이기도 하다.

'빌리브'는 비디오게임 〈헤일로 3〉의 마케팅 캠페인 이름이었다.

'믿는다'는 많은 의미를 담은 강력한 단어인 만큼 지금까지 수도 없이 사용됐고, 앞으로도 그럴 것이다.

그래서 내가 이 단어를 쓰면 안 되는 걸까?

전혀 그렇지 않다. 나는 이 단어에 나만의 표식을 남기고 있다. 이 단어를 남과 다른 방식으로 쓰고 있다.

당신의 한 단어에는 당신만의 의미가 담겨야 한다는 것을 명심하자.

내게 #믿는다는 ① 자신이 하는 일에 열정을 느끼고, ② 자신감 있게 첫걸음을 떼고, ③ 확신을 갖고 끝까지 나아간다는 뜻이다.

내가 하는 모든 일에는 이 #믿는다의 세 가지 요소가 배어 있다.

그러니까 이미 다른 사람이 당신의 한 단어를 차지하고 있다면 오히려 잘된 일이다! 그만큼 그 단어가 강력하다는 뜻이니까. 거기에 당신만의 입김을 불어넣는다면 세상에 큰 영향을 미칠 수 있을 것이다.

개성은 단어 자체에서 나오는 게 아니라, 단어에 대한 당신의 '해석'에서 나온다.

# 단순할수록
# 더 많이 담긴다

당신은 당신이다! 이것은 진실보다 더 진실한 진실이다!
세상에 당신보다 더 당신다운 사람은 없다!
　－닥터 수스(6억 권 이상의 판매량을 기록한 동화 작가)

이미 다른 사람이 당신의 한 단어를 쓰고 있다면 어떻게 해야 할까?

크리스토퍼 개비건과 제시카 알바가 설립한 어니스트컴퍼니는 무독성 가정용품을 판매하며 윤리적 소비를 지지하는 기업으로, 평가 가치는 10억 달러 이상이다. 이 회사가 #정직을 이름에 썼으니까 다른 회사는 쓰면 안 되는 걸까? 전혀 그렇지 않다. 이 단어를 쓴 훌륭한 기업이 두 군데 더 있다.

**어니스트티**Honest Tea: 어니스트티는 메릴랜드주 베데스다 소재의 회사로, 유기농 차를 판매한다. 1998년에 세스 골드먼Seth Goldman과 배리 네일버프Barry Nalebuff가 설립했다. 그들은 정직하게 차 본연의 맛을 살린 음료를 만들고 싶었고, 감미료를 과하게 넣지 않고 차다운 맛이 나게 했다.

두 사람은 지구를 아끼는 마음으로 정직한 관계를 형성하기 위해 노력한다. 어니스트티는 공정무역 유기농 찻잎만 사용하고, 찻잎 재배지의 주민들 6,000명을 대상으로 시력 관리 프로그램을 실시했다. 이 회사를 세우기 전에 세스는 집에서 만든 차를 보온병에 담아 유기농 식품 전문점 홀푸드Whole Foods 구매 담당자에게 시음을 권했고, 홀푸드는 이 회사의 첫 번째 사업 파트너로 지금까지도 관계를 유지하고 있다. 2015년에 어니스트티는 매출액 1억 7,800만 달러를 올렸다(2008년 코카콜라가 4,300만 달러에 40퍼센트 지분 인수, 2011년에 나머지 인수).

*어니스트에이전시*Honest Agency ： *어니스트에이전시는 캘럼 비티Callum Beattie와 셰릴 매티스Sherril Matthes가 캐나다 위니펙에 세운 마케팅 에이전시로, 브랜딩, 디자인, 전략, 광고, 웹디자인, 홍보 업무를 대행한다. 10명의 직원을 두고 지역의 이름난 회사를 고객으로 연간 약 100만 달러의 매출을 올린다. 회사 이름 앞에 *를 붙인 이유는 주석을 단 것처럼 모든 일을 정직하게 처리한다는 점을 강조하기 위해서이고, 광고 업계에서 *이 붙는 어떤 조건에서만 고객의 불만 사항이 인정된다고 단서를 다는 관행을 풍자하기 위해서이다. 이 이름 덕분에 사회적 책임감을 강하게 느끼는 기업이 이 회사의 고객이 되어 세상에 효과적으로 메시지를 전달하고 있다.

#정직은 단순하면서 의미심장한 단어이고, 이 기업들은 모두 이 단어에 각자의 해석을 담았다.

# "너무
단순해"

생은 본디 단순한 것이나 우리는 구태여 그것을 복잡하게 만든다.
－공자

너무 단순하다?

"나라는 사람은 한 단어로 표현이 안 돼. 더 많은 단어가 필요해."

한 단어를 찾을 때 사람들이 흔히 보이는 반응이다. 혹시 당신의 생각도 마찬가지라면 지금 인생이나 사업에서 이런저런 것을 쓸데없이 복잡하게 만들고 있을 가능성이 크다.

단순함에는 어마어마한 힘과 자유가 깃들어 있음을 알아야 한다. 단순함에는 인생의 진로를 정하는 힘, 그리고 그것을 바꾸는 힘이 있다. 당신의 여정에서 만나는 사람들이 당신을 쉽게 도와줄 수 있게 만드는 힘이 있다. 수많은 사람에게 영향을 미치고 그들의 삶을 바꾸게 하는 힘이 있다.

스티브 잡스는 "중요한 것은 가치입니다. 지금 우리는 아주 복잡한 세상에 살고 있습니다. 아주 요란한 세상에 살고 있죠. 그래서 사람들이 우리에 대해 많은 것을 기억하게 만드는 게 무척 어려운 일이에요. 그렇기 때문에 명확성이 필요합니다. 우리가 사람들에게 알리고 싶은 게 무엇인지가 명확해야 합니다"라고 말했다.

당신의 한 단어가 당신에게 어떤 의미인지 명확하게 밝혀야 한다는 것을 명심하자. 당신의 한 단어에는 여러 가지 깊은 의미가 담길 수 있다.

대부분의 사람은 #믿는다라고 하면 자신을 믿는 것(자신감)을 떠올린다. 하지만 그것은 내가 생각하는 의미 중 하나에 지나지 않는다. 내게 #믿는다는 자신이 하는 일을 믿고(열정) 그것이 효과를 발휘하리라 믿는다는(인내) 뜻도 있다. '자신감', '열정', '인내'가 나의 한 단어인 #믿는다를 통해 하나가 된다. 그래서 '믿는다'는 #믿는다가 된다.

앞서 살펴본, 여러 단어를 한 단어로 만드는 예를 다시 불러와 보자.

별로 연관성이 없어 보이는 단어를 조합해서 의미 있는 한 단어를 만들 수도 있다. 예컨대 당신이 모험을 좋아하는 한편, 타인을 돌보는 것을 중요시하는 사람이라면 당신의 한 단어는 마음의 명령을 따르고(모험), 마음 깊이 타인을 챙긴다는(돌봄) 의미에서 #마음이 될 수 있다. 이렇게 서로 동떨어진 것 같은 두 단어를 합쳐서 #마음처럼 자신이 어떤 사람이고, 어떤 인생을 살고 싶은지를 더 잘 설명해주는 한 단어를 만들면 된다.

단순함에 힘이 있고, 단순함을 통해 일체성이 생기고, 단순함에서 목적이 나온다. 그렇기 때문에 한 단어여야만 한다.

# 한 단어 종결자, 윈스턴 처칠

윈스턴 처칠은 1940~1945년에 영국 총리를 역임했고, 1951~1955년에 다시 총리로 재임했다. 그는 전시 국가 지도자 중 20세기 최고의 통솔력을 보여준 인물로 꼽힌다. 처칠은 1901년 노벨상이 제정된 이래 영국 총리로는 유일하게 노벨문학상을 수상했고, 최초의 미국 명예시민이 됐다. 그가 전쟁 중인 국민에게 어떤 식으로 '승리의 의미'를 설명했는지 들어보자.

위대한 것은 모두 단순하고 그중 많은 것이 한 단어로 표현될 수 있습니다.

내가 드릴 수 있는 것은 피와 수고, 눈물과 땀방울뿐입니다. 우리는 어느 때보다 가혹한 시련에 직면해 있습니다. 우리 앞에는 길고 긴 고난의 길이 펼쳐져 있습니다. 우리의 강령이 무엇이냐고 물으신다면 우리의 힘과

하느님이 우리에게 주실 수 있는 기운을 총동원해 바다와 땅, 하늘에서 전쟁을 수행하는 것이라고, 저 음침하고 개탄스러운 인간의 범죄 편람에서도 유례를 찾아볼 수 없을 만큼 잔학무도한 압제에 맞서 전쟁을 수행하는 것이라고 말하겠습니다. 그것이 우리의 강령입니다.

우리의 목표가 무엇이냐고 물으신다면 한 단어로 대답하겠습니다. 그것은 승리라고, 어떤 희생을 치르고서라도 거둬야 할 승리, 모든 공포를 이겨내고 성취해야 할 승리, 그 길이 아무리 멀고 험할지라도 기필코 이뤄내야 할 승리라고 말입니다.

절대 항복하지 마십시오. 그것이 무엇이건, 거대한 것이건 미미한 것이건 절대, 절대, 절대, 절대 항복하지 마십시오. 오로지 명예와 명철에 대한 신념에만 항복하시고 그 밖의 것에는 절대 항복하지 마십시오. 무력에 절대 굴하지 마시고, 압도적으로 보이는 적의 위세에 절대 굴하지 마십시오.

피 흘리지 않고 쉽게 이길 수 있을 때 정의를 위해 싸우지 않는다면, 큰 희생을 치르지 않고 확실한 승리를 거둘 수 있을 때 싸우지 않는다면 언젠가 불리하고 생존 가능성이 희박한 싸움을 벌여야 하는 순간이 올 수 있습니다. 그뿐 아니라 승리를 전혀 기대할 수 없지만, 노예로 사느니 차라리 멸망하는 것이 낫기 때문에 싸워야 하는 순간이 올 수도 있습니다.

우리는 절대로 실의하거나 실패해서는 안 됩니다. 우리는 끝까지 나아가야 합니다. 우리는 프랑스에서 싸워야 하고, 바다에서 싸워야 하고, 날로 강해지는 확신과 힘으로 공중에서 싸워야 하며, 어떤 대가를 치르더라도 우리 국토를 수호해야 합니다. 우리는 해변에서 싸워야 하고, 착륙지에서 싸워야 하고, 벌판과 시가지에서 싸워야 하고, 산지에서 싸워야 합니다.

우리는 절대로 항복할 수 없습니다.

전쟁에는 투지, 패배에는 저항, 승리에는 아량이 요구됩니다.

여러분 모두에게 하느님의 가호가 있기를 바랍니다. 승리는 여러분의 것입니다! 모든 땅에서 자유가 승리할 것입니다. 우리의 유구한 역사에서 오늘처럼 위대한 날은 없었습니다. 남녀를 막론하고 모든 사람이 최선을 다하고 있습니다. 모든 사람이 노력을 경주하고 있습니다. 그 기나긴 시간도, 온갖 위험도, 적의 맹렬한 공격도 영국 국민의 굽힐 줄 모르는 결기를 조금도 약화시키지 못하고 있습니다. 여러분 모두에게 하느님의 가호가 있을 것입니다.


윈스턴 처칠은 '승리'라는 이 한 단어로 행동을 이끌어내고, 반드시 승리해야 한다는 결의를 다지게 했다. 이처럼 명확하고 단순한 한 단어의 힘은 강력하다.

내가
선택한 단어를

다른 사람이
쓰고 있다고
낙담하지 마라.

한 단어의 힘은

단어에서
나오는 것이 아니라

단어에 대한
나의 해석에서
나온다.

# YOUR ➡ ONE WORD

# 캠페인
## 한 단어의 영향력을 확장하다

한 단어를 이용해 캠페인을 만드는 방법을 알아본다. 캠페인의 목적은 사람들이 당신에게 관심을 갖게 하는 것이다. 구체적으로 캠페인의 각 구성 요소를 갖추는 방법을 살펴보고 본격적으로 캠페인에 돌입하기 위한 체크리스트를 확인한다. 그리고 이 길을 먼저 간 선배들의 인터뷰를 통한 사례 연구와 노하우를 알아보고, 나의 #믿는다 캠페인을 모태로 만들어진 실행 계획을 살펴본다.

**Attitude
Is
Altitude**

**태도가
고도를
정한다**

CHAPTER

4

놀라운 한 단어의 영향력

한 사람이 일으킨 바람이 역사의 물살을 바꾼다.
인권운동가 마틴 루서 킹, 인도의 마하트마 간디,
남아프리카공화국의 넬슨 만델라가 용기 있는 비폭력 저항으로
세상에 필요한 변화를 불러온 좋은 예다.
– 잭 캔필드(베스트셀러 《내 영혼을 위한 닭고기 수프》 시리즈 공저자)

# 꼭!
# 베타 테스트를 하라

사람들이 뭐라고 하든 말과 생각이 세상을 바꾼다.
– 로빈 윌리엄스(배우, 코미디언, 아카데미상 수상자)

진짜 재미있는 부분은 이제부터다.

사람들은 인생에서 의미와 목적을 찾기를 간절히 바라기 때문에 당신이 어떤 중요한 일에 참여할 기회를 주면 주저 없이 당신과 한배를 탄다.

내 경우에 그 계기를 마련해준 사람은 여동생이었다.

나는 어떤 일을 크게 벌이기 전에 일단 소규모로 테스트하는 것을 좋아한다. 그렇게 미리 효과를 검증하면 엉뚱한 길을 한참 걸어가는 불상사를 피할 수 있다.

또한 소규모 테스트는 시작이 빨라진다는 장점도 있다. 수개월간 계획만 세우는 게 아니라 일단 쉬운 것부터 찾아서 시작하는 것이다!

제일 쉽게 바꿀 수 있는 것은 내가 발행하는 온라인 소식지였다.

하지만 평소처럼 소식지를 쓰지 않고 구독자에게 #믿는다에 대한 메시지를 보냈다. 내 동생 스테파니가 가장 먼저 답장을 보냈다.

"전보다 훨씬 낫다. 이제야 읽을 맛이 나네!"

고맙다, 동생아. 시작이 좋았다.

답장을 보내는 사람이 늘었고, 소식지의 실제 열람률이 50퍼센트나 늘어났다. 간단한 테스트를 통해 새 바람이 불기 시작한 것이다.

# 꼬리가
# 몸통을 흔들다

광고 업계에서 제일 중요한 단어는 '테스트'다. 당신의 약속을 테스트하라. 당신의 미디어를 테스트하라. 당신의 헤드라인과 일러스트를 테스트하라. 당신의 광고 규모를 테스트하라. 당신의 광고 빈도를 테스트하라. 당신의 지출 규모를 테스트하라. 당신의 CF를 테스트하라. 끊임없이 테스트하라. 그러면 당신의 광고도 끊임없이 개선될 것이다.

– 데이비드 오길비(광고의 아버지, 광고 업계에서 가장 많은 러브콜을 받은 광고의 귀재)

YOUR ONE WORD

한 번의 간단한 테스트로 내 사업이 완전히 바뀌었다.

몇 년 동안 헤드라인 테스트, 카피 테스트, 링크 클릭 추적 등 마케팅에서 중요한 기법이라고 하는 것을 다 써봤지만 변화는 없었다. 영향력이라는 측면에서 볼 때 가장 큰 변화는 메시지의 주제를 나의 한 단어 #믿는다로 바꾼 것이다. 그동안 엉뚱한 것을 테스트하면서 사소한 부분만 개선했지, 정작 제일 중요한 부분인 본질은 테스트하지 않았던 것이다.

소식지에서 #믿는다가 효력을 발휘하자 나는 일을 더 크게 벌였다.

웹사이트를 개편했다.

유튜브 영상을 다시 만들었다.

소셜미디어 캠페인을 변경했다.

모든 것의 중심이 #믿는다가 됐다. 그러자 바람이 일었다.


사람들이 #믿는다를 해시태그로 쓰기 시작했다.

사람들이 #믿는다와 관련된 사진과 노래를 보내왔다.

갑자기 내 팬이 생겼고, 그들은 #믿는다 티셔츠와 후드티를 만들어달라고 요청했다.

음악가가 음악을 만들어주고, 유튜브 스타가 #믿는다를 소개하는 영상을 만들어주고, 디자이너가 #믿는다 이미지를 만들어줬다.


내가 #믿는다를 중심으로 만드는 콘텐츠는 무조건 예전 콘텐츠보다 빠른 속도로 전파됐다.

#믿는다는 명쾌했다. 강력했다. 사람들에게 의미하는 바가 있었다.

이런 테스트를 통해 #믿는다가 어떻게 성과로 이어지는지를 보여주는 좋은 본보기가 생겼다.

# 실화냐?
# 한 단어 임팩트

항상 최선을 다하는 사람은 본보기가 됨으로써 자연스럽게 리더가 된다.
– 조 디마지오(메이저리그 명예의 전당 헌액자)

그 본보기가 내 세상을 뒤흔들었다.

그 일로 나는 나의 한 단어가 얼마나 강력한지, 또 내가 이전까지 제자리걸음으로 얼마나 많은 시간을 낭비했는지 알 수 있었다. 이 테스트를 했을 때 나는 유튜브에 올인한 상태였다. 유튜브는 내가 제일 좋아하는 콘텐츠 플랫폼이었고, 내 유튜브 채널에는 수많은 영상이 등록되어 있었다.

그중에서 제일 인기가 있던 것은 내가 노숙자였다가 백만장자가 된 크리스 가드너Chris Gardner에 대해 이야기하는 영상이었다. 그 이야기는 윌 스미스 주연의 영화 〈행복을 찾아서〉의 모태가 되었다. 그 영상은 1년 동안 조회수 10만 5,000회를 기록했다. 그 정도면 괜찮지 않은가? 조회수 10만은 많은 사람이 돌파하고 싶어 하는 관문이다. 이 결과만으로도 내게는 짜릿한 경험이었다!

#믿는다 전략이 소식지에서 효과를 보이고 있었으므로 영상에도 접목해보기로 했다. 영상에서도 효력을 발휘한다면 유튜브에서도 #믿는다에 올인할 작정이었다. 내가 올린 영상은 〈믿으세요#BELIEVE〉라는 제목으로 내가 생각하는 #믿는다의 3대 요소인 열정, 자신감, 확신에 대한 메시지를 전하는 내용이었다. 한 달도 안 돼 조회수가 15만이 넘었다(유튜브 채널 Evan Canmichael#BELIEVE).

잠깐만, 어라? 예전 영상은 10만의 벽을 뚫는 데 꼬박 1년이 걸렸는데, 이번에는 한 달 만에 1.5배의 성과를 거둔 것이다. 한마디로 대박이었다. 그리고 몇 년이 지난 지금 〈믿으세요〉의 조회수는 100만을 넘어섰다.

그래서 지금 나는 이렇게 말할 수 있다.

당신이 뭔가 강력한 것, 당신에게 의미가 있는 것, 그러면서 다른 사람도 쉽게 이해할 수 있는 것을 추구하면 사람들이 그것을 공유할 것이다. 사람들이 당신 등 뒤로 우르르 몰려들 것이다. 당신은 더 행복해질 것이고, 더 큰 영향력을 발휘할 것이고, 더 많은 돈을 벌 것이고, 자신이 세상에 보탬이 된다는 기분이 들 것이고, 더 많은 에너지가 생길 것이다. 그리고 새로운 바람을 일으킬 것이다. 강력한 바람을 일으키려면 효과적인 캠페인을 계획해야 한다. 내가 어떻게 바람을 일으킬 수 있었는지, 판을 바꾸는 변화를 일으킨 사람들이 어떻게 그럴 수 있었는지, 당신은 어떻게 바람을 일으킬 수 있을지 다음 장에서 차근차근 알아보기로 하자.

일단 여기서는 모든 사업가가 어느 시점에선가 부딪히게 되는 매우 현실적인 문제를 짚어보려고 한다. 바로 어떻게 의욕을 유지할 것인가에 대한 문제다.

# 헛스윙해도 괜찮아, 크게 휘두르자

무슨 일이든 그저 적당히 하는 것은 금물이다.
최선을 다하지 않은 것에 대해 변명할 생각 따위는 하지도 마라.
– 이사도어 샤프(포시즌스호텔 창립자)

우리는 최선의 최선을 다해야 한다.

많은 사람이 지나간 날을 돌아보면서 기회가 있을 때 도전했어야 한다고, 자신을 더 굳게 믿고 용기 있게 행동했어야 한다고 후회한다.

자신의 한 단어를 찾는 것은 두렵고 부담스러운 일이면서 또 한편으로는 신나는 일이다. 그 과정을 통해 자신이 현재 어떤 삶을 살고 있는지 깊이 깨닫게 되고, 진정으로 자신을 성찰한다면 자신이 살고 싶은 삶이 어떤 것인지도 알게 된다.

지금 계속 제자리만 맴도는 기분이라면 아마 자신이 살아야 할 삶과 동떨어진 삶, 다시 말해 자신의 한 단어에 걸맞지 않은 삶을 살고 있기 때문일 것이다. 그럴 때 변화를 결심하기란 고통스럽고 두려운 일일 수 있다.

어쩌면 당신이 지금 하고 있는 일에 너무 많은 것을 바쳤을지도 모른다.

그런 상황에서 어떻게 변화를 단행할 수 있겠는가? 이미 너무 많은 돈을 바쳤다. 이미 너무 많은 세월을 바쳤다. 이미 친구들에게, 세상 사람에게 너무 많은 말을 했다. 그러고서 전혀 다른 일에 뛰어든다면 그들이 뭐라고 생각하겠는가? 완전히 실패한 사람으로 여기지 않겠는가?

나도 그 심정을 이해한다. 겁이 나고 걱정이 되는 게 당연하다. 그럴 때는 억지로 무섭지 않은 척할 게 아니라 두려움을 있는 그대로 받아들여야 한다. 그리고 두려움을 무릅쓰고 변화에 돌입해야 한다. 그러지 않으면 계속 뻔한 인생만 살 뿐 절대로 자신의 잠재력을 발현할 수 없기 때문이다.

당신은 후회 없는 인생을 살기 위해, 미래의 자신을 위해 지금 여기서 변화를 시도해야 할 의무가 있다. 그러기 위해 최선의 최선을 다 해야 한다. 최선을 다하지 않는다면 차라리 안 하느니만 못 하다. 최선을 다하지 않는다면 그때 조금만 더 노력할 걸 하고 평생 후회하게 될 것이다. 자기 자신답게 살기 위해 각고의 노력을 기울이지 않은 것을 평생 후회하게 될 것이다. 일단 한번 시도한다면 실패해도 후회가 거의 남지 않고, 그런 과정을 통해 우리는 꿈꾸는 삶에 다가선다. 우리를 평생 쫓아다니며 괴롭히는 것은 시도도 해보지 않은 일에 대한 미련이다.

부디 그런 일은 없기를 바란다. 혼신의 힘을 다해 크게 한 방 휘둘렀는데 헛스윙이었다면, 얼마간은 속이 쓰려도 거기서 교훈을 얻고 다른 방법을 찾아 다시 일어설 수 있다. 하지만 최선을 다하지 않는다면 그때 제대로 한 방 휘둘렀으면 어땠을까 하는 미련이 평생 남을 것이다.

**원대한 삶을 살기 위해서는 지금 당장 크게 휘두르자.**

# 닉 부이치치 가라사대,
# '태도가 고도를 결정한다'

믿음은 마음의 소리를 확고히 붙드는 것이다.
－닉 부이치치(사지 없이 태어난 전도자, 동기부여 연설가)

팔도 다리도 없이 꿈을 실현할 수 있을까?

닉 부이치치는 #믿음으로 그런 일을 해냈다.

닉은 호주에서 희귀병으로 팔, 다리 없이 태어났다. 부모님은 얼른 충격을 떨치고 앞으로 아들이 즐겁게 인생을 살 수 있도록 돕겠다고 결심했다.

닉은 호주에서 특수교육이 필요한 학생 중 최초로 공립학교에 들어갔고, 또래 학생과 함께 수영, 파도타기, 스케이트보드를 배웠다. 하지만 계속되는 괴롭힘으로 우울증에 시달렸다.

열 살 때 닉은 자살을 하려고 욕조에 들어갔다. 하지만 문득 부모님 생각이 났고, 부모님을 평생 고통과 죄책감에 시달리게 만들고 싶지 않았다. 그래서 자살하려던 생각은 접었지만 이후로도 계속 심적으로 힘들었다.

그는 인생에서 기대할 것이 아무것도 없다고 생각했다.

그러다 열세 살 때 하느님을 향한 #믿음을 갖고 자신이 팔다리 없이 태어난 데는 다 이유가 있을 것이라고 믿으면서 인생을 보는 눈이 달라졌다.

어느 날 학교의 시설관리인 아저씨가 그의 #믿음에 대해 듣더니 다른 사람들에게도 그 이야기를 들려주라고 권했다. 닉은 잔뜩 긴장한 채로 연단에 올라가 10학년 학생들에게 자신의 이야기를 전했다. 객석에서 그의 이야기를 듣던 많은 학생이 감동의 눈물을 흘렸다.

한 여학생이 앞으로 나와 그를 껴안아도 될지 물었다. 그리고 그에게 자신이 사랑받고 아름다운 사람이라는 것을 일깨워줘서 고맙다고 말했다.

그는 그녀에게 #믿음을 줬고, 그녀의 반응으로 그는 앞으로도 계속 사람들 앞에서 이야기를 해야겠다고 마음먹었다.

닉은 학교를 다니는 중에 '사지 없는 삶Life Without Limbs'이라는 비영리단체를 만들었다. 대학에 진학해서는 회계·재무설계 학위를 취득하고 꾸준히 강연 능력을 연마했다. 이후 그가 설립한 영리기업 '태도가 고도를 결정한다Attitude Is Altitude' 역시 강연으로 사람들을 감화하는 것을 목표로 했다. 지금까지 그는 50여 개 나라에서 1,000번이 넘는 강연을 통해 400만 명이 넘는 사람에게 #믿음, 끈기, 사랑에 대한 메시지로 감동을 주었다. 그것이 계기가 되어 TED 연사로도 나섰으며, 최근에 시작한 팟캐스트의 청취자는 수백만 명에 이른다.

닉은 "나도 큰 꿈을 꾸는데 당신이라고 못할 리 있겠습니까?"라고 말하며, 사람들에게 어떤 상황에서도 #믿음을 갖고 열정을 좇으라고 권한다.

닉은 사람이 진정한 목적을 찾으면 의욕을 유지할 수 있다고 믿는다.

# 한 단어는
# 의욕을 먹고 자란다

모든 사람 안에는 스트레스를 받고 혼란스러운 상황에서도 기운을 주고
목적의식을 되살려주는 요소가 존재한다.
 – 애덤 브라운('약속의 연필Pencils of Promise' 창립자)

YOUR ONE WORD

의욕적으로 살려면 다음의 세 가지를 염두에 둬야 한다.

### 1. 남 밑에서 일하는 게 왜 싫은가?

고통을 피하고 싶은 욕구는 많은 사람을 재빨리 행동에 나서게 하는 강력한 요인이다. 만약에 당신이 사업에 전력을 다하지 않아서 회사가 제대로 굴러가지 않는다면 어떤 일이 벌어질까? 결국 다시 직장을 구해야 할 것이다. 막돼먹은 상사 밑에서 시시해빠진 일이나 하느라 격무에 시달리고, 정작 일한 만큼 벌지도 못하면서 남의 주머니만 채워주는 처지가 될 것이다. 이 정도면 엉덩이를 뻥 걷어차는 효과가 있지 않은가?

남 밑에서 일하기 싫은 이유 다섯 가지를 적어보자.

다시는 그때로 돌아가고 싶지 않을 것이다! 기왕이면 손이 떨릴 만큼

고통스러운 일들을 적어보자!

### 2. 왜 사업을 시작했는가?

채찍질만으로 부족하다면 당근을 좀 먹어보는 것도 좋겠다. 애초에 왜 사업가가 되려고 했는가? 지금 당신은 사업을 통해 어떤 식으로 사람들을 돕고 있는가? 당신의 한 단어는 무엇이고, 어떻게 그것을 활용해야 당신과 가족, 주변 사람이 더 나은 삶을 살 수 있을까?

사업을 떠올리면 들뜨고 설레는 이유 다섯 가지를 적어보자. 혹시 당신이 봐도 흐뭇할 만큼 벅찬 만족감을 느끼는 고객이 있다면, 그들의 소감을 여기에 포함해도 좋다.

### 3. 어떤 사람으로 기억되고 싶은가?

인생에서 무엇을 성취하고 싶은지 생각해보자. 세상에 어떤 식으로 영향을 미치고 싶은가? 돈 때문에 의욕이 생길 수 있겠지만 그래봤자 잠깐일 뿐, 돈으로 행복을 살 수는 없다. 당신은 어떤 사람으로 기억되고 싶은가? 손주가 당신에 대한 어떤 이야기를 들었으면 좋겠는가?

사업으로 이루고 싶은 일 다섯 가지를 적어보자. 모두 당신의 야심에 불을 댕기고 온몸에서 피가 용솟음치게 하는 것이어야 한다. 그리고 지금 당장 사업에 당신의 100퍼센트를 쏟아붓지 않는다면 그중 단 하나도 이룰 수 없다는 사실을 명심하자!

# 열정에 기름을 붓는
# 한 단어

명언에는 우리를 계속 전진하게 하고, 암흑 같은 시기에 우리를 구원하는 힘이 있다.

나는 내게 기운을 주는 명언을 모아서 명언록을 만들었다. 나 자신에 대한 불신이 생기거나, 다 때려치우고 싶어질 때면 이 명언록을 보고 또 하루를 싸워나갈 힘을 얻는다.

### 스티브 잡스

다 잘될 거라고 믿으세요. 직관을 따르고 호기심을 좇으세요. 마음의 소리를 믿으세요. 설령 그것이 여러분을 다른 사람이 가지 않은 길로 인도한다고 할지라도 신뢰하세요. 지금은 대수롭잖게 보이고, 서로 별개인 것처럼 보이는 일이 언젠가는 큰 줄기로 이어질 것이라고 믿으세요.

큰일을 하려면 자신이 하는 일을 사랑해야 합니다. 아직 그런 일을 발견하지 못했다면 계속 찾아보세요. 현실에 안주하지 마세요. 마음의 작용이 다 그렇듯이 그런 일을 찾게 되면 '아, 찾았구나' 하고 감이 올 겁니다.

용감하게 마음과 직관의 목소리를 따르세요. 마음과 직관은 여러분이 진정으로 되고 싶은 사람이 어떤 사람인지 이미 알고 있습니다. 그 외의 것은 모두 부차적인 것에 불과합니다.

### 오프라 윈프리

내가 확실히 아는 건 성공하고 싶으면 절대로 성공을 목표로 삼아서는 안 된다는 것이다. 성공의 비결은 성공을 할까 하지 못할까 전전긍긍하는 게 아니라, 영향력 있는 사람이 되려고 노력하는 것이다. 그러면 성공은 자연스럽게 따라온다.

자신이 사랑하고 성취감을 느끼는 일을 하면 나머지는 다 알아서 풀린다. 그리고 내가 경제적으로 큰 성공을 거둔 이유는 단 한 순간도 돈에 초점을 맞추지 않았기 때문이라고 믿어 의심치 않는다. 돈을 받지 않아도 지금 하고 있는 일을 할 것인가? 나는 할 것이다. 아무도 돈을 주지 않으면 부업을 찾아서 먹고살 것이다. 이게 바로 자기가 해야 할 일을 하고 있는지 확인하는 방법이다.

### 토니 로빈스

진짜로 결정을 내렸는지 아닌지는 새로운 행동을 했느냐 아니냐로 판단할 수 있다. 아무런 행동도 하지 않았다면 진짜로 결정을 내린 게 아니다.

목표를 달성하기 위해 가장 중요한 것은 목표를 정하기가 무섭게 박차를 가하는 것이다. 내가 목표를 달성하기 위해 채택한 원칙 가운데 가장 중요한 원칙은 크게 성공한 어른에게서 배운 것이다. 그분은 내게 일단 목표를 글로 쓴 뒤에 그냥 돌아서지 말고 어떤 식으로든 그것을 성취하기 위한 긍정적인 행동을 하라고 가르쳐주셨다.

어떤 변화가 진정으로 가치를 발휘하려면 오랫동안 지속돼야 한다. 진심으로 변화를 일으키고 싶다면 가장 먼저 자신의 기준을 높여야 한다.

인생에서 용납할 수 있는 것의 하한선을 정하지 않으면 자신이 누릴 수 있는 것보다 훨씬 못한 행동과 태도, 생활수준으로 전락하기 십상이다.

무슨 일이 있어도 책임 의식을 가져야 한다. 우리가 원하는 것을 이루지 못하도록 가로막는 유일한 걸림돌은 우리가 계속해서 자기 자신에게 하는 이야기다.

이런 명언(그리고 당신이 좋아하는 명언)을 필요할 때마다 꺼내서 읽기 바란다. 당신의 캠페인을 시작할 때 분명히 필요할 것이다!

# 한 단어로

당신이

뭔가 강력한 것,

진실로 의미 있는 것,

쉽게 이해할 수 있는 것을

제대로 정의하고 추구한다면

## 사람들은 그것을 공유하고자
## 당신 앞으로 몰려들 것이다.

정말로 중요하다고 여기는 일에

참여할 기회가 주어진다면

사람들은 앞다퉈

주저 없이 한배를 타게 될 것이다.

## 그것이 바람을 일으키고
## 바람이 일어나는 방식이다.

**WORD**

↓

**STORY**

↓

**HISTORY**

당신의 한 단어가
사람들에게 닿으려면
당신은 두 가지를
실행해야 한다.

**하나는
시작하는 것이다.
다른 하나는
끝까지 하는 것이다.**

# 5

## 영향력의 극대화, 한 단어 캠페인

이런저런 목표를 상세하게 적고 날마다 그 목록을 읽어라.
그러면 자신이 원하는 일을 무의식중에 단계별로 기억하게 될 것이다.
– 잭 캔필드(베스트셀러 《내 영혼을 위한 닭고기 수프》 시리즈 공저자)

# 한 단어로
# 마인드셋

판을 바꾸는 것은 마음가짐에 달렸다.
－로버트 로드리게즈(미국의 영화 제작자, 음악가)

더 깊이 들어가기 전에 먼저 마음가짐을 점검해볼 필요가 있다.

'캠페인'이라고 하면 흔히 마케팅 캠페인이나 광고 캠페인을 떠올린다. 어떤 단발성 이벤트를 떠올린다. 단기간에 끝나고 다음으로 넘어가는 것을 떠올린다.

여기서 말하는 캠페인은 그보다 훨씬 중요하다.

캠페인의 어원이라고 할 수 있는 후기 라틴어 '캄파니아campania'와 프랑스어 '캉파뉴campagne'는 각각 평지와 평원을 뜻한다.

- 당신은 그냥 단발성 마케팅 프로젝트를 수행하고 있는 게 아니다.
- 당신은 세계를 정복하기 위해 출사표를 던진 율리우스 카이사르다.
- 당신은 평등한 세상을 만들기 위해 출사표를 던진 마틴 루서 킹이다.

- 당신은 빈곤을 박멸하기 위해 출사표를 던진 테레사 수녀다.

당신의 캠페인은 이렇게 중대한 것이어야 한다.

세상에 영향을 미치고 사람들이 당신을 따르게 하고 싶다면 이를 염두에 두고 강력한 캠페인을 만들어야 한다.

당신은 지금 '평지'에서 시작하고 있고, 당신 앞에는 너른 '평원'만이 펼쳐져 있다는 사실을 명심하자. 당신의 과거, 주변 환경, 주위 사람, 선입견, 머릿속의 목소리에 발목을 잡혀서 큰일을 하지 못하고 제자리만 맴돌아서는 안 된다.

당신이 만들고자 하는 더 나은 세상을 마음속에, 그리고 그것을 실현할 수 있다고 진심으로 믿자. 당신의 혈관을 타고 흐르는 힘을 느끼자.

이런 마음가짐으로 당신의 신조를 만들자.

# 강력한 메시지와
# 메시지 전달자들

시인에게 신조 혹은 교의는 형이상학적 여정의 도착점이 아니라 출발점이다.

－조지프 브로드스키(시인, 수필가, 1987년 노벨문학상 수상자)

YOUR ONE WORD

당신의 캠페인이 성공을 거두려면 당신과 당신의 메시지를 듣는 사람에게 기운을 북돋아줄 신조가 필요하다.

당신의 신조는 당신의 한 단어가 무슨 의미이고, 당신이 세상에 일으키고자 하는 변화가 무엇인지를 한층 명확하게 보여준다.

당신의 신조는 당신이 자녀와 손주에게 물려주려는 메시지다.

당신의 신조는 당신의 캠페인이 얼마나 중요한지를 보여준다.

당신의 신조는 당신이 읽을 때마다 의욕과 기운, 생기가 솟는 것이어야 한다. 의심, 두려움, 불안감이 생길 때나 #쪼그만놈이 설칠 때 다시 읽고 계속 전진할 힘을 얻는 것이어야 한다.

**1단계: 한 단어를 세 가지 핵심 의미로 세분화한다**

당신의 한 단어가 무엇이든 거기에는 당신이 생각하는 몇 가지 의미가 담겨 있을 것이다. 예를 들어 당신의 한 단어가 #사랑이라면 그 말은 자신을 사랑하는 것(자존감), 타인을 사랑하는 것(친절), 더 고귀한 목적의 사랑(신앙)을 의미할 수 있다. 그러면 당신에게 #사랑은 자존감, 친절, 신앙의 동의어다. 이 점이 '사랑'과 #사랑의 차이다. 이를 토대로 당신은 캠페인을 만들고 회사를 만들 수 있다.

**2단계: 신념을 공유한다**

각각의 의미 옆에 사람들이 따라야 할 명령을 적어보자. 당신의 한 단어 캠페인이 활기를 띠기 위해서 사람들이 어떻게 했으면 좋을지 확실하게 적자. 그 내용은 읽었을 때 가슴이 두근댈 만큼 강력한 것이어야 한다.

예컨대 자존감 옆에는 이렇게 쓸 수 있다. "너 자신을 사랑하라. 너에게 없는 것 때문에 너 자신을 미워하지 마라. 누구나 실수를 저지르는 법이니 새로운 것을 시도하기를 멈추지 마라" 혹은 "너 자신을 사랑하라. 네가 이 지상에서 제일 섹시한 존재임을 믿어라"라고 적을 수도 있다.

신념에 옳고 그름은 없으므로 강렬하게 쓰자. 당신이 좌우명으로 삼고 다음 세대에게 물려줄 말을 적자. 나는 #믿는다로 나의 신조를 만들었다. 당신도 당신의 한 단어로 만들면 된다.

# 메시지를 궤도에 올릴
# 추진력

자신을 제한하지 마라. 많은 사람이 자신은 딱 이만큼만 할 수 있을 것이라고 한계를 정한다.
하지만 당신은 마음이 허락하는 한 어디까지나 나아갈 수 있다. 믿는 만큼 성취할 수 있다는 것을
명심하라.

– 메리 케이 애시

다음은 내가 매일 아침 일어나 읽고 기운을 얻는 신조다.

당신이 하고 있는 일이 옳다고 믿어라.

자신의 열정을 따르라. 그 일이 자신의 운명이라고 믿어라. 돈을 벌기 위
해서가 아니라 순전히 좋아하는 마음으로 그 일을 하라.

당신이 그 일을 성취할 수 있다고 믿어라.

믿으면 성취할 수 있다는 자신감을 가져라.

그 일이 실현될 것이라고 믿어라.

확신을 갖고 끝까지 밀어붙여라. 눈앞이 캄캄하더라도 터널 끝에는 태

양에서 출발한 빛이 8분 20초의 비행을 마치고 당신에게 희망을 전하기 위해 기다리고 있다는 것을 믿어라.

이 신조는 내 웹사이트에 게재돼 있다. 내 마케팅 자료에 실려 있다. 이게 바로 나란 사람이고, 내가 믿는 진리다. 이것이 내가 만들고자 하는 세상이고, 내가 꾸준히 사람들에게 따르라고 권면하는 메시지다.

이것이 내게 믿는다와 #믿는다의 차이를 만드는 요인이다.

당신의 한 단어로 신조를 만들어 캠페인에 박차를 가하자.

당신의 신조는 당신이 하는 모든 창조 행위에 영감을 준다. 다음의 중요한 단계인 창업 스토리를 창조할 때도 마찬가지다.

# 인싸가 되고 싶다면
# 자신을 드러내라

나는 고객이 나라는 사람을 알고 나에게 공감했으면 좋겠고,
우리 회사가 나의 분신임을 알았으면 좋겠다.
– 릴리안 버넌(여성이 설립한 기업 중 최초로 미국 증시에 상장된
릴리안버넌코퍼레이션Lillian Vernon Corporation 창립자)

YOUR ONE WORD

당신의 이야기는 중요하다. 당신이 생각하는 것보다 훨씬 중요하다.

사람들은 사람에게서 물건을 산다. 사람들은 사람을 따른다. 사람들은
사람을 사랑한다. 그들이 물건을 사고, 따르고, 사랑하는 대상은 회사가 아
니라 사람이다.

훌륭한 캠페인을 만들고 싶다면 당신이란 사람이 회사를 설립한 이유와
과정을 담은 창업 스토리가 있어야 한다. 왜 당신이 지금 그 일을 하고 있
는지 말해줘야 한다. 왜 그것이 당신에게 중요한지 말해줘야 한다. 당신이
더 나은 세상을 만들기 위해 어떻게 노력하고 있는지 말해줘야 한다. 당신
의 한 단어가 당신에게 어떤 뜻인지 말해줘야 한다.

사람들이 당신의 열정을 느낄 수 있게 해야 한다.

당신의 이야기가 있으면 사람들이 당신에게 공감하기 한결 쉬워지고,

공감대가 형성되는 순간 그들이 행동할 확률이 매우 높아진다. 왜냐하면 당신에게 정감을 느끼기 때문이다.

하지만 많은 사업가가 오히려 정반대로 움직이는 대실수를 저지른다.

그들은 웹사이트와 마케팅 자료 뒤로 숨어버린다. 어떻게든 자신을 드러내지 않으려 한다. 그들에게는 하늘을 찌르는 자존감이 없다. 자신은 빛내지 않고 그저 상품과 서비스만 빛내려 한다. 이는 크나큰 실수다.

당신의 이야기를 하는 것은 잘난 척하는 게 아니다.

당신의 이야기는 고객이 느끼는 가치를 키우고 맥락을 만들어준다.

당신이 왜 사업을 시작했는지 알면 고객은 당신이 판매하는 상품에 공감할 수 있다. 당신이 그 일에 느끼는 열정이 전해지면 고객은 당신이 파는 상품에 공감할 수 있다. 당신이 무엇을 추구하고 무엇을 성취하고자 하는지 말해주면 고객은 당신이란 사람과 당신이란 사업가에게 공감할 수 있다.

당신이 말해주지 않으면 고객은 공감할 수 없다. 그저 가격이 판단 기준이 될 뿐이다. 그리고 최저가 제품을 판매하는 것은 대부분의 사업가에게 독약과 같다. 나도 하마터면 그렇게 될 뻔했기 때문에 잘 알고 있다.

# 나는 이렇게
# 네임드가 되었다

사업가로서의 삶 혹은 직업인으로서의 삶은 생활의 연장이라고 보면 된다.
우리는 일터에서 한 사람의 인간으로서 자신의 가치관을 실현한다.
사회활동가는 몸에 밴 실천성을 일에 접목하고, 예술을 사랑하는 사람은
그것을 일에 접목한다.
－아니타 로딕(더바디샵 창립자, 윤리적 소비의 선구자)

YOUR ONE WORD

나는 내 이야기를 하고 싶은 마음이 전혀 없었다.

처음 웹사이트를 만들었을 때 나는 그게 사업가의 성공을 돕는 훌륭한 길잡이가 되기를 바랐다. 그래서 빌 게이츠, 오프라 윈프리, 월트 디즈니처럼 내게 감명을 준 유명한 사업가들의 이야기를 전했다.

의기소침해질 때, 나에 대한 불신이 생길 때, 성공이 요원해 보이기만 할 때 나는 그들의 이야기에서 다시 기운을 얻었다. 그중에서도 특히 빌 게이츠의 이야기가 사업을 되살리기까지 꿋꿋이 버티는 데 큰 힘이 됐다.

나는 다른 사람도 기운을 내서 뚝심 있게 꿈을 좇을 수 있도록 그런 이야기를 나누고 싶었다. 그래서 멋진 웹사이트를 만들었지만 사람들은 자꾸만 "사이트가 마음에 들긴 하는데 도대체 에번 카마이클이 누구야?" 하는 메시지를 남겼다.

나는 속으로 '내가 소개하는 사업가에 비하면 나는 미미한 존재야'라고 생각했다. 하지만 사람들이 계속 물으니까 답을 할 수밖에 없었다.

그리고 그것이 내 사업의 도약대가 됐다.

갑자기 고객이 늘어나고, 웹사이트 트래픽이 늘어나고, 소셜미디어 구독자가 늘어났다. 매출이 늘고, 소식지 구독자가 늘고, 미디어의 인터뷰 요청이 늘었다. 사업이 재미있어졌다.

내가 만든 상품은 원래도 훌륭했지만, 내 이야기를 더하자 거기에 맥락이 생겼다. 가치가 더욱 커졌고, 사람들이 공감했다.

내가 처음 사업을 시작해서 월 300달러밖에 벌지 못하다가, 빌 게이츠의 이야기를 접한 후 사업을 일으켜 국제적인 사업으로 발전시켰다. 그리고 2년 만에 매각한 이야기를 하면 맥락이 생긴다. 그러면 사람들이 진심으로 내 이야기를 듣고 싶어 한다.

나는 내 이야기를 하는 것이 내 허파에 바람을 넣는 게 아님을 깨달았다. 내 이야기를 하는 것은 내 사업에 인간미를 더하는 일이었다. 그 덕분에 사람들은 나의 권유와 제안을 한층 쉽게 받아들이고 실천했다.

이제 당신의 이야기를 쓸 때다.

# 스토리가 담긴
# 한 단어의 힘

인간은 이야기를 퍼뜨리는 본성이 있다. 우리가 하루하루를 살면서 오락거리에 얼마나 많은 시간을 쓰는지 생각해보라. 그중에서 이야기가 중심이 되는 시간이 얼마나 많은가? 대부분의 음악에는 이야기가 담겨 있다. 친구와 만나서도 우리는 서로 이야기를 한다. 모든 것이 이야기다. 우리는 이야기 속에서 산다.

—패트릭 로스퍼스(장편 판타지 소설 작가, 대학 강사)

YOUR ONE WORD

사람들의 약력은 대부분 재미가 없다. 눈곱만큼도 재미없다.

나에게 굳이 당신의 이력서를 읽어주지 않아도 된다. 어차피 아무런 감흥도 생기지 않을 테니까.

당신의 이야기는 열정이 느껴지고, 재미가 있고, 공감을 불러일으키는 것이어야 한다. 여기에는 다음과 같은 요소가 포함될 수 있다.

- 당신의 한 단어와 그 단어가 의미하는 것
- 당신이 자랑스럽게 여기는 업적
- 개인의 목표와 회사의 목표
- 취미
- 결혼 여부/가족 관계

- 좋아하는 것(스포츠, 음식, 음악, 책, 영화, 여행지)
- 사업을 시작한 이유와 과정
- 사업 초기에 있었던 문제, 걱정, 의구심
- 돌파구를 마련한 계기
- 당신의 현재 상황
- 당신의 목적지

흥미롭게 쓰자. 인간적인 느낌이 나게 쓰자. 정감이 가게 쓰자.

폭넓은 독자층에게 공감을 일으킬 수 있도록 약력은 두 개로 만들자.

하나는 장문의 약력이다. 뭐 하나 빠뜨리지 말고 당신의 이야기를 상세하게 적자.

다른 하나는 100단어 약력이다. 긴 이야기를 딱 100단어로 압축하자.

이 약력은 사람들이 당신에 대해 더 알고 싶게 만드는 티저 광고와 같다. 먼저 짧은 약력을 보여줘서 궁금증을 불러일으킨 다음, 뒤이어 긴 약력을 제시해서 사람들이 더 자세히 볼 수 있게 하면 좋다.

100단어 약력은 미디어에서 당신을 소개하거나, 어떤 행사에서 사회자가 당신을 기조 연설자로 소개할 때 안성맞춤이다(이제 당신은 판을 바꾸는 인물로 거듭나고 있으니 분명히 그런 날이 올 것이다).

나는 사업에서 두 가지 약력을 모두 사용한다.

# 100단어로 된
# 한 단어

모름지기 글이란 간략하게 써야 사람들이 읽고, 명쾌하게 써야 사람들이 진가를 알아보고,
생생하게 써야 사람들이 기억하고, 무엇보다도 정확하게 써야 사람들이 그 빛에 인도를 받는다.
- 조지프 퓰리처(신문 발행인, 퓰리처상 창시자)

나의 100단어 약력을 소개한다.

나는 사업가를 #믿는다.

열아홉 살 때 생명공학 소프트웨어 회사를 세우고 나중에 매각했다.

스물두 살 때 벤처캐피털리스트로 창업자가 50만에서 1,500만 달러

정도의 자금을 조성할 수 있게 도왔다. 현재 사업가 사이에서 인기인

웹사이트 에번카마이클닷컴을 운영 중이다.

내 안에는 사업가의 피가 흐르고 사업을 통해 숨을 쉰다.

나는 사업 중독자다.

평생 사업가 10억 명을 돕고 싶다.

세상을 바꾸고 싶다.

나는 세계신기록을 두 번 세웠고, 스탠딩데스크를 이용하고, 베스파 스
쿠터를 타고 다니고, 소액대출업체 키바의 기금 조성을 돕고, 발가락 신
발을 신고, '위대한 사업가'라는 트레이딩카드의 제작자다.

나는 전 세계를 향해 말하지만 집은 토론토(#창업도시)다.

나는 결혼 생활, 아들, 살사 댄스, 디제잉, 리그 오브 레전드, 토론토 블
루제이스를 사랑한다.

이제 나란 사람에 대해 좀 더 알게 된 것 같지 않은가?

바로 그거다.

이 기법이 나한테도 통했으니까 당신에게도 통할 것이다. 그리고 이를
통해 당신의 부족이 결성될 것이다.

# 평범한 팔로어가
# 광적인 팬덤으로

훌륭한 리더가 되는 비법은 간단하다. 자신이 믿는 대로 행하라. 미래를 생생히 그려라.
그 미래로 나아가라. 그러면 사람들이 따를 것이다.
리더가 자신의 입장을 명확히 할 때, 자신의 부족과 교류할 때,
그리고 부족원이 서로 교류할 수 있도록 도울 때 진정한 리더십이 발휘된다.
 ─ 세스 고딘(《부족Tribes》 등 다수의 베스트셀러 저자)

성공적인 캠페인을 구축하고 싶다면 당신을, 당신의 사업을, 당신의 신념을 추종하고 서로 교류하는 충성팬이 있어야 한다.

록밴드 그레이트풀 데드Grateful Dead에게는 데드헤드스Deadheads가 있다. 하키팀 토론토 메이플리프스Toronto Maple Leafs에는 리프스네이션Leafs Nation이 있다. 프로레슬러 헐크 호건에게는 헐커매니악스Hulkamaniacs가 있었다. 레이디 가가에게는 리틀몬스터스Little Monsters가 있다.

부족의 세계에 들어온 것을 환영한다. 부족은 당신이 하는 일을 사랑하고, 당신이 없는 세상은 상상도 못 하는 열성팬이다. 부족이 형성되면 그 구성원에게 정체성이 생긴다. 그들이 당신의 신념에 더욱더 친밀감을 느낀다. 서로 끈끈하게 이어진다. 그들이 이야기할 거리가 생긴다. 그들이 당신의 신념을 자신의 신념이라고 믿는다.

부족을 활용하는 방법은 이렇다.

### 이름을 짓는다

헐커매니악스, 리프스네이션, 리틀몬스터스처럼 당신의 부족도 이름이 있어야 한다. 이름이 있어야 정통성이 생기고, 공식 조직이 된다. 이름이 있어야 구성원이 외로움이 아닌 소속감을 느낀다. 그들이 든든한 버팀목으로 삼고 당신을 퍼뜨릴 강력한 이름을 부여하자.

### 그들을 인정한다

초기에는 팬도 외롭다. 사람들 앞에 나서서 뭔가 새로운 것에 대해 말하려면 배짱이 두둑해야 한다. 그러니 그들을 응원하고 인정하자. 그들이 당신에 대해 이야기하고, 영상을 만들고, 글을 쓰고, 상품을 구매하면 고맙다고 하자! 그렇게 기운을 북돋으면 그들은 계속해서 당신의 메시지를 전파할 것이다. 그들이 특별한 사람이 됐다고 느끼게 하자.

### 그들을 결집한다

뿔뿔이 흩어진 팬이 똘똘 뭉치게 하자. 그들이 서로 만나서 교류할 기회를 마련하자. 그들이 의기투합해서 함께 일을 벌일 계기를 만들자. 서로 만나서 공감대가 형성될 때 그들은 더욱 열성적으로, 더욱 힘차게 당신을 세상에 알린다.

그들이 당신과 한배를 탄 팀의 일원이라는 느낌을 받게 해야 한다.

# #빌리브팀의 탄생

애정과 소속감에 대한 갈망은 인간의 가장 기본적인 욕구다.
- 브레네 브라운(베스트셀러 저자, 강연자, 휴스턴대학 연구교수)

나는 한 단어는 있지만 아직 팬을 아우르는 이름이 없었다.

그러던 어느 날 유튜브 시청자 찰스 그레이엄이 이런 댓글을 남겼다.

"끝내주네요! 지금 의욕 충만입니다! 큰일을 낼 준비가 됐어요! 이제 난 빌리브팀입니다!"

그렇게 #빌리브팀BELIEVE Team이 탄생했다!

그때부터 나는 내 사업에 흥미를 느끼는 사람을 우리 부족으로 맞아들여 중요한 조직의 일원이 된 것 같은 기분이 들게 했다. 다음은 내가 최근에 유튜브에서 주고받은 댓글이다.

조 데이비: 안녕하세요, 에번. 영상은 몇 달 전부터 봤는데 이제야 인사를 남기네요! 늘 좋은 말씀 감사하게 듣고 있습니다. 덕분에 긍정적으로 생각하게 됐고 이제는 뭐든 하면 된다고 #믿고 있어요.

나: 댓글 고마워요, 조. 아주 흐뭇한 소식이네요. #빌리브팀에 합류하신 걸 진심으로 환영합니다. :)

나는 우리 부족 전체를 가리켜 #빌리브네이션BELIEVE Nation이라고 하고, 그들도 자신을 그렇게 부른다. 다음 역시 유튜브에서 주고받은 댓글이다.

라도 뮤직: 댓글창 보니까 다들 한 진술하시는 게…. 여기 무슨 간증 집회인가요? ㅎㅎ

나: 예! #빌리브네이션이여, 영원하라! :)

여기에 제임스 베일리라는 시청자가 또 댓글을 달았다.

"빌리브네이션이 에번 카마이클에게 '좋아요👍'×2 보냅니다!"

부족에게 이름을 선사하면 그들에게 힘, 소속감, 의미가 생긴다.
그럼 시작해볼까?

# 이름을 부여하라, 팬덤을 하나로 묶을 것이다

우리는 그들을 하나로 뭉쳐야 합니다. 그러려면 횃불이 필요해요.
사람들이 그녀를 따를 겁니다. 그녀는 혁명의 얼굴이에요.
– 플루타르크 헤븐스비 《《헝거게임》 중에서)

《헝거게임》은 소설과 영화 모두 역대 최고의 성공을 거둔 시리즈물이다. 수십억 달러의 매출을 올리면서 작품을 혼자 감상하는 차원을 넘어 다른 사람과 함께 작품에 더 깊이 관여하고 싶어 하는 골수팬층이 형성됐다.

관계자들은 부족에 이름을 붙이는 게 중요하다는 것을 알고 다음과 같이 페이스북을 통해 그들이 어떤 이름으로 불리길 원하는지 물었다.

"자, 《헝거게임》 팬 여러분, 우리의 별칭에 대해 많은 얘기가 나왔습니다. 어떤 분은 '조공인'*을 추천하고, 또 어떤 분은 '재잘어치떼'**를 추천하네요. 뭐가 좋을까요?"

순식간에 댓글창에 폭풍이 일었다.

"우리는 조공인이다. 아니면 반란군이라 불러도 좋다!"

"조공인 ×3!!!!!!!!!!!!!!!!!!!!!!! :)"

"헝거 갱"

"난 개미 한 마리 못 죽이지만 그래도 조공인이 맘에 드네요."

"당연히 조공인이지!"

거의 1,000개의 댓글이 쏟아졌다.

그래서 선정된 이름은?

'조공인'이다.

그렇게 《헝거게임》 부족에 정체성이 생겼다.

부족에 이름을 붙이는 것도 좋지만, 그들을 인정하는 것도 중요하다.

---

\* **조공인(Fribute)** : 원작에 나오는 게임 참가자를 일컫는 말

\*\* **재잘어치(Jabberjay)** : 원작에 나온 새. Jabberjay(제버제이)다. Mockingbird(모킹버드)와 재잘어치가 교배하여 나온 새가 Mockingjay(모킹제이)다. 《헝거게임》 시리즈 3권의 제목이 《모킹제이》이기도 하다.

# 그들을 인정하라,
# 불편한 불평이 사라질 것이다

우리는 그 브랜드를 럭셔리의 상징으로 사용했고, 그 브랜드는 우리의 입에 오르내릴 때마다 공짜로 광고 효과를 보며 신뢰도가 높아졌다. 서로의 강점이 잘 발휘되어 우리에게나 그쪽에게나 좋은 일이었다. 하지만 그쪽 생각은 달랐다.

― 제이 지(경제적으로 막대한 성공을 거둔 힙합 아티스트, 사업가)

이번에는 이렇게 하면 '안 된다'는 것을 보여주는 사례다.

크리스탈Cristal은 비싼 가격과 고급스러운 이미지로 유명한 샴페인 브랜드다. 1990년대 중반부터 2000년대 초반까지 힙합계에서 한 무리의 래퍼 부족이 이 샴페인을 구입하는 문화를 조성했다. 제이 지, 피프티센트, 비기 스몰스, 퍼프 대디, 투팍 등이 자신의 곡에서 이 브랜드를 언급했다.

그때 크리스탈이 이 새로운 부족을 인정하고, 그들에게 이름을 부여하고, 그들을 결집했다면 얼마나 좋았을까. 하지만 크리스탈은 정반대로 이들을 모욕했다.

크리스탈의 대표이사 프레데릭 루조Frédéric Rouzaud는 2006년에 한 인터뷰에서 자사 상품을 홍보해주는 래퍼에 대해 어떻게 생각하느냐는 질문을 받고 이렇게 대답했다.

"말씀 한번 잘하셨습니다. 우리가 뭘 어쩌겠습니까? 우리 제품을 못 사게 할 수도 없는 노릇이잖아요. 돔페리뇽이나 크룩 같은 브랜드라면 얼씨구나 했겠죠."

제이 지의 반응은 어땠을까?

"크리스탈의 대표이사 프레데릭 루조가 '힙합' 문화를 '달갑지 않은 관심'으로 여긴다는 것을 알게 됐다. 나는 그의 발언이 인종차별이라 보고 앞으로 40/40 클럽을 비롯해 내가 운영하는 브랜드는 물론이고 내 개인적인 생활에서도 그 회사 제품을 절대로 이용하지 않을 것이다."

제이 지는 크리스탈 불매운동을 선포했다. 그 대신 스페이드에 큼지막하게 A가 적힌 로고 때문에 일명 '스페이드 에이스'로 불리는 신종 샴페인 아르망 드 브리냑Armand de Brignac을 홍보하기 시작했다.

그 덕에 무명이나 다름없었던 이 샴페인은 일약 히트 상품이 됐다. 초도 물량은 물론이고, 이후 출시 물량까지 전부 품절을 기록했다. 제이 지는 2014년에 아르망 드 브리냑을 인수해 지금도 꾸준히 홍보 활동을 이어가고 있다.

크리스탈은 래퍼 집단을 인정하지도 않고, 결집시키지도 않았다. 때문에 가장 열성적인 팬이자 홍보대사였던 사람을 경쟁자로 돌아서게 만들었다.

# 한곳에 결집시켜라,
# 긍정의 기운이 무한 확장된다

여기에서 있었던 일을 하나도 잊을 수 없을 것 같다. 마지막 날 우리는 끈끈한 동지애로
하나가 됐다. 생전 처음 만난 사이지만 토요일 밤이 되자 모두 친구가 된 기분이었다.
－피트 매클레란(지프 단합대회 참가자)

부족을 결집시키면 그들의 유대감과 충성심이 강해진다.

### 지프 단합대회

지프는 오프로드 SUV로 유명한 자동차 회사다. 지프는 '지프 라이프'를
즐길 것을 권하며, 주말 동안 지프 단합대회를 열어 고객을 오프로드 모험
의 세계로 초대한다. 이 행사는 1953년에 시에라네바다산맥 일대에서 처
음 개최된 이후 지금까지 이어지고 있다. 지프 마니아는 이 단합대회를 계
기로 함께 어울리며 자신의 애마에 대해 더 많은 것을 알아간다.

### 리그 오브 레전드 단체관람 파티

리그 오브 레전드는 라이엇게임즈Riot Games에서 운영하는 온라인 게임

이다. 플레이어는 주로 집에서 게임에 접속하기 때문에 물리적으로 떨어져 있다. 라이엇게임즈는 그들의 외로움을 해소하기 위해 한자리에 모여 치열한 대결을 관람하는 단체관람 파티를 열었다. 로스앤젤레스의 스테이플스센터Staples Center에서 개최된 2013 월드챔피언십 결승전 입장권은 판매 개시 1시간 만에 매진됐다. 이 행사의 총 관람 인원은 전 세계 온라인 시청 인원을 합쳐 3,200만여 명이었다.

꼭 물리적인 장소에 모여야만 공동체 의식이 생기는 것은 아니다. 온라인에서의 교류를 통해 유대감과 브랜드에 대한 충성도를 키울 수 있다.

### 오프라 북클럽 2.0

오프라 윈프리는 1996년 9월 16일 토크쇼 〈오프라 윈프리 쇼〉에서 한 달에 한 번씩 시청자와 신간 서적을 이야기하는 오프라 북클럽을 만들었다. 그녀의 활약으로 세간에 잘 알려지지 않았던 수많은 책이 베스트셀러에 등극했다. 2012년 클럽은 온라인으로 무대를 옮겼다. 세상에서 가장 큰 북클럽을 만들겠다는 취지였다. 이 북클럽 회원들은 선정 도서를 구입하고, 서로 교류하고, 각 지역에서 북클럽을 만들고, 토론 가이드를 따라 함께 토론한다.

오프라인과 온라인을 막론하고 부족을 결집하면 강력한 힘이 발휘된다. 그 후에는 의례를 통해 그들의 유대감을 강화할 수 있다.

# 한 단어의 상징, 의례와 제스처

인류학자에게 물으면 의례의 핵심은 변신이라고 말할 것이다. 우리가 결혼, 세례, 대통령 취임 때 행하는 의례는 매우 정교하게 만들어져 있다. 우리가 의례를 인생에서 중대한 문턱을 넘는 전환의 과정, 즉 변신과 연관 지어 생각하기 때문이다.
－에이브러햄 버기즈(베스트셀러 작가, 스탠퍼드대학 의학전문대학원 교수)

YOUR ONE WORD

의례와 제스처는 고객을 열성팬으로 변신시킨다.

의례와 제스처는 팬을 똘똘 뭉치게 하는 접착제다. 잘 알려진 의례와 제스처를 몇 가지 소개한다.

### 코로나와 라임 조각

친구에게 코로나 맥주를 건넬 때는 레몬이나 라임 한 조각을 병 입구에 끼워서 줘야 한다. 그 기원은 회사 측에서 따로 설명해주지 않기 때문에 미스터리로 남아 있다.

### 비틀고 핥고 적셔 먹는 오레오

코로나를 마실 때 정석으로 통하는 방법이 있듯 오레오 쿠키를 먹을 때도 따라야 할 절차가 있다. 먼저 위아래의 과자를 분리하고 안에 있는 크림을 핥은 후 과자를 우유에 적셔 먹는 것이다. 비틀고 핥고 적시기는 매우 유명해서 이를 차용한 핸드폰 게임도 인기를 끌었다.

### 사브 인사법

사브를 타는 사람은 차에 대한 애착이 매우 강하다. 그들은 도로에서 마주치면 손을 흔들거나, 경적을 울리거나, 라이트를 깜빡이는 전통이 있다. 먼저 본 사람이 알은척하면 상대방도 알은척하면서 브랜드에 대한 애정을 표시하고, 차에 대한 자신들의 안목을 칭찬하는 것이다.

### 게토레이 샤워

미식축구에서 슈퍼볼 우승팀이 가장 먼저 하는 게 무엇일까? 선수들이 큼지막한 통에 담긴 게토레이를 감독의 머리에 들이붓는 것이다. 물은 안 된다. 파워에이드나 다른 에너지 음료도 안 된다. 반드시 게토레이여야 한다. 이것은 '게토레이 샤워', '게토레이 덩크', '게토레이 목욕'으로 불린다.

당신이 직접 의례와 제스처를 만들어도 좋고, 팬이 만든 것을 응원해도 좋다. 의례와 제스처는 브랜드 충성도와 공동체 의식을 키우는 데 중요하다. 나도 사업에 의례와 제스처를 이용한다.

# BTA!
# 믿는 사람은 행동한다

당신의 행동으로 너무 크게 말해서 당신의 말소리가 들리지 않는다.
– 랠프 월도 에머슨(수필가, 강연자, 미국 낭만주의운동의 기수)

의례와 제스처의 중요성을 알고 나니 나도 그런 것을 갖고 싶었다!

그런데 #믿는다에는 어떤 의례와 제스처가 어울릴까? 그 답은 내 유튜브 채널에 있었다. 내가 사업가에게 발견한 특징 중 하나는 자기 나름의 규칙 만들기를 좋아한다는 것이다. 사업가들은 저마다 아침에 일어나면 꼬박꼬박 따르는 절차가 있다. 예를 들면 조깅을 하고, 건강한 아침 식사를 하고, 명상을 하고, 집을 청소하고, 출근한다. 특히 이 1단계(이 경우에는 조깅)의 절차를 수행하면 나머지 단계도 모두 수행할 가능성이 커진다.

할 일 목록에서 맨 꼭대기의 항목에 체크 표시를 하고 나면 기분이 좋아져서 나머지 항목도 모두 체크 표시를 하게 될 확률이 높아지는 것이다. 반대로 1단계를 수행하지 않으면 의욕이 떨어져 나머지도 건너뛸 가능성이 크다. 조깅을 하지 않으면 대충 아침을 때우고, 명상을 생략하고, 청소는 내일로 미룬다. 하루를 그냥 날려버리는 것이다. 익숙한 얘기 아닌가?

나는 사람들이 규칙적 절차를 지키도록 도와주는 기수가 되고 싶었다. 말했다시피 무엇보다 중요한 것은 1단계. 아주 단순한 행동을 1단계로 만들어서 쉽게 성취감을 느끼고 나머지 절차도 계획대로 수행하도록 하고 싶었다. 그리고 그들이 그것을 공개적으로 표현하고 서로 응원하는 분위기를 조성하고 싶었다. 그리하여 #BTA('Believer Taking Action(믿는 사람이 행동한다)'의 약자)가 탄생했다.

#빌리브네이션 회원은 매일 내 유튜브 채널에서 영상을 보고 댓글을 다는 것으로 하루를 시작한다. 그들은 그렇게 했다는 표시로 댓글 끄트머리에 #BTA와 숫자의 조합을 쓴다. 숫자는 연속으로 댓글을 단 일수를 뜻한다. 그러니까 첫째 날은 #BTA1, 둘째 날은 #BTA2 하는 식이다. 하루를 건너뛰면 다시 #BTA1부터 시작한다. 이렇게 간단한 행위로 하루를 시작하면 꾸준함이 생기고, 영상을 통해 의욕이 생기고, 숫자가 커질 때마다 #빌리브팀 사람들의 응원을 받아 힘이 솟는다.

이것은 삶에 괄목한 만한 차이를 만든다. 가장 큰 이유는 이를 통해 나머지 절차를 모두 수행하게 되기 때문이다.

그렇다면 #믿는다 제스처는 무엇일까? 유튜브 채널에서 내가 영상을 끝낼 때 #믿는다를 말하면서 무엇을 하는지, 또 #엔트스프레소ENTSPRESSO(사업가Entrepreneur와 에스프레소Espresso의 합성어 – 역주)를 마시며 어떤 행동을 하는지 보면 알 수 있다. #믿는다 의례와 제스처를 통해 우리는 서로 유대감을 느낀다. 그렇다면 우리 회사의 이름도 성공에 한몫하고 있을까?

# 이름에 대한
# 잘못된 조언들

이름이 다 무엇인가? 우리가 장미라고 부르는 것은 다른 이름으로 불려도
여전히 아름다운 향기를 낼 것이다.
― 윌리엄 셰익스피어(많은 사람이 인정하는 영어권 최고의 작가)

아마도 당신은 회사 이름에 대해 잘못된 조언을 들었을 것이다.

많은 사람이 회사 이름은 그 회사가 무슨 일을 하는지 알려주는 것이어
야 한다고 말한다. 들으면 단번에 사업 내용을 알 수 있는 이름을 써야 한
다는 말이다. 이것은 전형적인 기능 장사로 1장에서 설명한 대로 본질 장사
와 배치된다.

사실은 회사가 무엇을 하는지 알려주지 않는 이름이 정말 좋은 이름이다.
회사가 하는 일이 확연히 드러나는 이름을 쓰는 것보다는 이름에 '의미'를
부여하는 편이 더 효과적이다. 여기에는 두 가지 방법이 있다.

**1. 이름에 당신의 한 단어를 넣는다.**

첫 번째 방법은 당신의 한 단어에 명확한 의미가 있을 경우, 그 단어를

회사 이름에 쓰는 것이다. 일례로 어니스트컴퍼니라는 이름을 쓰면 #정직하다는 의미가 사업과 맞물린다. 그럴 때 사람들은 당신이 무엇을 추구하는지 알고, 회사가 하는 일에 기대감이 생길 것이다.

하지만 반드시 당신의 한 단어를 따서 회사 이름을 지어야 하는 것은 아니다. 그러면 세상에 독창적인 이름은 모두 사라져버릴 것이다. 우리는 창의성을 사랑하는 사업가가 아닌가.

**2. 그 자체로는 특별한 의미가 없는 이름을 쓰고 거기에 의미를 부여한다.**

두 번째 방법은 깊은 의미가 없는 이름을 쓰고 거기에 의미를 부여하는 것이다. 예를 들어 기술대기업 휴렛팩커드의 회사명은 창립자인 빌 휴렛 Bill Hewlett과 데이브 패커드Dave Packard의 이름을 딴 것이다. 그 이름만 봐서는 두 사람과의 연관성 외에 딱히 알 수 있는 것이 없다. 잔디깎이 기계를 파는 회사인가? 개집을 파나? 피아노를 만드나? 만약 '컴퓨터 포 유'라는 이름을 썼으면 훨씬 쉽게 이해가 됐을 것이다. 대신 휴렛팩커드는 이름에 의미를 부여하는 쪽을 택했다. 'HP 방식'이라는, 직원과 고객을 대하는 법과 회사의 사회환원 책임을 담은 철학을 정립했다. 직원이 이 회사를 위해 일하고 싶어 하고, 고객이 이 회사의 제품을 구매하고 싶어 하고, 공급업체가 이 회사와 일하고 싶어 했던 이유는 모두 이 회사가 중요한 것을 추구하고 있었기 때문이다.

이런 이름은 단순히 회사가 무엇을 판매하는지를 알려주지 않는다. 이런 이름은 융통성이 있다. 당신의 회사 이름도 그래야 한다.

# 한 단어는 큰 그릇에
# 담겨야 커진다

일단 결정한 것은 끈질기게 밀어붙이되, 그 방식에 대해서는 융통성을 발휘하라.
－토니 로빈스(라이프코치, 자기계발서 저자, 동기부여 연사)

YOUR ONE WORD

지금 당신이 갖고 있는 사업 계획은 당신에게 성공을 가져다줄 사업 계획이 아닐 확률이 높다. 크게 성공한 기업을 보면 대체로 설립 초기부터 이후에 성공해서 세상에 큰 변화를 일으킬 때까지 중간에 여러 차례 상품, 서비스, 비즈니스 모델을 바꿨다.

리글리Wrigley는 비누와 베이킹파우더를 파는 것으로 시작해서 추잉껌 사업으로 업종을 전환했다.

BMW는 항공기 제조사로 시작해서(그래서 로고가 프로펠러 모양이고 그중 파란 부분은 하늘을 형상화한 것이다.) 오토바이 제조업을 거쳐 자동차 제조업으로 전환했다.

밀턴 허쉬Milton Hershey는 캐러멜 사업으로 다섯 번 망한 후 초콜릿 사업을 시작했다.

페루치오 람보르기니Ferruccio Lamborghini는 원래 트랙터를 만들다가 엔초 페라리Enzo Ferrari에게 트랙터나 만드는 주제에 스포츠카에 대해 뭘 알겠느냐는 소리를 듣고 자동차를 만들기 시작했다.

이런 사례를 모두 들자면 끝이 없다.

이렇듯 회사 이름에 당신이 무엇을 하는지가 드러나지 않으면 한 단어의 핵심 가치는 유지하면서 업종을 전환하는 게 가능하다.

휴렛팩커드가 팰로앨토발진기發振器라는 이름을 썼다고 해보자(이 회사에서 처음으로 큰 수익을 낸 상품이 음향 발진기였다). 그러고 나서 만약에 영업 지역을 팰로앨토에만 국한하지 않고 더 확장하려 했다면 어떻게 됐을까? 또 발진기 이외의 제품을 새로 만들려고 했다면 어떻게 됐을까?

이런 이름은 여러모로 제약이 심하다. 고객이 당신을 보는 시야를 제한할 뿐 아니라 그보다 중요한, 당신이 자기 자신을 보는 시야를 제한한다.

하지만 휴렛팩커드 같은 이름은 자유를 준다. 'HP 방식'을 어디에든 갖다 붙여서 수십억 달러의 매출을 올리는 사업으로 키워낼 수 있다.

나 역시도 하마터면 실수를 저지를 뻔했다.

# 에번카마이클닷컴

## (www.evancarmichael.com)

내 이름은 애덤 샌들러입니다. 나는 특별히 재능이 있는 사람은 아닙니다.
특별히 잘생기지도 않았습니다. 그런데도 백만장자가 됐습니다.
— 애덤 샌들러(누적 흥행 수익 20억 달러를 돌파한 할리우드 배우)

나도 한때는 사업에 내 이름을 붙인 게 마음에 들지 않았다. 솔직히 사업 초기에는 그것 때문에 땅을 치고 후회했다.

나는 소프트웨어 회사를 매각한 후 에번카마이클닷컴을 만들었다. 그때 회사를 팔아 큰돈을 번 젊은 사업가로 언론에도 많이 소개되고 강연 요청도 많이 받았다. 그래서 그 웹사이트를 통해 강연 일정을 알리고, 내게 피가 되고 살이 됐던 교훈을 소개했다.

그것이 새로운 사업으로 발전할 것이라곤 전혀 예상치 못했다.

사실 내가 그때 이미 큰 그림을 그리고 있었고, 그게 완벽히 실현될 것이라는 확신이 있었다고 말할 수 있으면 좋겠다. 하지만 당시 나는 아무 계획이 없었다. 사업가들에게 도움을 주고 싶은 것은 분명했지만, 어떤 한 '방법'만 고집하지는 않았다. 처음에는 그냥 웹사이트에 내 생각을 썼다.

그러자 거기에 합류하고 싶다는 사람이 생겼다. 얼마 후 사이트의 필진이 수백 명으로 늘어났고, 광고 판매로 수익을 낼 수 있을 것 같았다.

그러자 나 자신을 한 대 후려갈기고 싶어졌다.

왜 하필이면 에번카마이클닷컴이란 이름을 쓴 거야? 내 이름이 붙어 있으면 나중에 팔지도 못하잖아! '창업전략센터'처럼 사이트의 취지를 잘 보여주고 검색에도 잘 걸릴 만한 이름을 썼어야지! 지금이라도 이름을 바꿀까? 그러기엔 이미 웹사이트에 너무 많은 공을 들였고, 탄력도 많이 붙은 상태였다. 그냥 나 자신이 한심할 따름이었다.

휴우, 하지만 지금 생각해보면 계속 내 이름을 걸어둔 게 얼마나 다행인지 모른다.

사업이 성장하면서 나는 사업이 꾸준히 나라는 사람을 보여주는 매개체가 된다는 것을 깨달았다. 내 관심사가 변하면 사업도 변했다. 굳이 창업전략에만 매달리지 않아도 됐다. 사업에 내 이름을 붙이니까 개인 브랜드가 생겼고, 그 덕에 사람들은 재미없는 회사 브랜드를 사용했다면 상상도할 수 없을 만큼 나를 친밀하게 대했다.

처음에 나는 아무 계획 없이 내 이름을 회사 이름으로 썼다. 그러고는 일생일대의 패착이었다고 생각했지만, 그것은 사실 신의 한 수였다.

나는 운이 좋았다. 그때는 이런 책도 없었다. 당신은 나보다 조금 더 전략적으로 생각할 수 있었으면 좋겠다. 유명한 브랜드를 보면 비슷한 사례가 많다.

# 잘나가는 브랜드들은
# 어떻게 한 단어를 만들었나

원래는 아마존닷컴이 아니라 카다브라였다. '아브라카다브라' 할 때 그 카다브라 말이다. 시애틀에 가는 길에 변호사에게 전화를 걸어 회사를 설립하겠다고 말했다. "회사 이름은 뭘로 하실 겁니까?"라고 묻기에 "카다브라요"라고 대답했다. 그가 "카대버(시체라는 뜻-역주)요?"라고 반문하자 그 이름은 안 되겠다는 생각이 들었다. 우리는 몇 달 후 이름을 바꿨다.

－제프 베이조스

세계 최고의 브랜드가 어떻게 그 이름을 갖게 됐는지 정리해봤다.

**애플:** 첫 후보는 매트릭스일렉트로닉스Matrix Electronics였다. 스티브 잡스는 평소에 사과를 즐겨 먹었고, 또 전화번호부에서 자기 회사 이름이 예전에 일했던 아타리Atari보다 먼저 나오기를 원했다. 그는 등록 마감인 오후 5시까지 더 나은 이름이 나오지 않으면 애플로 결정하겠다고 팀원들에게 통보했다. 애플이란 회사명은 그렇게 정해졌다.

**버진:** 리처드 브랜슨은 원래 회사 이름을 슬립트디스크Slipped Disc로 하려고 했으나 한 팀원이 젊고 처음하는 사업이니까 버진Virgin으로 하자고 제안했다.

**구글:** 창립자 래리 페이지와 세르게이 브린은 백링크를 근거로 웹사이트의 중요도를 측정한다는 의미에서 자신들의 회사를 백럽BackRub이라 불렀다. 그러다 방대한 정보를 제공하는 검색 엔진이란 의미로 1 뒤에 0이 100개 붙은 수를 뜻하는 구골Googol을 살짝 바꾼 구글로 이름을 변경했다.

**나이키:** 원래는 블루리본스포츠였으나 그리스 신화 속 승리의 여신 니케의 이름을 따서 사명을 바꿨다.

**이케아:** 창립자 잉바르 캄프라드Ingvar Kamprad의 이니셜에 그가 자란 엘름타뤼드Elmtaryd 농장과 아군나뤼드Agunnaryd의 첫 글자를 딴 이름이다.

**소니:** 도쿄통신공업으로 시작해 소리를 뜻하는 라틴어 소누스Sonus와 1950년대 미국에서 남자아이를 부를 때 흔히 쓰던 서니Sonny를 합쳐 소니로 개명했다.

**창립자 이름:** 창립자의 이름을 그대로 사용한 기업으로 맥도날드(딕 맥도날드와 맥 맥도날드), 포드(헨리 포드), 디즈니(월트 디즈니), 질레트(킹 질레트), 벤앤드제리(벤 코언과 제리 그린필드)가 있다.

회사 이름은 뭐가 제일 좋다고 할 수 없다. 다만 회사가 구체적으로 무슨 일을 하는지 드러나지 않게 하자.

# 한 단어의 적

적이 있는가? 잘됐다. 그것은 당신이 인생의 어느 시점에 뭔가를 위해
투쟁한 적이 있다는 의미다.
- 윈스턴 처칠(20세기 최고의 전시 국가 지도자로 꼽히는 인물)

**YOUR ONE WORD**

적은 행동의 기폭제가 된다.

적은 당신이 창의성을 발휘하게 만든다. 당신이 더 노력하게 만든다. 당
신이 의욕적으로 전진하게 만든다. 적은 당신이 우러러보고 능가하려는
우상이 아니다. 적은 당신이 믿는 모든 것을 반대하는 자다.

배트맨에게는 조커가 있다. 방송인 제이 레노Jay Leno에게는 데이비드 레
터맨David Letterman이 있었다. 모차르트에게는 살리에리가 있었다. 마틴 루
서 킹에게는 인종차별이 있었다. 래퍼 투팍에게는 비기가 있었다. 조 프레
이저에게는 무하마드 알리가 있었다. 갈릴레오에게는 신학이 있었다. 해
트필드가에게는 맥코이가가 있었다(19세기 후반에 대립한 두 가문 - 역주). 애플
에는 마이크로소프트가 있었다. 뉴욕 양키스에는 보스턴 레드삭스가 있
다. 개에게는 집배원이….

캠페인에 위력을 더하려면 적을 찾아야 한다. 당신의 적은 사람이나 회사가 될 수도 있고, 어떤 개념이나 생각, 철학, 삶의 방식이 될 수도 있다.

### 1단계: 당신의 한 단어와 반대되는 말은 무엇인가?

당신이 추구하는 것이 당신의 한 단어라면 자연스럽게 그 반대말은 당신이 적대하는 것이 된다. 예를 들어 사랑을 추구하는 사람은 미움을 거부한다. 당신이 적대하는 것의 정수를 담은 말, 곧 적대어는 무엇인가?

1부에서 당신의 한 단어를 찾는 방법을 소개했는데, 이를 역으로 이용하면 적대어를 찾는 데 도움이 될 것이다.

### 2단계: 당신의 적대어를 대표하는 얼굴은 누구인가?

당신의 적대어를 찾았다면 거기에 얼굴을 입히자. 미국이 자유를 추구한다면 그 적대어는 압제다. 미국 독립혁명에 대한 압제의 얼굴은 독립을 허락하지 않는 영국이었다. 현대에 이르러 자유에 위협을 가하는 것은 무엇이든 미국의 적이 된다.

만일 당신이 혁신을 추구하며 전에 없던 상품을 세상에 선보이기 위해 노력하고 있다면, 기존의 구태의연한 방식을 고집하는 대기업이 당신의 적이 될 수 있다.

적은 당신에게 힘이 솟게 한다. 적을 찾아서 긍정적인 변화를 일으키기 위한 세력을 규합하자! 나처럼.

# #믿는다도
# 천적이 있었다

현명한 여자는 그 누구의 희생양이 되는 것도 거부한다.
─마야 안젤루(베스트셀러 작가, 시인)

캠페인을 위해 적이 필요한 것은 알았지만, 딱히 나의 적이라고 할 존재가 떠오르진 않았다. 나는 주위에 적을 만드는 사람이 아니다.

나의 한 단어는 #믿는다이다. 내가 하는 일은 다른 사람을 믿는 것이다. 그러므로 적이 생길 리 없다.

그래서 나는 내 적에게 '믿음이 없는 자'라는 이름을 붙였다. 그리고 신속하게 '믿음이 없는 자를 무시하십시오Ignore the Non-Believers'라는 제목의 유튜브 영상을 만들었다. 아이디어는 좋았지만 이름이 좀 약했다.

더 센 이름이 필요했다. 더 강렬한 이름, 더 의미 있는 이름이 필요했다.

그때 문득 해리가 생각났다.

먼저 배경 설명을 좀 해야 할 것 같다.

나는 날마다 꿈을 따라 사는 게 얼마나 어려운 일인지, 특히 주변 사람이 응원해주지 않으면 그게 얼마나 어려운 일인지 잘 알기 때문에 사업자에게 기운을 북돋아주는 영상을 만들고 싶었다.

다섯 달 동안 그 목표를 달성하기 위해 노력했다. 그런데 나는 목표만 있었지, 그것을 성취하기 위한 기술이나 노하우가 없었다.

도움이 필요했다.

친구와 지인에게 도움을 요청하고 그런 영상을 잘 만드는 최고의 실력자를 찾아봤다. 나는 그것을 중요한 목표로 삼았다. 서서히 진전이 보였다.

뜨악한 얼굴을 수도 없이 마주하고 거절의 말을 수도 없이 들은 끝에 마침내 팀을 꾸려서 본격적인 작업에 착수했다.

우리는 훌륭한 영상을 만들었다.

그 영상을 보면서 '후아, 여기 내 이름이 올라갔다는 것 자체가 영광이다'라고 생각했다. 하늘을 나는 기분이었다. 영상이 재생되는 6분 3초가 전율의 연속이었다. 그래서 그것을 영상 제작과 홍보 업계에 있는 몇몇 사람에게 보여줬다. 그중에는 해리도 있었다.

해리의 반응은?

# 꿈 분쇄기
# 해리와의 만남

설마 인터넷의 생리를 모르는 건 아니겠지?

— 해리(#쪼그만놈의 모태)

해리는 내가 너무나 자랑스러워하는 그 영상을 무참히 짓밟았다. 그의 반응은 겨우 다섯 단어였다.

"6분 넘는 영상은 말짱 꽝이야."

그래서 나는 초절정의 인기를 누리는 TED 강연 영상도 모두 6분이 넘는다고 답장을 보냈다.

그가 보인 반응은 "유튜브에서 제일 인기 있는 영상 50개의 평균 재생 시간은 2분 54초야. 설마 인터넷의 생리를 모르는 건 아니겠지?"였다.

그의 논리를 따르자면 인기 영상의 평균 재생 시간이 2분 54초니까 6분이 넘는 내 영상은 절대 인기를 끌 수 없다는 말이었다. 코미디가 따로 없었다. 하지만 이건 정말 중요한 대목이었다.

아마도 예전의 나였다면 그의 말을 곧이곧대로 들었을 것이다. 왜냐하면 이 남자는 영상 제작과 홍보의 '전문가'였으니까. 전문가의 조언은 무조건 귀담아들어야 하지 않는가? 이전에 그런 영상을 한 번도 만들어본 적이 없었던 내가 뭘 알겠는가?

하지만 나는 그에게 휘둘리면 안 된다는 것을 알게 되었다.

그런 영상을 만들겠다는 목표를 정하고서 나는 신이 났다. 그 영상은 사람들에게, 그리고 내게 꼭 필요하다고 생각했다. 완성본을 보니 내가 만들었다는 사실이 감격스러웠다. 해리가 내 목표를 빼앗아가게 놔두고 싶지 않았다. 그가 아무리 전문가라고 해도, 그가 아무리 그쪽으로 빠삭한 사람이라고 해도 상관없었다.

당신의 열정에 불을 지피는 것을 찾으면 끝까지 밀고 나가야 한다. 사람들이 제정신이냐고, 그런 게 통할 것 같으냐고 말해도, 또 스스로 의심이 들어도 포기해서는 안 된다.

세상을 움직이는 것은 이성이 아닌 마음의 소리를 따라 경이로운 일을 이룩하는 사람이기 때문이다. 다른 사람의 생각을 판단의 기준으로 삼아서는 진정으로 행복해질 수 없고, 세상에 진정한 영향을 미칠 수도 없고, 큰돈을 벌 수도 없다.

특히 그 다른 사람이 해리 같은 부류라면 더더욱 곤란하다.

# 적에게 걸맞은 이름을 부여하라, #쪼그만놈

어차피 미워하는 인간은 계속 미워, 미워, 미워, 미워, 미워할 거야.
난 그냥 흔들, 흔들, 흔들, 흔들, 흔들래. 흔들어서 떨쳐버릴 거야.
– 테일러 스위프트(역대 최고의 흥행 가수이자 〈포브스〉 선정 가장 영향력 있는 여성 100명 명단의 최연소 등재자)

해리 때문에 뚜껑이 열렸다!

나는 해리 같은 인간을 주변에 둔 나 자신에게 화가 났다. 해리 같은 인간이 세상에 존재한다는 것 자체가 못마땅했다. 왜냐하면 그는 #믿는다의 안티 세력이었기 때문이다. 그는 옹졸한 생각으로 남의 꿈을 짓밟는 자였고, 세상에 해리 같은 사람이 더 늘어나서는 안 됐다.

그래서 내 캠페인의 적이 누굴까 생각했을 때 해리가 딱이었다. 해리라는 사람 자체가 아니라, 그가 대변하는 모든 것이 내 캠페인의 적이었다. 그의 이름을 캠페인에 쓰고 싶진 않았고(해리란 이름은 실명이 아니다) 대신 그를 대변할 만한 뭔가를 쓰고 싶었다.

그때 문득 해리와 친구가 서로를 '쪼그만놈'이라고 부르는 게 떠올랐다. 그게 키를 두고 하는 말인지, 자기들끼리만 통하는 농담인지는 모르겠다.

그런 것은 아무래도 상관없었다. 그렇게 #쪼그만놈이 탄생했다.

#쪼그만놈은 당신의 아이디어가 이러저러해서 소용이 없다고 말하는 사람이다. #쪼그만놈은 당신의 계획에서 보이는 결점을 꼬박꼬박 지적하고, 당신이 하는 모든 일에 의심의 먹구름을 드리운다. #쪼그만놈은 당신이 투기장에서 사업이라는 칼을 빼 들고 세상을 바꾸기 위해 치열한 싸움을 벌이고 있을 때 관중석에서 팝콘을 던지며 야유하는 자다.

#쪼그만놈이 난입하자 #믿는다 바람이 더욱더 거세게 불기 시작했다. 사람들은 자신의 인생에서 #쪼그만놈을 즉시 알아봤다. 그렇게 부르기 시작하자 믿음이 없는 자라고 부를 때보다 훨씬 큰 파괴력이 발휘됐다.

#쪼그만놈은 해시태그로도 쓰이고, 티셔츠로도 만들고, 시리즈 영상물로도 만들어졌다. 나는 지극히 부정적인 상황을 긍정적인 상황으로 역전시켰다. #쪼그만놈은 해리의 인생에서 세상에 가장 크게 기여한 업적으로 남을 것이다.

당신도 적을 찾아야 한다. 당신의 적은 사람으로 느껴지는 존재여야 한다. 뭔가를 의미하는 존재여야 한다. 당신이 그 반대편에서 세력을 규합하는 것을 용이하게 만드는 존재여야 한다. 당신의 분노와 불만을 쏟아부어 당신의 캠페인에 힘을 실어주는 강력한 존재를 탄생시키자.

아, 그리고 6분이 너무 길다고? 그 영상은 조회수 100만을 돌파했다! :) #쪼그만놈은 뭐가 그렇게 무서웠던 걸까?

# 골리앗을 가라앉힌
# 캠페인의 힘

전형적인 다윗과 골리앗의 싸움이었고, 언론이 관심을 보이자 여론의 압력을 못 이긴
필스버리가 마침내 발을 뺐다. 그것이 바로 벤앤드제리 제품이 미국 전역으로 퍼져나가는
계기가 됐다.

– 제리 그린필드(벤앤드제리 공동 창립자)

당신이 거센 바람을 일으킬 수 있도록 기폭제가 되어주는 적은 당신의 최대 경쟁자일 수도 있다.

벤앤드제리Ben & Jerry의 창립자인 벤 코언Ben Cohen과 제리 그린필드Jerry Greenfield는 '경제 기계의 부속품'이 되기를 거부하는 히피족이었다. 히피 문화가 꽃을 피운 1960년대에 학창시절을 보낸 그들은 대기업이 사회와 환경에 미치는 온갖 악영향을 못마땅하게 여겼다. 그런 폐단을 없애기 위해 기업의 책임 있는 행동에 방점을 찍고, 벤앤드제리를 자신들만의 방식으로 운영했다.

1984년, 한 대기업이 이 햇병아리들의 활약에 심기가 불편해졌다.

하겐다즈를 소유하고 수백만 달러의 연 매출을 올리던 필스버리Pillsbury 가 벤앤드제리의 급성장에 위기감을 느낀 것이다. 필스버리는 범 무서운

줄 모르고 날뛰는 이 하룻강아지를 잡기 위해 보스턴 시내 전 매장에 하겐 다즈와 벤앤드제리 제품 중 하나를 선택하라는 최후통첩을 날렸다.

벤과 제리는 거인 앞에 무릎 꿇을 마음이 전혀 없었다. 그러나 법적으로는 뾰족한 수가 없어서 사업가의 주특기를 발휘했다. 바로 창의력을 발휘한 것이다. 그들은 '도우보이Doughboy(반죽을 의인화한 필스버리의 마스코트 – 역주)는 뭐가 그렇게 무서운 걸까?' 캠페인을 개시해 대중의 이목을 끌었다. 버스 광고를 내고 인기 스포츠 경기가 열릴 때 경비행기를 이용해 상공에 현수막을 펼치는 등 대중의 지지를 끌어낼 방법을 총동원했다.

월간지 〈롤링스톤Rolling Stone〉의 지면 광고로 "거인 필스버리에 맞선 버몬트 출신 히피 콤비를 도와주십시오"라고 호소했다. 그린필드는 미니애폴리스의 필스버리 본사 앞에서 1인 시위를 하며 "도우보이는 뭐가 그렇게 무서운 걸까?"라는 유인물을 나눠주기도 했다(그 사진은 evancarmichael.com/oneword/extras에서 볼 수 있다).

그리고 아이스크림 통에 수신자 부담 전화번호를 넣어 지지 세력을 규합하자는 아이디어가 나왔다. 그린필드는 "그랬더니 하룻밤에 전화가 무려 100통씩이나 왔는데 주로 자정에서 새벽 3시 사이에 걸려왔다"라고 회고했다. 그중에는 안티 도우보이 모임을 결성하겠다는 사람도 있었다.

대중과 언론의 관심이 집중되면서 필스버리라는 악랄한 거인이 젊은 히피 두 명을 망하게 하려고 작정했다는 여론이 형성됐다. 결국 부정적인 여론을 견디다 못한 필스버리는 최후통첩을 철회했다. 같은 해에 벤앤드제리의 매출액은 전년 대비 120퍼센트 증가해 400만 달러를 돌파했다.

적을 찾아 캠페인에 관심을 집중해 사업을 성장시키는 기폭제로 활용하자.

# 꽂히는 로고,
# 먹히는 상징물

세계 어디를 가든 눈에 확 들어오는 팀 로고가 있다.
그런 로고를 보면 그들이 누구이고, 어떤 의미인지 알 수 있다.
– 르브론 제임스(NBA 역대 최고 선수 중 한 명)

상징물은 어떤 캠페인에서나 중요한 요소다.

율리우스 카이사르는 전투에 나갈 때 깃발만 드는 병사를 따로 뒀다.

제이 지와 그의 팬은 두 손으로 다이아몬드 모양을 만드는데, 이것은 그가 세운 로카펠라 레코드Roc–A–Fella Records를 의미하는 것이다.

미국인은 날마다 성조기 앞에서 충성을 다짐한다.

당신의 로고는 당신의 캠페인을 시각화한 표현물이다. 로고는 사람들이 가장 쉽게 보고 기억할 수 있는 상징물이다. 당신의 로고는 당신이 세상에 끼치고 싶은 긍정적인 영향을 나타내는 것인 만큼 반드시 깊은 뜻이 담겨 있어야 한다.

도요타 로고는 세 개의 심장을 나타낸다. 고객의 심장, 제품의 심장, 기술 진보의 심장이다. 아디다스의 삼선 로고는 사람들이 넘어야 할 태산 같은 장애물을 나타낸다.

아마존 로고는 'a'에서 'z'로 이어지는 웃는 입 모양의 화살표인데, 다양한 상품군으로 고객에게 행복을 선사한다는 회사의 사명을 나타낸다. 등호(=)로 만들어진 IBM 로고는 평등한 세상을 나타낸다.

이제 막 사업을 시작하는 단계라고 해도 당신의 한 단어를 시각적으로 표현한 상징물은 반드시 필요하다. 그것을 만들기는 쉽지 않지만, 그 과정에서 당신의 메시지와 사명이 더욱 가다듬어질 것이다.

당신의 한 단어를 나타내는 상징물은 무엇인가?

# 있는 그대로,
# 심플한 게 좋다

모든 것이 자신에게 맞서는 것처럼 느껴질 때는
비행기가 이륙할 때 바람을 타는 게 아니라 바람에 맞선다는 것을 기억하라.
– 헨리 포드

내 로고는 날아오르는 종이비행기다.

날아오르는 비행기는 #믿는다를 상징한다. 안전한 땅을 박차고 새로운 모험의 세계로 날아간다는 의미다.

꿈을 좇아 더, 더, 더 높이 올라가기 위해 노력한다는 의미이기도 하다.

나는 종이비행기라는 것이 좋았다. 왜냐하면 어떤 프로젝트든 간에 시작 단계에서 우리는 훈련과 교육을 충분히 받지 못하고, 경험이 부족하고, 자원과 자본이 부족한 상태이기 때문이다. 말하자면 초음속 전투기를 만들 여건은 안 되는 것이다. 그저 종이비행기일 뿐이다.

종이비행기는 엉성해서 잘 날지 못하고, 잘 구겨진다. 그래도 우리는 성공할 수 있다고 #믿는다. 중요한 것은 얼마나 많은 자원을 보유하고 있느냐가 아니라 수중의 자원을 얼마나 잘 활용하느냐에 달려 있다.

#믿습니다!

그런데 나는 하마터면 이 로고를 바꿀 뻔했다. 브랜드 개편 작업의 일환으로 비행기 로고를 내 서명으로 대체할 뻔했다(아직 나의 한 단어를 찾기 전이었다). 그때는 내 서명이 나와 더 밀접한 느낌을 주기 때문에 사람들이 더 친밀감을 느낄 수 있을 것이라고 생각했다.

하지만 테스트용 웹페이지에 새 로고를 넣어봤더니 왠지 아니다 싶었다. 보기엔 좋지만 가슴이 설레진 않았다. 그래서 디자이너의 반대를 무릅쓰고 종이비행기를 그대로 쓰기로 했다.

지금 와서 돌아보면 왜 그랬는지 쉽게 알 수 있다. 종이비행기는 #믿는다를 상징하지만 내 서명은 아니기 때문이다.

당신의 한 단어를 받아들이면 모든 것을 더욱더 쉽게, 더욱더 당신답게 결정할 수 있다.

# 돕고 싶다는
# 그 마음 그대로 보여준다

사물의 본질, 곧 그것을 그것답게 만드는 것을 꿰뚫는 혜안이 우월한 지성의 제1성분이다.
－레오나르도 다 빈치(역대 최고의 화가이자 팔방미인으로 꼽히는 인물)

당신의 로고는 한 세대 전체에 기운을 불어넣을 수도 있다.

트루앤드코True & Co.는 여성에게 쾌적한 삶을 선사하겠다는 목표로 샌프란시스코에서 시작된 속옷 브랜드다. 설립자 미셸 램Michelle Lam은 세상에 변화를 일으킬 캠페인에 기운을 불어넣기 위해 자신의 포부를 상징하는 로고가 필요했다.

나는 여성이 자신의 체형을 가장 잘 표현해주는 속옷을 찾을 수 있게 하겠다는 목표로 우리 집 거실에서 브라 500개를 갖고 트루앤드코를 시작했다. 우리는 브라가 몸에 맞으려면 밴드와 컵 사이즈 외에도 고려해야 할 게 많다는 것을 알았다. 그리고 사상 처음으로 피팅룸, 줄자, 사진이 아닌 피팅 문답으로 체형에 맞는 브라를 제공하는 회사가 됐다.

우리는 레이크앤드스타스Lake & Stars 출신 디자이너 니키 데커Nikki Dekker
를 영입해 모든 면에서 기존의 것과 다른 것을 추구하고 있다.

우리는 대담한 여자들(그리고 남자들!)과 한 팀이 되어 여성 속옷의 설계,
제작, 판매, 착용 방식을 바꿔나가고 있다.

우리의 로고는 'TRUE(트루)'라는 글자의 비례도다.

우리는 레오나르도 다 빈치가 그린 인체 비례도를 염두에 두고 이상적인
인체 비례를 찾기 위해 꾸준히 노력하고 있다.

로고에 쓰인 글자의 곡선은 여성의 몸매에서 영감을 받은 것이고, 그것을
둘러싸고 있는 기하학적 기초는 우리의 알고리즘을 뒷받침하는 정확한
수학적 계산을 나타낸다.

미와 뇌가 환상의 콤비가 된 것이다.


당신의 로고는 대부분의 사람에게 당신의 사업에 대한 첫인상을 형성하
는 시각적 신호가 된다. 그러므로 야무진 것이어야 한다. 현재의 로고가 비
실대는 것 같다면 힘 있는 것으로 바꾸자.

# 가장 완벽한
# 로고의 탄생

스타벅스는 단순히 커피 한 잔을 상징하지 않는다. 오래가는 브랜드를 만든 탁월한 기업은 고객과 정서적으로 아무런 장벽 없이 끈끈한 관계를 맺는다. 그리고 이런 정서적 관계에서 가장 중요한 요소가 바로 신뢰다.

−하워드 슐츠

**YOUR ONE WORD**

캠페인이 진척되면 사람들이 당신의 상징물을 알아본다.

이를 잘 보여주는 예가 스타벅스 로고의 변천사다.

- 1971년, 스타벅스 로고는 세이렌 그림을 둘러싸고 대문자로 '스타벅스, 커피, 차, 풍미STARBUCKS, COFFEE · TEA · SPICES'라는 네 단어가 적혀 있었다.

- 1987년, 그동안 브랜드 인지도가 높아진 덕분에 세이렌 그림이 단순해지고 주위의 글자가 '스타벅스'와 '커피' 두 단어로 압축됐다.

- 1992년, 세이렌 그림이 더욱 단순해졌다.

- 2011년, 브랜드가 더 유명해져서 세이렌 그림만 남고 글자는 모두 빠졌다.

이제는 굳이 스타벅스라는 이름이 없어도 누구나 스타벅스 로고를 알아본다. 그 밖에도 굳이 로고에 글자를 넣을 필요가 없어진 브랜드로는 **나이키**(날렵하게 꺾인 곡선), **맥도날드**(황금색 아치 두 개), **애플**(한 입 베인 사과), **타깃**(과녁)이 있다.

당신의 캠페인도 중요도와 인지도가 높아지면 로고 역시 발전해서 결국에는 글자가 없어도 사람들이 알아볼 수 있는 경지에 이를 것이다.

그를 위해서는 목적을 갖고 로고를 디자인해야 한다.

# 상징물에게 색채는
# 날개가 된다

핑크는 색깔이 아니라 행동 양식이다!
– 마일리 사이러스(싱어송라이터, 배우)

색깔에도 의미가 있다.

몇 가지 색깔이 주로 어떤 의미로 인지되는지 적어봤다.


**빨강 :** 위험, 열정, 사랑, 흥분, 배짱

(예: 버진, 유튜브, 롤링 스톤즈)


**검정/회색 :** 품위, 힘, 격식, 중요성

(예: 나이키, 애플, 〈뉴욕타임스〉)


**파랑 :** 믿음직함, 지성, 신뢰, 충성, 지혜

(예: IBM, J.P. 모건 체이스J.P. Morgan Chase, 페이스북)

**주황 :** 열의, 행복, 창조, 성공, 격려

(예: 아마존, 니켈로디언Nickelodeon, 파이어폭스)


**초록 :** 성장, 조화, 신선, 비옥, 자연

(예: 홀푸드, 존디어John Deere, 랜드로버, 스타벅스)


**보라 :** 고귀, 호화로움, 야망, 권력, 사치

(예: 홀마크, 바비, 캐드버리Cadbury)


**노랑 :** 기쁨, 행복, 에너지, 햇빛, 쾌활함

(예: 페라리, 〈내셔널지오그래픽〉, 이케아)


내 로고는 원래 흰색과 파란색이었다. 그러나 #믿는다를 채택한 후 검은색과 주황색으로 바꿨다. 내게 #믿는다는 강력하고 중요한 행동을 하는 것(검정)과 열의를 갖고 격려하는 것(주황)을 의미하니까.

당신의 한 단어를 가장 잘 표현하는 색깔을 무엇인가? 또 그런 서체는 무엇인가?

# 한 단어가 몸이라면 서체는 옷이다

나는 대학을 자퇴한 후 캘리그래피 강의를 청강했다. 거기서 세리프체와 산세리프체에 대해 배웠고, 다양한 글자 조합의 간격에 대해 배웠고, 훌륭한 타이포그래피가 왜 훌륭한지를 배웠다. 그 안에는 아름다움과 역사성이 있었고 과학이 포착할 수 없는 미묘한 예술성이 있어서 나를 매료시켰다. 그리고 10년 후 최초의 매킨토시 컴퓨터를 설계할 때 그 모든 기억이 되살아났다. 우리는 그것을 모두 맥에 집어넣었다. 맥은 사상 최초로 아름다운 타이포그래피가 접목된 컴퓨터였다.

– 스티브 잡스

서체는 감정을 자아낸다.

서체는 우리를 답답하게도 하고, 행복하게도 하고 슬프게도 하고, 유쾌하게도 한다. 똑같은 단어라도 다른 서체로 써놓으면 느낌이 달라진다.

다음의 예시는 스텐실Std Stencil Std와 잰더실리멍키Janda Silly Monkey 서체로 '잘해봐'라고 쓴 것이다.

# GET IT DONE

(스텐실Std 서체)

# Get it done

(잰더실리밍키 서체)

첫 번째 서체는 심각하고, 화가 나 있고, 권위적인 느낌이다. 훈련소 조교, 개인 트레이너가 떠오른다.

두 번째 서체는 웃기고, 장난스럽고, 귀엽게 느껴진다. 어린아이, 공주, 요정이 떠오른다.

첫 번째 서체는 당신에게 고래고래 소리를 지른다.

두 번째 서체는 당신에게 기운을 북돋는다.

당신의 한 단어는 어떤 느낌을 줬으면 좋겠는가?

반드시 그 느낌에 걸맞은 서체를 사용해야 한다.

서체를 고를 때는 wordmark.it에 접속하면 도움이 될 것이다(한글 서체는 www.koreafont.com에서 탐색할 수 있다 – 역주). 원하는 문구를 입력하면서 다양한 서체를 비교해볼 수 있다.

더 나아가 사람들이 단번에 알아볼 당신만의 서체를 만드는 것도 좋다.

# 강력한 임팩트를 주는
# 서체

나는 크게 생각하는 게 좋다. 예전부터 그랬다. 기왕에 생각할 거라면 크게 생각하는 게 낫다. 대부분의 사람은 성공이 두렵고, 의사결정이 두렵고, 승리가 두렵기 때문에 작게 생각한다. 그 덕에 나 같은 사람이 매우 유리해진다.

─도널드 트럼프(미국 45대 대통령, 전 기업인)

YOUR ONE WORD

정말로 일을 크게 벌여볼 작정이라면 당신만의 서체를 만들자.

한 방이 있는 서체

사람들의 뇌리에 박힐 서체

사람들이 보면 대번에 당신을 떠올릴 서체

월트 디즈니는 전설이 될 회사만 세운 게 아니라 그 전설에 걸맞은 서체도 만들었다. 디즈니 영화가 시작될 때 성을 배경으로 'Disney'라는 글자가 나타나면 무슨 생각이 드는가? 특유의 배불뚝이 'D'자와 머리 큰 'i'자가 대번에 눈에 들어올 것이다.

무엇이든 디즈니 서체로 쓰여 있으면 곧바로 월트디즈니컴퍼니가 연상된다.

당신도 제2의 월트 디즈니가 되어 특유의 서체로 온 세상이 알아볼 로고를 만들 수 있을까?

물론이다.

하면 된다.

반드시 큰돈이 드는 것도 아니다.

# 구글 로고는
# 얼마짜리일까?

지금 수중에 없는 돈은 생각하지 마라.
지금 있는 것으로 무엇을 할 수 있을지 생각하라.
- 스티브 워즈니악(발명가, 전자공학자, 컴퓨터 프로그래머, 애플 공동 창립자)

로고에 꼭 큰돈을 들일 필요는 없다.

펩시, BBC, BP 같은 대기업이 수백만 달러를 들여 로고를 디자인했다고 해서 당신도 주머니가 두둑해야만 의미 있는 로고를 만들 수 있는 것은 아니다.

몇 가지 예를 들어보겠다.

### 구글

0달러. 창립자 세르게이 브린이 직접 로고를 디자인했다. 이후로 조금씩 변화가 있긴 했지만 기본적인 콘셉트는 그대로 유지되고 있다.

## 코카콜라

0달러. 1885년에 회계 담당자 프랭크 메이슨 로빈슨Frank Mason Robinson
이 최초의 로고를 디자인했다. 현재 코카콜라 로고는 전 세계에서 가장
유명한 로고다.

## 나이키

35달러. 1971년에 포틀랜드주립대학 학생 캐롤린 데이비드슨Carolyn
Davidson이 디자인했다. 나이키 창립자 필 나이트Phil Knight가 그 대학에서
회계학 강의를 할 때 학생 과제물에서 데이비드슨의 실력을 눈여겨보고
로고 디자인을 의뢰했다.

## 트위터

15달러. 최초의 로고는 크라우드소싱 디자인 사이트 아이스톡포토
iStockPhoto에서 구입했다. 서버에 과부하가 걸렸을 때 나오는 일명 '실패
고래'도 아이스톡포토에서 구입한 것이다.

어떤 로고를 쓰느냐는 자유지만 그 로고는 반드시 당신에게 어떤 의미
가 있어야 한다. 그리고 당신에게 살맛이 난다는 느낌을 줘야 한다.

# 느낌을 담아라,
# 느낌대로 간다

우리는 음악을 할 때만이 아니라 일상에서도 머리가 아닌 가슴으로 결정을 내려야 한다.
– 앙드레 류(요한스트라우스 오케스트라를 창설한 네덜란드 출신 바이올리니스트 겸 지휘자)

과도한 분석은 금물이다.

아는 게 병이라는 말이 있다. 정보가 너무 많으면 선택의 폭이 너무 넓어진다. 신경 써야 할 게 너무 많아진다. 당신의 로고는 캠페인에서 중요한 요소다. 당신이 사용하는 상징물, 색깔, 서체가 모두 중요하다. 하지만 가장 중요한 것은 로고에 느낌이 있어야 한다는 사실이다.

머리로 생각하지 말고 가슴으로 느껴보자.

나는 비행기의 느낌이 좋아서 로고에 사용했다.

주황색의 느낌이 좋아서 로고에 사용했다.

푸투라Futura 서체의 느낌이 좋아서 그 서체를 변형해 로고에 사용했다.

로고에 열정을 표현하고 싶다고 꼭 빨간색을 쓰란 법은 없다. 노란색의 느낌이 더 좋으면 노란색을 쓰면 된다. 페라리도 그렇게 했다.

앞에서 내가 한 조언은 그냥 참고만 하면 되지, 억지로 거기에 맞출 필요는 없다.

나는 내 로고를 사랑한다.

당신도 당신의 로고를 사랑해야 한다.

당신이 사랑하면 남들도 사랑할 것이다.

이것이 중요하다.

당신이 사랑해야 로고가 힘 있는 상징물이 된다.

# 하나하나
# 모든 것에 상징을 담는다

내게 미키 마우스는 독립의 상징이다.

– 월트 디즈니

캠페인의 모든 주제에는 반드시 상징물이 있어야 한다.

상징물은 생각을 시각적으로 구현한 것이다. 사람들에게 뭔가를 느끼게 하고 싶다면 글자만 사용할 게 아니라 그림도 같이 사용해야 한다.

당신이 선보이는 모든 상품과 서비스는 반드시 저마다의 상징물이 있어야 한다. 당신이 추구하고 내세우는 큰 생각에도 상징물이 있어야 한다. 캠페인의 적에게도 상징물이 있어야 한다.

나는 어디서든 상징물을 이용한다.

내가 발간하는 주즈Zhuge 가이드북 시리즈에도 상징물이 있다.

나의 토론토 #창업도시 캠페인에도 상징물이 있다.

#쪼그만놈에게도 상징물이 있다.

한 단어에도 상징물이 있다.

나의 #믿는다 통신 캠페인에도 상징물이 있다.

나의 #엔트스프레소 유튜브 시리즈에도 상징물이 있다.

내가 사업에 대한 전문 지식을 글로 쓰는 사람을 위해 운영하는 '작가의 비상' 프로그램에도 상징물이 있다.

당신도 캠페인을 개시할 때 상징물이 있어야 한다. 그 상징물은 눈에 잘 띄고, 쉽게 기억되고, 당신이 만든 것을 단번에 떠올리게 만드는 강력한 것이어야 한다. 그러면 당신은 성공의 상승 기류를 타게 될 것이다.

모범적인 성공 사례를 보고 캠페인에 사용할 상징물에 대한 영감을 얻어도 좋다(내가 쓰는 로고와 아이콘을 포함해 이 장에서 거론한 상징물은 모두 evancarmichael. com/oneword/extras에서 볼 수 있다).

# 하나의 스토리가
# 상징의 키포인트가 된다

올 론리의 딱한 사정은 메이태그 가전제품의 내구성과 안정성을 보여주는 증거입니다.
올 론리에게 소일거리가 생겼으면 좋겠군요.
― 메이태그 광고

YOUR ONE WORD

당신의 제품이 믿음직하다는 것을 보여주려면 어떻게 해야 할까?

그런 상징물을 만들면 된다. 그게 꼭 로고일 필요는 없다. 캐릭터도 괜찮다. 메이태그Maytag에서 만든 '고독한 수리기사', 일명 올 론리Ol' Lonely가 아주 좋은 예다. 올 론리는 1967년에 배우 제시 화이트Jesse White가 메이태그 광고에 수리기사로 나오면서 최초로 등장했다.

당시에는 시중의 세탁기에 차별점이 별로 없었다. 그러다 보니 가격이 세탁기를 고르는 기준이었다. 이런 상황을 타개하기 위해 메이태그에서는 사람들에게 자사의 브랜드가 내구성과 안정성의 대명사라는 인식을 심어주기로 했다. 하지만 단순히 광고에서 "우리 제품은 믿을 만하니까 사주세요"라고 말하는 것보다는 상징물을 만드는 쪽이 훨씬 더 큰 힘을 발휘할 것이라고 판단했다.

과연 그랬다.

수리기사 올 론리의 이야기는 메이태그 제품은 내구성과 안정성이 뛰어나 절대 고장이 나지 않기 때문에 일거리가 없다. 그래서 고독한 시간을 때울 일을 찾고 있다는 내용이다.

이 캠페인이 먹혔다. 메이태그의 시장점유율이 상승했고, 메이태그는 수십 년간 믿음직한 브랜드로 통했다. 그 덕에 경쟁사보다 높은 가격을 책정할 수 있었고, 소재지인 아이오와주 뉴턴시에서는 이 회사의 본사 주소지 명칭을 '신뢰의 광장One Dependability Square'으로 변경하기까지 했다.

20세기 말, 이 캐릭터는 사람이 찾지 않는 서비스 직종을 대표하는 상징물이 됐다. 예를 들면 "이제는 웬만한 사람은 모두 자가용을 갖고 있어서 버스기사가 메이태그 수리기사와 같은 처지가 됐다"라는 말이 나왔다.

강력한 목적이 있고 그것이 이야기를 전달하는 데 도움이 되는 상징물과 결합한다면 지속적으로 세상을 변화시킬 영향력 있는 브랜드를 만들 수 있다. 중요한 것은 한 단어를 꾸준히 실천하는 것이다.

# 애써 쌓은 공든 탑도
# 한순간에 무너진다

F. L. 메이태그는 약속을 지키는 것, 입만 놀리지 않고 행동으로 보여주는 것이
매우 중요하다고 생각해 사업 초기부터 그렇게 했다.
－ 낸시 코엔(하버드대학 경영대학원 브랜드 역사학자)

#믿음직함의 대명사였던 브랜드가 길을 잃었다.

1962년 메이태그가 아이오와주 뉴턴시에서 가전제품 사업을 시작한 후 20세기 후반까지 명성이 쭉 이어졌다. 하지만 언제부턴가 제품의 품질이 서서히 저하됐다. 그러다 1997년에 출시된 절전형 드럼세탁기 넵튠에서 품질 불량 문제가 크게 터졌다. 넵튠은 소비자에게 '악취 제조기'라는 오명을 얻었다.

넵튠은 그야말로 말썽 제조기였다. 빨래에 악취가 배어 없애려면 고생 깨나 해야 했다. 게다가 형편없는 설계로 괴상한 소음까지 났다. 메이태그는 소비자의 불만에 즉각 대응하지 않고 능장을 부리는 것으로도 모자라, 마케팅 전략을 기존의 세탁기가 고장 나기 전에 신형 모델로 바꾸도록 유도하는 쪽으로 수정했다. 이제는 #믿음직함의 대명사라는 명성을 포기했

다고 공식적으로 선언한 셈이었다.

　고객의 불만이 점점 커지면서 넵튠 제품과 메이태그의 고객 응대에 대한 불만의 목소리가 온라인 게시판과 평가 사이트를 통해 널리 확산됐다. 메이태그는 회사에 대한 부정적인 평가가 인터넷을 타고 급속도로 퍼지리라곤 예상하지 못했다. 불만고객이 온라인에서 결집하자 부정적인 입소문이 퍼지면서 여러 건의 집단소송이 제기됐다. 결국 메이태그는 배상금으로 3,300만 달러 이상을 지불해야 했다. 오랫동안 안정성의 대명사로 통하던 회사의 명성이 10년도 안 되어 완전히 박살 났다. 2006년 4월에 메이태그는 월풀Whirlpool에 인수됐고, 이듬해 뉴턴시에 있던 최초의 메이태그 공장이 문을 닫았다.

　월풀은 메이태그 브랜드의 명맥을 유지하며 올 론리라는 캐릭터를 더 젊고 더 매력적인 수리기사로 재탄생시켰다. 이제 '메이태그 사나이'로 불리던 올 론리는 세탁기를 은유적으로 표현한 코믹 캐릭터가 되었다. 월풀에서는 그가 등장하는 유머러스한 광고를 통해 세탁기가 인간보다 더 믿음직하다는 메시지를 전달한다. 과연 메이태그가 소비자에게 다시 #믿음직함의 대명사로 통하게 될지는 시간이 말해줄 것이다.

　그런 변화의 출발점이 브랜드의 상징물과 잘 어울리면서 강렬한 인상을 주는 소리를 만드는 것일 수도 있다. 물론 브랜드의 한 단어를 잘 표현하는 소리여야 한다.

# 한 단어가 몸이라면
# 음악은 목소리다

나는 나를 영화 작곡가라고 생각한다.

-존 윌리엄스(〈스타워즈〉, 〈죠스〉, 〈인디아나 존스〉 등 많은 영화의 대표곡을 만든 전설적인 작곡가)

존 윌리엄스John Williams는 1년에 8,000만 달러가 넘는 소득을 올린다.

그럴 수 있는 이유는 영화가 성공하려면 스토리, 적, 영상만 필요한 게 아니라 대표적인 음악도 있어야 한다는 것을 잘 아는 할리우드 제작자가 있기 때문이다.

사업가는 영화 업계로부터 한 단어로 훌륭한 캠페인을 만드는 법에 대해 많은 것을 배울 수 있다. 더 많은 감각 작용을 일으킬수록 회사가 고객의 기억에 남을 확률이 높아진다. 특히 요즘처럼 사람들이 당신의 상품을 직접 만지고 느낄 수 없는 디지털 세상에서는 더욱 그렇다.

음악은 당신의 사업에 대한 느낌을 자아내는 언어다. 당신은 어떤 소리를 사용하면 한 단어에 대한 느낌을 가장 잘 전달할 수 있을지, 어떻게 음악을 사용해야 메시지를 더 강렬하게 느끼게 할지 고민해야 한다.

로고에 쓰인 이미지를 고려해서 거기에 잘 어울리는 소리를 만들면 좋다. 예를 들어 당신의 한 단어가 #신뢰이고 자물쇠 이미지를 로고로 쓰고 있다면 문을 잠그는 소리를 대표 소리로 사용할 수 있다. 당신의 한 단어가 #사랑이고 하트를 로고로 쓰고 있다면 키스 소리도 괜찮다.

마케팅 업계에서는 이를 '오디오 브랜딩'이라고 말한다.

당신의 소리는 짧고, 기억하기 쉬우면서, 듣는 순간 예전에 그것을 들어본 사람이 당신을 떠올리도록 해야 한다. 눈을 감고 들어도 그 메시지가 당신의 메시지라는 것을 알 수 있어야 한다. 원한다면 그 소리를 소리 상표로 등록할 수도 있다.

당신의 대표 소리를 찾고 나면 그것을 캠페인에서 기회가 닿는 대로 사용하고 싶을 것이다. 예를 들면 유튜브 채널에 넣고, 이벤트나 웹사이트, 음성 메시지, 매장 판촉 행사, 텔레비전·라디오·온라인 광고, 집회, 소셜 미디어, 안내 영상에 사용하는 것이다.

소리를 사용할 수 있는 곳이라면 어디든 전략적으로 대표 소리를 사용하여 메시지를 강화하고 사람들이 브랜드에 느끼는 친밀감을 키우면 좋다.

나는 대표 소리를 만들기까지 고생을 좀 했지만, 일단 만들고 났더니 아주 자랑스러워서 거의 날마다 사용했다.

# 오프닝 뮤직이
# 한 단어의 인상을 결정한다

남들이 볼 수 있든 없든 상관 말고 당신이 볼 수 있는 세계를 만들기 위해 절대 포기하지 말고
부단히 노력하라. 당신의 북소리를, 당신의 북소리만 들어라. 그만큼 아름다운 소리가 또 있을까.
– 사이먼 시넥('골든서클'과 '왜에서 시작하는 자기탐구법'을 대중에게 알린 작가)

시작은 유튜브 영상이었다.

정기적으로 유튜브 채널에 영상을 올리다가 문득 영상을 시작할 때 오프닝이 있으면 좋겠다는 생각이 들었다. 딱히 어떤 계획이나 이유가 있던 것은 아니다. 그냥 남들도 다 오프닝이 있으니까 나도 있으면 좋겠다 싶었다. 중요성을 깨달은 것은 나중이었다.

그래서 우리 영상 프로듀서에게 하나 만들어달라고 했다. 그는 우리 로고를 3D화해서 짧은 음악이 나오는 동안 회전하는 오프닝을 만들었다. 별로 인상적이진 않았다. 뚜렷한 목적 없이 제작된 것이었다. 그래도 어쨌든 오프닝이 생겼다. 좋았어!

나는 1년 정도 그 음악을 사용했다. 그럭저럭 괜찮긴 했지만 마음에 쏙 들진 않았다. 무난함이 탁월함의 장애물이 되는 전형적인 사례였다. 만약

에 그 음악이 정말로 형편없었더라면 당장 바꿨을 것이다. 하지만 그럭저럭 괜찮았기 때문에 그대로 사용하면서 탁월함을 추구하지 않았다. 그보다 급한 일이 많다고 생각했다.

그러다 #믿는다가 탄생했다.

나의 한 단어 #믿는다를 찾은 후 사업이 송두리째 달라졌고, 그에 따라 소리도 바꿔야겠다는 생각을 했다. 뭔가 인상적인 소리가 필요했다. 사람들의 기억에 남을 소리가 필요했다.

#믿는다다운 소리가 필요했다.

일단 비행기 소리를 써보기로 했다. 비행기 로고가 만들어진 경위는 이미 이야기했고, 대표 소리도 로고와 어울려야 할 것 같았다. 영상 편집자 크리스티나에게 새 오프닝을 만들어달라고 하면서 요구 사항을 너무 막연하게 말했다. 왜냐하면 나 자신도 막연했기 때문이다. 그냥 비행기면 된다고 생각했다.

크리스티나는 비행기 소리를 내며 로고의 비행기가 화면을 가로지른 후 전체 로고가 나오는 결과물을 가져왔다. 문제가 있다면 농약 살포 비행기가 날아다니는 것 같은 소리가 난다는 것이었다. 왠지 그런 건 안 먹힐 것 같았다. 더 강력한 것이 필요했다.

# #믿는다에
# 날개를 달아준 소리

낙타를 타보니 코끼리는 제트기로 느껴졌다.
—재클린 케네디(1961~1963년까지 미국 대통령 영부인)

나는 크리스티나에게 더 박력 있고, 더 호방하고, 더 #믿는다다운 소리를 오프닝에 넣어달라고 했다.

한 단어는 바로 이럴 때 요긴하다. 사업에서 어떤 결정을 내릴 때는 한 단어가 그 사안을 보는 렌즈가 돼야 한다. 그러면 명확성이 생긴다. 한 단어는 당신이 하는 모든 행동의 근간이 된다.

크리스티나는 #믿는다를 잘 이해하고 있었으므로 바로 작업에 착수해 내가 원하는 것에 훨씬 근접한 결과물을 가져왔다. 이제는 제트기가 화면을 나는 것 같은 소리가 났다.

바로 그거였다!

더 힘찬 소리, 더 기운이 솟는 소리, 정말로 이륙한다는 느낌이 드는 소리. 하지만 아직 더 강렬하고 더 의미 있게 만들 여지가 있는 것 같았다.

그때 뇌리를 스치는 게 있었다. 소닉붐!

제트기가 속도를 높여 음속을 돌파하면 충격파가 생기면서 폭발음이 발생하는데 그것을 소닉붐이라 한다. 그게 딱 내가 원하던 것이었다.

나는 로고의 종이비행기가 화면에서 제트기처럼 속도를 높이다가 음속 장벽을 깨고 소닉붐을 내기를 원했다.

그게 바로 #믿는다였다.

그게 나의 대표 소리가 됐다. 이 3초짜리 소리는 내가 만드는 모든 영상에서 들을 수 있다. 이것은 내 영상을 보는 사업가가 공감할 수 있는 소리였다. 왜냐하면 그들은 아직 종이비행기에 불과하지만 장차 초음속 제트기가 되어 신기록을 세우고 장벽을 돌파하기를 원하기 때문이다.

이 소리는 효과적으로 내 메시지를 강화하는 수단이었고, 이미 수십 년 전부터 많은 기업에서 그런 기법을 사용했다. 이 사실을 좀 더 일찍 알았더라면 얼마나 좋았을까. 진작에 인텔의 사례를 알았더라면….

# '딴, 딴, 따, 단, 딴!' 소리로
# 한 단어를 전해요, 인텔 인사이드

그 연상 기호(인텔 인사이드 효과음)에는 수백만 달러의 가치가 있다.
– 월터 베르조와(인텔 '봉' 효과음을 만든 것으로 유명한 오스트리아 출신 작곡가)

YOUR ONE WORD

20년도 더 전에 만들어진 3초짜리 인텔 인사이드 효과음은 지금도 세계 어딘가에서 5분에 한 번씩 재생되고 있다.

이 효과음은 세계 최고의 인지도를 자랑하는 소리이고, 인텔은 이 소리를 알리기 위해 매년 수억 달러를 쓴다. 회사를 대표하는 이 효과음 덕분에 인텔은 위기에서 탈출해 세계적인 브랜드로 발돋움할 수 있었다.

그 시작은 1989년에 인텔이 속도에 중점을 두고 CPU를 마케팅하던 때로 거슬러 올라간다. 원래 인텔은 컴퓨터 제조사에만 CPU를 판매했다. 하지만 이제는 최종소비자에게 직접 다가가야 한다고 판단했다.

인텔은 386 CPU가 286 CPU보다 좋다고 홍보하여 소비자가 컴퓨터를 살 때 CPU 모델명을 물어보게 만들었다. 그 결과로 컴퓨터 제조사는 인텔 CPU를 더 많이 구매해야 했다.

이후 법원에서 인텔이 386과 신형 486에 대한 상표권을 주장할 수 없다는 판결이 나왔다. 인텔은 새로운 홍보 방법이 필요했다. 그래서 텔레비전 광고를 내보내기로 결정하고, 캠페인을 뒷받침할 인텔 인사이드 로고를 새로 만들었다. 하지만 로고만으로는 부족한 것 같았다. 로고와 맞물려 사람들의 기억에 남을 대표 소리가 필요했다.

1994년에 전자음악가 월터 베르조와Walter Werzowa는 '안정성, 혁신성, 신뢰성을 전달하는 소리'를 만들어달라는 주문을 받았다.

베르조와는 LA 자택에 있는 스튜디오에서 주말 내내 작업했지만, 낙담만 커질 뿐이었다. 그러다 '인텔 인사이드'란 말을 수차례 흥얼거리던 끝에 비로소 돌파구가 생겼다. 그 결과로 탄생한 5음 효과음은 일명 인텔 '봉Bong(큰 종에서 나는 소리 - 역주)'으로 통하며 수십 년째 인텔을 대표하는 소리로 사용되고 있다.

인텔은 이 효과음을 시대의 흐름에 맞춰 몇 차례 수정했지만 기본적인 5음은 20년이 넘게 고수하며 어마어마한 성공을 거뒀다. 일각에서는 이 소리를 역사상 가장 많이 연주된 음악으로 꼽기까지 한다.

# 한 단어에 대한
# 잘못된 충고들…

"프로필은,
약력을 연도별로
깔끔하게 정리하는 것이 중요하다."

"회사명은,
단번에 일의 내용과
사업 영역을 알 수 있어야 한다."

"팬덤은,
그냥 두어도
알아서 잘 큰다."

# 모두 틀렸다.

## 프로필은,

약력보다 스토리가 더 중요하다.

숫자로 정리된 이력은 눈곱만큼도 재미없다.

## 회사명은,

무엇을 파는 곳인지만 알 수 있으면 된다.

더 큰 가치를 담을 수 있게

융통성 있는 이름이어야 한다.

## 팬덤은,

신념을 공유하고 인정받을 때 성장한다.

그들에게 이름을 지어주고 결집시켜라.

# YOUR ➡ONE WORD

# 컴퍼니
## 한 단어를 비즈니스에 적용하다

회사를 세우고 성장시키는 과정에서 자본금 조성, 마케팅 및 브랜딩, 고객 서비스, 팀원 채용, 문화 형성, 운영 등에 한 단어를 접목하는 방법을 알아본다. 그리고 한 단어를 사용해 의미 있는 사업을 일으킨 사업가의 실제 사례를 보고, 어떻게 하면 그들의 성공을 본받을 수 있는지 배운다.

# 한 단어로 된 회사에서

## 한 단어로 경영하는 법

#설립 #채용 #문화 #업무방식

#프로세스 #경영 방침 #해고

# 조직이 한 단어를 흡수하는 법

많은 기업이 문화의 중요성을 망각하는데, 문화가 바로 서지 않으면 직원이 행복할 수 없고,
그러면 좋은 서비스를 제공할 수 없기 때문에 결과적으로 큰 손해다.
– 토니 셰이(자포스Zappos CEO)

# 한 단어로
# 돈 버는 회사들

우리는 우리 회사가 무엇을 추구했으면 좋을지 생각해봤다.
우리는 그저 신발만 팔고 싶진 않았다. 사실 나는 신발에 별로 관심이 없었다.
내가 열정을 느끼는 것은 고객 서비스였다.
— 토니 셰이

지금까지 우리는 한 단어를 찾고, 그 의미를 발견하는 법을 이야기했다. 그리고 한 단어를 어떤 식으로 이용하여 성공적인 캠페인으로 사업의 성장 동력을 키울 수 있는지 자세히 알아봤다.

지금까지는 쉬웠다. 지금까지는 맛보기에 불과했다. 이제부터 진짜로 강력한 일을 벌일 것이다. 존재감이 철철 넘치는 회사를 만드는 것이다.

당신의 한 단어는 그저 개인적인 철학이 아니다. 그저 마케팅용 카피가 아니다. 당신은 한 단어를 이용해서 세상에 영향을 미치는 기업을 만들 수 있다. 사업의 규모가 크고 작고는 중요하지 않다.

여기서 연 매출 5만~1억 5,000만 달러의 기업을 운영하는 사업가 다섯 명을 소개할 것이다. 그들이 자신의 한 단어를 이용해 소득원을 만들고 판을 바꾸는 제국을 건설한 비결을 들여다볼 것이다.

각 사업가의 이름 옆에는 매출 규모에 따라 $부터 $$$$$까지 달러 표시를 붙였다. 전체를 다 읽어도 좋고 당신과 관련이 깊은 사람의 이야기만 읽어도 좋다. 그 다섯 명의 사업가는 다음과 같다.

- **로베르토 블레이크**: #AWESOME 연 매출 5만 달러($)
#경이로움으로 크리에이티브 디렉터들을 돕는 사업가이다.

- **샤론 갤러**: #FAMILY 연 매출 50만 달러($$)
#가족으로 댄스학원 토론토댄스살사를 설립했다.

- **마크 드래거**: #EXTRAORDINARY 연 매출 100만 달러($$$)
#비범하다로 영상제작사 팬타미디어를 설립했다.

- **리처드 셰리든**: #JOY 연 매출 500만 달러($$$$)
#즐거움으로 소프트웨어 디자인 회사 멘로이노베이션을 공동 설립했다.

- **크리스토퍼 개비건**: #HONEST 연 매출 1억 5,000만 달러($$$$$)
#정직하다로 가정용품 회사 어니스트컴퍼니를 공동 설립했다.

한 단어의 힘이 그들에게 통했으니 당신에게도 통할 것이다. 사업 규모가 크고 작고는 아무 상관없다.

# 함께할 사람을
# 찾는 법

나는 사람을 뽑을 때 그 사람에게 마법과 불꽃이 있는지 본다. 다시 말해 얼핏 사소한 것처럼 보여도 이 사람이 무슨 수를 써서든 이 일을 완수해내겠구나 하는 직감이 들게 하는 요소를 찾아본다.

– 토미 모톨라(카사블랑카레코드Casablanca Records 공동 대표)

대부분의 기업에서 직원을 선발하는 방식을 보면 정말 터무니없고 문제투성이다. 대체로 이런 식으로 진행된다.

### 1. 프로그래머가 필요해서 구인 광고를 낸다.

하지만 그 내용은 뻔해서 다른 구인 광고와 다를 바 없다.

### 2. 곧 지원서, 이력서, 자기소개서가 쏟아져 들어온다.

그중 대부분은 다른 데 보냈던 것을 회사 이름만 바꾼 것이다. 제목에서 '프로그래머'만 보고 내용은 읽지도 않고 보낸 사람도 많다. 그 사람들이야 10초면 이메일을 보내지만 사람을 뽑는 입장에서는 이력서와 자기소개서를 읽고 자격 미달자를 솎아내려면 1명당 족히 5분은 걸린다. 100명이 지원했다면 이 단계에서만 벌써 500분이 낭비된다. 500분이면 하루를 공치는 셈이다. 그나마 이것은 지원서가 한꺼번에 들어와 한꺼번에 다 읽는다고 가정했을 때 얘기인데, 실제로는 그렇지 않다.

### 3. 다음은 면접이다.

지원자에게 지원 동기와 목표를 묻고 살아온 얘기를 듣는다. 문제는 이게 엉뚱한 능력을 검증하는 과정이라는 것이다. 면접 능력과 프로그래밍 능력은 하등 상관이 없다. 면접 일정 때문에 당신도 다른 팀원도 며칠씩 시간을 낭비하는데 말이다. 더욱이 보통 면접은 한 번에 끝나지 않고 2차, 3차까지 이어진다.

### 4. 마침내 경험도 풍부하고 면접 성적도 우수한 사람이 선발된다.

그런데 막상 업무에 투입해보니 여간 실망스럽지 않다. 기대만큼 팀에 보탬이 되지도 않고, 가치관과 견해도 팀과 맞지 않고, 당사자도 만족도가 점점 떨어진다. 당신도 팀도 생산성이 급감한다.

### 5. 교육이 제대로 안 됐다고 판단해 더 많은 시간과 돈을 투입한다.

하지만 상황은 나아지지 않는다. 그렇다고 해고하기도 곤란하다. 당장 그 사람이 없으면 업무에 차질이 생기고, 채용 과정에서 이미 너무 많은 시간을 썼기 때문이다. 그 고생을 어떻게 또 하란 말인가!

문제투성이 채용 방식을 버리고, 이제 문제를 해결해야 할 때다.

# #믿는다는
# 이렇게 인재를 찾는다

우리의 성공 비결은 세계 최고의 인재를 채용하기 위해
비정상적일 정도로 많은 시간을 투입한다는 데 있다.
－스티브 잡스

우리 팀은 부적격자 투성이다. 다른 회사 같았으면 제대로 적응하지 못했고 애초에 채용되기도 어려웠을 사람이 많다는 뜻이다. 그러나 우리 팀은 나를 가족처럼 편하게 여기면서 열정적으로 일한다.

이 글을 쓰는 현재 우리 팀원은 총 16명이고 각각 어마어마한 가치를 창출한다. 내가 이 일을 10년 넘게 해오면서 다른 회사로 가겠다고 퇴사한 직원은 딱 2명이었다. 한 명은 애초에 우리 회사와 맞지 않았고, 다른 한 명은 나중에 복귀하고 싶다는 뜻을 전해왔다.

나의 채용 절차는 다음과 같다. 완벽하다고는 못 해도 지금까지 내가 본 것 중에서는 제일 낫다.

## 1. #믿는다가 물씬 밴 구인 광고를 낸다.

그 이유는 호불호가 확 갈리길 바라기 때문이다. 많은 사람이 이 광고를 보고 '한심한 소리 하네. #믿는다로 무슨 사업을 해?'라고 생각한다. 바라던 바다! 그런 사람은 제발 지원하지 마시라. 어차피 나나 그 사람이나 같이 일하면 불행해지기만 할 테니까. 덕분에 나도 엉뚱한 사람을 상대하느라 시간 낭비 안 하고 좋다.

## 2. 고생을 좀 시킨다.

우리 광고는 한 문단으로 되어 있는데, 길기는 엄청 길면서 따로 서식도 안 들어가 있고 줄 바꿈도 없어서 그야말로 볼썽사납다. 나는 꼼꼼한 사람을 원하는데(내가 안 그러니까) 그렇게 읽기 어렵게 만들어놓으면 정신을 집중할 수밖에 없다. 그리고 중간쯤에 '지원하실 때 제 트위터 구독자가 몇 명인지 언급해주세요' 같은 요구 사항을 적어놓는다. 하지만 지원자 중 80퍼센트가 그에 대한 답을 하지 않는다.

바로 그거다! 아무리 경험이 많고 이력서를 잘 썼어도 애초에 그 사람은 구인 광고를 읽지 않은 것이고, 나도 괜히 지원서 읽느라 고생할 필요가 없다. 개중에는 "트위터 계정이 어떻게 되세요?"라고 묻는 사람도 간혹 있다. 우와! 트위터에서 에번 카마이클을 검색해볼 정도의 요령도 없다면 어차피 우리 회사와는 맞지 않는 사람이다.

## 3. 무면접, 나는 자기소개서를 안 본다.

지원서도 안 본다. 면접도 안 본다. 그런 건 내가 원하는 능력을 검증하는 데 전혀 도움도 되지 않고, 그럴싸하게 포장하기도 쉽기 때문이다. 그 대신 나는 보수를 주고 시험 삼아 실제 업무를 하게 한다. 그 사람이 채용되면 당연히 하게 될 일을 미리 시켜보는 것이다. 2시간쯤 걸릴 만한 일을 골라서 5시간을 준다. 그리고 나를 포함해 우리 팀과 얼마나 잘 맞는지 본다. 내가 시킨 일만 하는지, 그 이상을 하는지 본다. 뻔뻔하게 5시간 치 보수를 요구하는지, 정직하게 실제 걸린 시간인 2시간 치만 요구하는지 본다.

이렇게 실제 업무를 시켜보면 보통 눈에 확 띄는 지원자가 있는데, 그들은 대부분 서류로 평가했다면 뽑지 않았을 사람이다.

이 기법은 효과가 좋고 지속적으로 사용할 수 있다. 다른 곳에서는 부적격일지 몰라도 당신에게는 최적격인 사람을 채용하자.

# 한 단어 회사들의
# 최적격 인재 선별법

나는 내가 성장을 도와줄 수 있을 만한 사람을 선택한다.
나처럼 맨손으로 시작하는 사업가를 선택해서 나도 좋고 그 사람도 좋은
원-윈 상황을 만드는 게 나의 가치 제안이다.
– 로베르토 블레이크($)

**#경이로운 채용 – 로베르토 블레이크($):** 나와 같이 일할 사람은 반드시 뭔가 #경이로운 일을 하고 있어야 한다. 나는 그들에게 질문지를 주고 답을 써달라고 한다. 나는 1인 기업가로서 주로 프리랜서와 일한다. 그러다 보니 사람마다 #경이로운 일에 대한 생각이 다를 수 있어서 내 기준을 확실히 정해놓았다. 나는 모두가 승리하는 윈-윈 상황을 모색한다. 내가 선택하는 사람은 내가 성장을 도와줄 수 있는 사람, 나 같은 1인 기업가이면서 나와 협력할 수 있는 사람이다. 우리 사이에 꼭 돈이 오갈 필요는 없다. 내가 가진 자원을 제공하는 대가로 상대방의 창의력에서 창출되는 가치를 제공받는 것도 좋다.

**#가족 채용 – 샤론 갤러($$):** 신규 채용자는 거의 다 우리 고객이었다. 신규

강사도 거의 다 우리 학원 출신이다. 기본적으로 춤에 대한 열정이 있고 다른 사람을 돕는 것을 좋아한다. 그들은 학생으로 시작해서 자원봉사 도우미를 거쳐 강사가 된다. 그들은 학생들에게 애정이 있고, 모든 사람이 환영받는 느낌을 받게 하고, 이곳을 편하게 여기게 만든다. 그들이 최고의 살사 댄서냐 아니냐는 중요하지 않다. 우리에게는 근사한 볼거리를 만드는 것보다 타인을 도우려는 열렬한 마음이 더 중요하다.

**#비범한 채용 – 마크 드래거($$$)**: 면접 후보자는 자신이 #비범한 사람임을 증명해야 한다. 그러기 위해서 질문지에 답을 해야 하는데, 여기에 끝까지 답하는 사람은 절반밖에 안 된다! 질문지에는 지금까지 일하면서 최고의 관리자와 최악의 관리자가 누구였는지, 어떤 재미있는 일이 있었는지 묻는 항목도 포함되어 있다. 우리는 다른 서류는 보지 않고 이 질문지만 본다. 그것만으로 그 사람이 표현력, 열정, 유머 감각 등 우리 회사 문화에 맞는 자질을 갖추고 있는지 알 수 있다. 그리고 나서 적격이다 싶은 사람들과 일정을 잡고 10분씩 통화를 한 후 가장 잘 맞는 사람을 선정한다. 그리고 그들을 회사 밖 카페에서 만나 더 편안한 분위기에서 대화를 나눈다. 기술 검증은 필요하면 그다음에 한다.

**#즐거움 채용 – 리처드 셰리든($$$$)**: 우리는 이력서가 아니라 사람을 본다. 우리는 탁 트이고 소란스러운 환경에서 2인 1조로 일하기 때문에 인터뷰 절차도 그런 문화에 맞게 설계했다. '극한 인터뷰'에서 우리는 일반적인 질문을 하거나 이력서를 보지 않는다. 그 대신 30명 정도의 지원

자를 불러서 2인 1조로 짝을 지은 다음 서로 상대방이 2차 면접 기회를 얻을 수 있도록 도와주라고 지시한다. 우리는 그들에게 연필을 나눠주면서 '상대방의 연필을 잡지 마세요' 같은 지시 사항이 적힌 종이도 함께 나눠준다. 놀랍게도 그렇게 간단한 것조차 지키지 못하는 사람이 수두룩하다!

**#정직한 채용 - 크리스토퍼 개비건($$$$$):** 우리가 중요하게 보는 것은 지원 동기다. 지원자에게 단도직입적으로 묻는다. 왜 여기서 일하기를 원하는가? 어떤 면에서 #정직한 생활양식과 철학이 자신과 어울린다고 생각하는가? 그 대답만으로도 그 사람이 어떤 성과를 낼지 감이 잡힌다. 거기서 내면의 기쁨과 동력이 드러나기 때문이다.

최적격자를 찾았다면 이제 그들을 한배에 태울 차례다.

# 최우선으로
# 신입에게 한 단어를 알리다

직무와 열정이 일치하는 사람을 뽑는다면 굳이 관리감독이 필요 없다. 그런 사람은 남이 관리하지 않아도 그 누구보다 자신을 잘 관리한다. 그들은 밖이 아니라 안에서 불길이 나온다. 그들의 동기유발원은 외부가 아니라 내부에 있다.

– 스티븐 코비(교육자, 사업가, 기조연설자, 《성공하는 사람들의 7가지 습관》 저자)

사람을 잘 뽑았다면 당신이 애쓰지 않아도 알아서 한배에 잘 탈 것이다. 이미 선발 과정에서 다 끝난 일이기 때문이다. 선발 과정에서 당신이 어떤 사람이고 무엇을 추구하는지 알 수 있게 했으므로 굳이 그 사람을 회사의 문화와 업무 방식에 동화시키기 위해 수고할 필요가 없다.

당신은 구인 광고를 낼 때 대부분의 기업처럼 따분한 소리만 늘어놓은 게 아니라 당신의 한 단어가 무엇이고, 그것이 당신에게 어떤 의미이며, 당신이 그것을 어떻게 실현하는지를 분명히 밝혔다.

그 사람은 시험 삼아 자신이 합격할 경우 맡게 될 업무와 관련된 프로젝트에 참여함으로써 당신이나 일부 팀원과 직접 일을 해봤다. 그러면서 당신에게 질문하고 어떤 식으로 일하는지 감을 잡았을 테니, 분명히 회사와 사명에 애정이 생겼을 것이다. 혹시 아니라면 잘못 뽑은 것이다.

이제 남은 일은 그 사람에게 다른 팀원을 소개하고, 앞으로 어떤 프로젝트에 합류하게 될지 알려주고, 직무 수행을 위해 필요한 기술을 교육하는 것이다. 이 과정은 절대 대수롭잖은 일이 아니다. 모두 중요한 일이다. 그러나 적절한 동기를 가진 적격자를 뽑았다면 그 사람이 알아야 할 것을 가르치기는 어렵지 않을 것이다. 그리고 이미 당사자도 배움에 대한 갈증을 느끼고 있을 것이다.

신입을 한배에 태우기 위해 필수적인 절차가 하나 더 남았다. 바로 당신의 시간을 할애하는 것이다. 만약에 당신이 자꾸만 엉뚱한 사람을 뽑고 있다면 채용 과정에 문제가 있어서 그에 대한 개선책을 마련하는 게 도움이 될 수도 있다. 하지만 어쩌면 당신에게 문제가 있을지 모른다.

신입 직원에게 당신의 시간을 할애하고 있는가? 이 점은 규모가 작은 기업에서 특히 더 중요하다. 물론 그 사람을 영입한 이유는 당신의 시간을 '절약'하기 위해서지만, 그렇게 되려면 일단 그 직원이 자기 몫을 할 수 있어야 한다. 리더인 당신은 언제든 신입 직원의 성공을 도울 수 있도록 문을 활짝 열어놓아야 한다. 이 부분은 직원이 입사하고 첫 3개월 동안 특히 중요하다. 신입 직원은 당연히 기존 직원보다 질문할 게 더 많고, 도움도 더 많이 필요하다. 그러니 미리 대비하는 게 좋다. 당신의 일정을 너무 빡빡하게 잡지 말고 여유를 두자. 그렇게 해서 신입 직원이 원석에서 빛나는 보석으로 거듭나면 당신의 수고가 보상을 받을 것이다.

다음은 내가 #믿는다를 토대로 신입 팀원을 한배에 태우는 방법이다.

# 한 단어 리더가
# 신입에게 직진하는 이유

테슬라의 자율주행 소프트웨어팀을 키우기 위해
나는 사람들을 직접 면접하고 자율주행팀을 내 직속 팀으로 두고 있다.
- 일론 머스크(억만장자, 테슬라자동차 및 스페이스 X CEO)

**YOUR ONE WORD**

나는 직접 사람을 뽑고 한배에 태운다.

우리 팀원은 현재 16명이고, 요즘 내가 눈코 뜰 새 없이 바쁘긴 해도 우리 회사에 새롭게 합류할 사람은 모두 내가 직접 뽑아 한배에 태운다. 팀원 간의 협업이 활발한 와중에도 내가 모든 팀원을 직접 관리한다. 모든 사람이 내 직속 부하다. 사업 규모가 커지면 이런 운영 방식도 달라져야겠지만, 사람을 영입하는 것은 어떤 사업에서든 가장 중요한 일인 만큼 앞으로도 계속 내 시간을 투입할 것이다. 그것이 큰 차이를 만든다.

지금은 모든 게 순조롭게 돌아가고 있다. 나는 입사 지원자와 함께 시험적으로 프로젝트를 수행하고, 누구를 채용할지 직접 결정을 내린다. 그렇게 해서 채용된 사람에게 앞으로 같이 일할 팀원을 소개해주고 나면 끝이다. 신입은 팀의 일원으로 받아들여져 금세 #믿는다 가족으로 동화된다.

우리 팀원은 모두 친절하고 우호적이고 마음이 열려 있어서 신입도 마치 몇 년 동안 같이 일한 것 같은 느낌을 받는다. 앞으로 기존 팀원을 채용 과정에 참여시키고 그들의 채용 능력을 증진하면 더 좋을 것 같지만, 일단은 지금 이대로도 다 잘 돌아가고 있다.

나는 책임감을 심어주는 게 중요하다고 생각한다. 시시콜콜 간섭하는 것은 질색이다. 나는 신입 팀원에게 우리가 어떤 식으로 일을 처리해왔는지 보여주면서 혹시 개선점을 제안한다면 언제든 들을 준비가 되어 있다는 것을 확실히 표현한다. 그리고 그 사람이 유감없이 실력을 발휘하기를 권한다. 그렇지 않다면 애초에 내가 그 사람을 뽑을 이유가 없다. 시험적으로 맡긴 업무에서 남다른 능력으로 나를 감동하게 했으니까 뽑은 것이다.

나는 항상 문을 활짝 열어둔다. 내가 날마다 메일함에서 가장 먼저 확인하는 것은 우리 팀원에게서 온 메일이다. 모두들 내게 묻지 않고 많은 것을 스스로 결정하고, 나도 자율적으로 이것저것 시도하라고 권장한다. 하지만 그래도 내 의견이 필요한 사안이 있기 마련이다. 나는 설령 그들의 아이디어가 현 시점에서 별로 의미가 없거나 딱히 도움이 될 부분이 없다고 하더라도 그 노력 자체를 높이 사기 때문에 웬만하면 고맙다고 말한다. 그리고 팀원이 실수를 저지르더라도 되도록 격려하고 기를 살려준다.

당신이 팀원에게 든든한 뒷배가 된다는 느낌을 준다면 그들은 더욱더 열심히 일해서 사업을 눈부시게 발전시킬 것이다. 다른 돈 버는 회사들은 한 단어를 토대로 신규 채용자를 어떻게 한배에 태우는지 알아보자.

# 돈 버는 회사들이
# 신입을 한 단어에 승선시키는 법

다른 회사에서 채용 담당자로 일한 경험에 비춰보면 신입 직원에게는 면접 날이 가장 좋은 날이다. 그 날은 모든 게 새롭고 화사하고 자신도 회사에 딱 맞는 사람처럼 느껴진다. 하지만 출근 첫날 막상 회사에 나와보면 아무도 자신을 기억하지 못하고, 애초에 얘기한 프로젝트는 엎어져 있고, 구내식당에만 틀어박혀 있는 처지가 되어버린다.

－리처드 셰리든($$$$)

**#경이로운 승선법 – 로베르토 블레이크($):** 새로운 사람을 합류시킬 때 중요한 것은 명확성이다. 나는 먼저 내가 기대하는 것을 명확하게 표현한다. 나와 함께하려면 다른 사람에게 가치를 더하고, 그 분야의 표준을 만들고, 계속해서 성장하겠다는 의사가 있어야만 한다. 만약에 상대방이 앞으로 나와 어떤 식으로 일하겠다는 계획을 제시하지 않으면, 내가 앞으로 이러저러하게 일하게 될 것이라고 기본적인 윤곽을 그려준다.

**#가족 승선법 – 샤론 갤러($$):** 토론토댄스살사에서는 채용되기 전부터 한 배에 탄다. 학생에서 자원봉사 도우미가 되고, 그중 일부가 조교가 되어 강사 훈련을 받는다. 강사가 된 시점에는 이미 이곳에 2년 정도 있었기 때문에 문화가 어떻고, 어떤 책임이 따르는지에 대해 모두 알고

있다. 물론 #가족의 의미가 무엇인지도 잘 알고 있다.

**#비범한 승선법 – 마크 드래거($$$):** 신입 팀원은 바로 실무에 투입된다. 출근 첫날 아침에 나나 다른 팀원이 데리고 다니면서 사람들에게 소개하고, 질문을 받고, 이메일 계정을 만들어주고, 우리가 어떤 식으로 일하는지 알려준다. 그리고 같이 나가서 점심을 먹는다. 그러고 나면 이제 그 사람은 쭉쭉 치고 나갈 준비가 끝난 것이다!

**#즐거움 승선법 – 리처드 셰리든($$$$):** 멘로에 합류하는 사람은 첫날부터 #즐거움 문화에 동화된다. 신입 직원을 한배에 태우는 것은 면접 때부터 시작된다. 지원자는 2차 면접 때 1일 유급 계약을 맺는다. 3차 면접에서는 3주 유급 계약을 맺는다. 그렇게 해서 실제 직원처럼 2인 1조로 프로젝트를 수행한다. 그러다 보면 금세 우리 회사 문화에 빠져든다. 그리고 6주 만에 조언자로 거듭난다. 이는 물론 그가 6주 만에 모든 것을 아는 사람이 됐기 때문이 아니라, 6주간 거쳐온 6명의 파트너를 어떻게 도와줄 수 있을지 알게 됐기 때문이다.
처음부터 사람을 기죽여서는 #즐거움이 생길 수가 없다. 다들 여기가 꿈의 직장이 되기를 원하기 때문에 나는 전혀 색다른 경험으로 이전의 나쁜 기억을 깨끗이 지워주려 한다.

**#정직한 승선법 – 크리스토퍼 개비건($$$$$):** 첫 주는 정신없이 돌아간다. 신입 직원은 회사 내부를 둘러보며 상세한 설명을 들은 후 고객 서비스

부서로 안내된다. 우리 회사는 고객 서비스 부서가 다른 부서와 같은 건물에 있어서 긴밀한 소통이 가능하다는 것이 장점이다. 신입 직원은 한나절 동안 그곳에서 통화 내용을 들으면서 고객의 마음에 대해 중요한 것을 배운다. 고객이 제품에 대해 속속들이 알고 마음의 평화를 얻고 싶어 한다는 것을 깨닫는다.

그러고 나서 자기 자리로 돌아오면 내 책의 사인본과 '어니스트컴퍼니 수첩'이 기다리고 있다. 나는 그들에게 개인적으로 메모를 남겨서 #정직한 가족이 된 것을 환영하고, 언제든 내 도움이 필요하면 주황색 책상 앞으로 찾아오라고 당부한다.

이제 당신에게 팀이 생겼다. 다음으로 할 일은 팀원이 성공할 수 있는 환경을 조성하는 것이다.

# 당신이 일하는 곳에서
# 한 단어를 느낄 수 있어야 한다

우리의 주변 환경, 생활하고 일하는 터전은 우리의 태도와 기대를 비추는 거울이다.
– 얼 나이팅게일(자기계발계의 거성으로 통하는 라디오 진행자, 강연자, 저술가)

당신의 주변 환경이 당신을 지금 그 자리에 붙들어두고 있다.

이 주제로만 책 한 권을 쓸 수 있을 정도다(흐음, 생각해보니 그것도 나쁘지 않은데?). 당신을 둘러싼 물리적 환경, 당신의 친구, 당신이 소비하는 미디어, 당신이 읽는 책, 당신의 일정과 아침 일과 등이 모두 당신을 지금 있는 그 자리에 붙들어두고 있다.

대부분의 사람이 결국 부모를 닮는 데는 다 이유가 있다. 사람을 보려면 그의 가장 친한 친구 다섯 명을 보라는 데도 다 이유가 있다. 대부분의 사람은 평범한 환경에서 살면서 그 밖으로 나오면 불편하기 때문에 자꾸만 익숙한 안전지대로 돌아간다.

훌륭한 일을 하고 싶으면 훌륭함으로 사방을 둘러싸야 한다.

인생뿐만 아니라 사업도 마찬가지다.

당신에게는 의욕을 주는 훌륭한 환경, 자극을 주는 훌륭한 친구, 영감을 주는 훌륭한 책이 있어야 한다. 그렇지 않으면 계속 평범하게 살 수밖에 없다.

당신 회사의 물리적 환경은 어떤가? 당신과 팀원이 더 열심히 노력하고, 더 많은 일을 하고, 당신의 한 단어를 따르도록 유도하는 환경인가?

당신의 회사는 사람들이 자꾸만 돌아오고 싶어 하는 색다른 세상의 진입로라고 할 수 있는가?

벽에는 무엇이 걸려 있는가? 바닥은 어떤가? 음악이 나오는가? 음식이 제공되는가? 사람들이 탁월함을 발휘하기 위해 필요한 도구가 마련되어 있는가? 도서관이 있는가? 외부 인사 초빙 강연이 있는가? 점심을 먹으며 강연을 듣는 행사가 있는가? 함께 게임을 즐기는가? 유익한 영상을 같이 보고 공유하는가?

당신의 한 단어가 당신에게 어떤 의미인지 생각해보고 주변 환경을 보자. 한 단어가 #평온이라면 과연 주변 환경에서 평온이 느껴지는가? 한 단어가 #영감이라면 과연 영감을 얻을 수 있는 환경인가?

당신의 주변 환경은 모든 방면에서 개선의 여지가 있다.

이제부터 훌륭함으로 사방을 두르자. 그래야 훌륭한 일을 이룰 수 있다.

나도 #믿는다로 그렇게 했다.

# #믿는다 근무 환경이
# 우리 모두를 자유롭게 한다

인생을 보는 눈, 자신을 보는 눈, 자신의 가치를 보는 눈은 주로 주변 환경에 따라 채색된다.
당신의 경력은 주위 상황과 당신이 날마다 접하는 사람의 성격에 의해 형성되고 변형된다.
– 오리슨 스웨트 마든(1897년 잡지 〈석세스Success〉를 창간한 저술가)

나는 내 주변 환경이 #믿는다로 가득 차기를 바랐다.

원래는 사무실이 있었다. 그곳에서 장차 팀을 꾸려 서로 협력하고 자극을 주면서 위대한 일을 이루는 날을 상상했다. 사무실을 장만했을 때는 나 혼자뿐이었지만 원대한 꿈이 있었다! 사업이 확장되고 사람들을 채용하자 정말로 내가 상상했던 공간이 만들어졌다. 훌륭했다!

그러다 예상치 못한 일이 생겼다.

당시 나는 이십 대 중반이었고 회사에서 나이가 제일 어렸다. 어느 날 팀원 중 한 명이 세계 여행을 떠나고 싶다는 말을 꺼내더니 몇 달 만에 그런 사람이 속출했다. 그들은 젊고 세계를 누비고 싶어 했다. 나와 계속 일하기를 진심으로 원하는 한편으로, 세계 여행이라는 인생의 목표를 향해 출발하기를 원했다.

나는 선택을 해야 했다.

그들을 내보내고 새로 사람을 뽑을 것인가, 아니면 내가 찾은 그 훌륭한 인재들이 세계 어디서든 일할 수 있는 환경을 만들 것인가. 그때까지 원격 근무팀을 만들 생각은 해본 적이 없었다. 하지만 따지고 보면 **훌륭한 사람**이 사랑하는 세상을 탐험하면서 사랑하는 일을 할 수 있도록 하는 게 #믿는다의 완벽한 실천 사례가 될 것 같았다. 그래서 사무실을 팔았다. 지금 우리는 모두 집에서, 엄밀히 말하면 그때그때의 거처에서 일한다.

나는 집에 만든 사무실을 #믿는다로 진동하게 만들어야 했다.

내가 사무실에 들어갈 때마다 #믿는다의 기운이 물씬 풍기면 좋을 것 같았다. 그래서 벽에 큼지막한 #믿는다 로고를 붙였다. 스티브 잡스, 하워드 슐츠, 월트 디즈니 등의 사진도 붙였다. 컴퓨터 배경화면에도 내게 자극을 주는 사업가의 사진이 번갈아 나오도록 설정했다. 일하면서 들을 #믿는다 음악 재생목록을 만들었다. 원대하게 생각하며 꿈을 좇을 수 있도록 도와주는 아침 의례도 마련했다.

내가 있는 곳은 어디든 #믿는다가 구석구석 배어 있어서 꿋꿋하게 사명을 수행하는 데 필요한 기운을 준다. 당신의 주변 환경도 구석구석 당신의 한 단어가 배게 만들어야 한다.

# 돈 버는 회사들은 어떻게 한 단어 근무 환경을 만들었나

공간은 인간의 에너지를 확장시키거나 감소시킬 수 있을 만큼 중요한 요소다.

– 리처드 셰리든($$$$)

**#경이로운 환경 – 로베르토 블레이크($):** 나는 #경이로운 콘텐츠를 제작한다는 목표를 언제든 쉽게 수행할 수 있게 도와주는 환경을 만들었다. 내 주변 환경에는 꾸준히 #경이로운 결과를 도출하도록 유도하는 기자재가 구비되어 있다. 내 카메라는 언제든 영상을 제작할 수 있도록 항시 촬영 대기 상태다. 거대한 화이트보드와 달력은 아무 때고 아이디어를 기록하고 정리하는 공간이다.

**#가족 환경 – 샤론 갤러($$):** 학생들은 문을 열고 들어오는 순간부터 환영을 받는다. 로비의 텔레비전에는 자원봉사 도우미가 즐겁게 시간을 보내고 있는 영상이 나온다. 최근 스튜디오에서 어떤 일이 있었고, 어떤 행사가 계획되어 있는지 보여주는 게시판도 있다. 학생들은 게시판에

모임 공지나 중고 댄스화 판매 같은 것을 붙일 수 있다. 연습실은 벽면에 전신 거울이 달린 널찍한 공간이다. 친밀감을 자아내지만 북적이진 않는다. 바닥에는 내가 몇 달간 발품을 팔아 구한 미끄러지기 좋은 바닥재가 깔려 있다. 그래서 아직 경험이 부족하거나 댄스화를 길들이지 못한 초보자도 쉽게 스핀을 할 수 있다.

#비범한 환경 - 마크 드래거($$$): 팀원들에게 #비범한 결과물을 만들어내려면 어떤 환경이 좋을지 물어봤다. 예전 사무실은 완전히 개방된 형태였고, 나는 조용히 사람을 만나야 할 일이 있으면 주로 스타벅스를 이용했다. 우리는 열린 공간과 닫힌 공간이 공존하는 게 제일 좋다고 판단했다. 그래서 새로운 사무실은 협업을 위한 열린 공간을 중심으로, 조용히 일할 수 있도록 분리된 작은 방을 몇 개 두는 형태로 만들었다.

#즐거움 환경 - 리처드 셰리든($$$$): 멘로에는 은밀히 숨을 수 있는 공간이 없다. 우리 회사는 원활한 커뮤니케이션을 위해 개방된 공간으로 만들어져 있다. 심리학계의 연구 결과에 따르자면 이런 형태는 구성원의 80퍼센트 정도가 내성적인 성격인 우리 회사에서 별로 효과가 없을 것 같지만 실제로는 효과가 좋다!
모든 사람이 1,700제곱미터(약 500평)쯤 되는 거대한 지하 공간에서 칸막이 없이 일한다. 책상은 프로젝트별로 모여 있다. 직원은 자유롭게 책상 배치를 바꿀 수 있고, 실제로 그렇게 한다. 책상이 서로 붙어 있기 때문에 다들 가까이 앉아서 일한다. 같은 프로젝트팀에서 하는 말이 다

들린다. 그래서 남의 험담을 할 수가 없고, 서로를 더 존중하고 배려한다.

**#정직한 환경 – 크리스토퍼 개비건($$$$$):** 우리는 동료를 제2의 가족으로 생각한다. 서로 간에 끈끈한 우애가 있다. 가끔 가족보다 더 오랜 시간 붙어 있을 때도 있다. 유대감은 중요한 요소이다. 우리는 사무실이 나뉘어 있지 않고 칸막이도 없기 때문에 자연스럽게 유대감이 형성된다. 공동 창립자인 제시카 알바의 여성스러움과 장난기도 분위기에 큰 영향을 미친다.

이제 훌륭한 환경이 조성됐으니 팀원의 애사심과 동료애를 키울 의례를 선사할 수 있겠다.

# 한 단어 의례

우리 인간에게는 의례가 중요하다. 의례는 우리를 전통과 역사와 하나 되게 한다.
－밀러 윌리엄스(현대시인, 번역가)

의례가 있으면 목적이 있는 삶을 설계하기가 한층 쉬워진다.

미국인은 크리스마스와 부활절이 되면 온 가족이 한자리에 모인다. 독립기념일에는 불꽃놀이로 독립을 기념한다. 생일을 맞은 사람에게는 선물을 준다. 핼러윈에는 아이들이 유령 분장을 하고 집집마다 돌아다닌다. 미국 외의 지역에 사는 독자에게는 또 그 문화만의 의례가 있을 것이다. 어쨌든 우리는 일부러 시간을 내서 의례로 주위 사람과 특별한 날을 기념한다.

### 1. 의례는 사업에서도 중요하다.

훌륭한 팀원에게 상을 주고 그를 기념하는 행사를 마련하면 팀원이 더 열심히 일하도록 격려하는 효과가 있다. 단합대회나 바자회 같은 업무 외 활동은 팀원을 더욱 가까워지게 만든다. 우수영업인을 선발해서 보상을 주면 팀원의 영업 의지가 향상된다. 생일과 기념일을 축하하면 **팀원 스스로** 중요한 사람이 된 느낌을 받는다. 금요일 파티는 돈독한 동료애를 만든다.

### 2. 의례는 당신이 조성하는 문화를 뒷받침한다.

당신의 한 단어를 중심으로 강력한 문화를 만들고 싶다면 먼저 어떤 행동을 권장하고 인정할지 생각해보자.

예를 들어 당신의 한 단어가 #평온이라면 월요 명상회를 만들어 단체 명상으로 한 주를 시작할 수 있다. 업무 중에 틀어놓을 #평온을 주는 음악을 누군가에게 선정하도록 해도 괜찮겠다. 매주 고객 지원팀에서 고객을 가장 #평온하게 만든 팀원을 뽑아 상을 주는 것도 좋다. 그들의 이야기를 공개해서 자부심을 느끼게 하면 더욱 좋다. 이런 의례를 좋아하는 사람도 있고 싫어하는 사람도 있을 것이다. 이것이 중요한 부분이다.

### 3. 의례를 통해 당신이 하는 사업의 정체성이 드러난다.

의례를 통해 팀원은 당신이 어떤 사람이고, 무엇을 가치 있게 여기는지 알게 된다. 의례는 반드시 사람들을 두 편으로 나누는 것이어야 한다. 그래서 당신의 사업에 참여하고 싶어서 안달 나게 만들거나, 아예 질색하고 도망가게 만들어야 한다. 그럴 때 의미 있고 효과적인 문화가 만들어진다.

나는 #믿는다를 중심으로 우리 회사의 의례를 만들었다.

# #믿는다가
# 만든 의례

나는 하루의 시작이 그날 전체를 좌우한다고 생각한다.
– 조엘 오스틴(베스트셀러 저자, 미국 개신교 최대 교회인 레이크우드 교회 담임목사)

YOUR ONE WORD

매주 목요일이면 우리 팀은 1시간 일찍 업무를 끝내고 카드 게임을 했다.

우리가 고른 게임은 킬러 버니Killer Bunnies였다. 토끼 군단으로 전투를 벌이고 당근을 쟁취해서 승자를 가리는 전략 게임이다. 우리 사무실은 늘 조용한 편이었다. 필요하면 서로 대화하고 협업하긴 했지만, 보통은 다들 헤드폰을 쓰고 고개를 숙인 채 업무에 몰두했다. 그래서 나는 모든 팀원이 즐겁게 어울릴 만한 오락거리가 있었으면 했다.

어느 날 오후에 시범 삼아 해본 게 우리 회사의 중요한 의례로 발전했다.

처음에 그 아이디어를 낸 사람이 누구인지 기억나진 않지만, 목요일 오후에 1시간 일찍 업무를 끝내고 시작되는 킬러 버니 모임이 모두 동참하기를 원하는 의례로 정착했다. 우리는 그 시간에 웃고 떠들면서 스트레스를 풀고 동료애를 다졌다.

그게 얼마나 중요했는가 하면, 내가 아직 전통적인 방식으로 채용 면접을 볼 때 최종 면접을 팀원들과 함께 킬러 버니를 하는 것으로 대체해 지원자가 우리 팀에 얼마나 잘 맞는지 가늠했을 정도였다. 우리는 지원자에게 아무런 질문도 하지 않고 그냥 신나게 카드만 돌렸다. 그러고 나서 같이 일하고 싶은 사람을 뽑았다.

이 의례는 우리 회사의 문화에서 매우 중요한 부분을 차지했다. 고향 네덜란드로 돌아가서 우리 회사 일을 계속하던 프로그래머 아디스가 전화나 스카이프로 같이 게임을 할 수 있느냐고 묻기도 했다. 그 시간이면 그곳은 밤 11시인데도 괜찮다고 했다. 어느 날은 목요일 오후에 사무실을 찾은 고객을 게임에 초대한 적도 있다. 그때부터 매주 한 명의 고객이 게임에 참여했다. 그들은 우리의 의례에 기꺼이 참여했고, 우리에게 더 큰 친밀감을 느꼈다.

나는 지금도 그 시절이 그립다.

우리 팀이 전 세계로 뿔뿔이 흩어지면서 사무실에는 나까지 두 명만 남았다. 굳이 사무실을 유지할 필요가 없어서 팔아버리고 가상 업무체제로 전환했다. 나와 같이 이곳에 남은 유일한 팀원인 제이슨은 지금도 일주일에 한 번씩 놀러 와서 같이 게임을 한다(요즘은 온라인 게임 리그 오브 레전드가 주 종목이다). 우리 팀은 세계 곳곳에 흩어져 있지만 나는 그들을 하나로 모으기 위해 더 많은 것을 해야 하고, 또 해낼 수 있다. 이 단락을 쓰면서 그게 얼마나 중요한지 명확히 깨달았다.

우리가 본받을 만한 몇 가지 모범 사례를 살펴보자.

# 돈 버는 회사들의
# 한 단어 의례

우리는 #가족을 하나 되게 하는 일이라면 승마, 초밥 만들기, 트램펄린 피구 등
뭐든 다 한다.
–샤론 갤러($$)

**#경이로운 의례 – 로베르토 블레이크($):** 나는 매일 1인 기업가 세 명을 선
정하여 그들에게 각각 10분씩 조언한다. 예를 들어 IT 쪽으로 도움이
필요한 사진작가가 있다면 트위터로 해결책을 알려준다. #경이로운 순
간이다! 나는 창작자와 교류하는 데 역점을 둔다. 그들과 적극적으로
소통한다. 페이스북으로 대화하고, 유튜브 댓글에 답을 단다. 이렇듯 날
마다 사람들과 경이롭게 교류하는 게 나의 의례다.

**#가족 의례 – 샤론 갤러($$):** 우리 #가족에게 생일은 아주 중요하다. 많은
기업이 고객의 생일을 특별하게 여기지 않지만, 토론토댄스살사에서
는 온 #가족이 참여하는 축하 행사가 열린다. 생일을 맞은 사람을 무대
중앙으로 불러 다 함께 축하의 춤을 추면서 모든 사람이 그 사람과 일

대일로 춤을 춘다. 온 #가족이 함께한다. 그리고 강사, 조교, 도우미가 정기적으로 외부에서 모여 양궁도 하고, 펜싱도 하고, 트램펄린 피구도 하는 등 모든 걸 다 한다. 스튜디오에서 밤새 게임을 하고 영화를 보는 날도 있다.

**#비범한 의례 — 마크 드래거($$$):** 커뮤니케이션이 잘되지 않으면 쓸데없이 돈이 나간다. 그래서 우리는 월요일 아침마다 회의를 한다. 주요 인사는 반드시 참석해야 한다. 그 자리에서 현재 진행하는 프로젝트를 모두 점검한다. 이 회의는 브레인스토밍으로 아이디어를 도출하고, 고객과 더 효과적으로 커뮤니케이션하고, 프로젝트를 진척시킬 수 있는 매우 유익한 시간이다.

**#즐거움 의례 — 리처드 셰리든($$$$):** '이야기하기'는 인류의 역사만큼 오래된 의례이며, 우리 회사 문화에서 매우 중요한 부분이기도 하다. 우리는 날마다 이야기를 한다. 매일 오전 10시가 되면 다트판에 달린 알람 시계가 울린다. '기립 회의'가 시작될 시간이라는 뜻이다.

땡땡땡 소리가 들리면 모두 일어나 원을 만든다. 고객, 손님, 직원 가족 등 현장에 있는 모든 사람이 참석한다. 비닐로 만든 바이킹 투구를 옆으로 전달하면서 업무 이야기를 한다. 평소에 2인 1조로 일하기 때문에 이 시간에도 차례가 오면 두 사람이 자연스럽게 양쪽 뿔을 하나씩 잡는다. 그렇게 엉뚱하고 재미있는 방식으로 각자가 하고 있는 일을 보고한다.

**#정직한 의례 — 크리스토퍼 개비건($$$$$):** 딱 30분씩 회의한다. 우리는 사

람들의 시간을 중요하게 생각하고 우리에게 낭비할 시간이 없다는 것을 잘 안다. 그래서 딱 30분만 회의하는 게 우리의 의례다. 모든 회의를 30분으로 제한한다. 간부 회의에서는 우리를 계속 설레게 하는 것만 말한다.

내 개인적인 의례도 있다. 나는 날마다 직원에게 인사하기 위해 꼭 정문으로 회사에 들어온다. 그 의례가 지금 내가 하고 있는 일을 다시금 깨닫는 변신의 순간이라고 생각한다. 매주 금요일에는 일명 'CTG가 간다'를 진행한다(CTG는 내 이니셜이다). 간단히 말하자면 15명의 고객에게 전화를 거는 것이다. 나는 충성고객은 물론이고, 불만고객과도 소통하기를 원한다.

이처럼 의례에 당신의 독특한 문화와 이름, 언어를 더하면 더욱 강력해진다.

# 한 단어 이름과
# 언어로 소통하다

말은 인류에게 허락된 가장 강력한 도구다. 격려의 말은 그 도구를 건설적으로 쓰는 것이요, 절망
의 말은 파괴적으로 쓰는 것이다. 말에는 힘과 에너지가 있어 도움을 줄 수도 있고, 치유를 할 수
도 있고, 훼방을 놓을 수도 있고, 상처를 낼 수도 있고, 위해를 가할 수도 있고, 모욕을 줄 수도 있
고, 깎아내릴 수도 있다.

– 예후다 베르그(카발라센터Kabbalah Center 창립자)

최강의 문화에는 독자적인 언어가 있다.

스타벅스에서는 직원을 다른 회사처럼 '계산원', '종업원', '팀원'으로 부
르지 않는다. 일선 직원을 '바리스타'라고 부름으로써 장인 정신으로 완벽
한 커피를 만들어야 한다는 사명감을 느끼게 한다. 이들의 역할은 '우리 매
장을 방문하는 한 분 한 분께 정성이 담긴 완벽한 음료로 기분 좋은 경험
을 선사하는 것'이다. 그래서 스타벅스는 그들을 그에 걸맞은 명칭으로 부
른다. 스타벅스의 전 직원은 직급에 상관없이 '파트너'로 불리는데, 이는
회사를 자신의 사업체처럼 여기도록 하기 위함이다. 직원은 스톡옵션을
받기 때문에 실제로도 회사의 파트너이다.

스타벅스는 고객을 위한 언어도 만들었다.

스타벅스 말고 또 어디서 하프스위트 · 노휩 · 소이 · 펌킨스파이스 · 프

라푸치노 · 그란데 한 잔을 주문할 수 있겠는가? 이 언어를 사용하는 법을 터득한 고객은 이 회사에 더 강한 친밀감을 느끼게 된다. 그리고 스타벅스에 가는 게 날마다 절대로 거르면 안 될 의례가 된다.

그 결과, 스타벅스는 그냥 유명한 브랜드가 아니라 일상적으로 쓰는 말이 됐다. '나 스타벅스에 간다'처럼 스타벅스가 커피와 동의어로 쓰인다. 그렇다고 회사가 이런 효과를 노리고 대대적인 광고 캠페인을 벌인 것은 아니다. 스타벅스에서 25년간 광고에 쓴 비용은 1,000만 달러가 안 된다.

이름과 언어는 성공의 밑거름이 되는 문화의 필수 요소다.

이름과 언어는 사람들이 특별한 집단의 일원이 된 것 같은 소속감과 자부심을 느끼게 한다. 독특한 언어는 이전에 없던 새로운 의미를 만들어낸다.

당신은 회사에서 사람, 과정, 상품을 어떤 이름으로 부르고 있는가? 거기에 당신이 조성하려는 문화가 반영되어 있고, 그로 인해 사람들에게서 최선의 모습이 발현되고 있는가?

아무 생각 없이 남들이 다 쓰는 일반적인 이름을 쓰지 말자. 강력한 이름을 만들자. 거기에 의미를 채우자. 그러면 팀원이 그에 부응할 것이다.

그렇다면 #믿는다의 언어는 어떤 것일까?

# #믿는다의 언어는
# 이렇게 만들어졌다

에스키모에게는 눈이 중요하기 때문에 눈을 부르는 명칭이 52개나 된다.
사랑을 부르는 명칭도 그만큼 많아져야 한다.
– 마거릿 애트우드(베스트셀러 소설가, 수필가, 환경운동가)

YOUR ONE WORD

　나는 사람을 영입할 때마다 그 사람이 보여줬으면 하는 결과에 맞춰 직함을 만드는 편이다.

　새로운 직무에 대한 채용 공고를 낼 때 항상 #믿는다를 앞에 붙인다. 이를테면 #믿는다 영상 편집자, #믿는다 커뮤니티 관리자를 뽑는다고 쓴다. 이런 명칭은 항상 관심을 끌고 호불호가 분명히 갈린다. 자신이 그런 사람이라고 여기면 선뜻 지원하기 때문에 한층 수월하게 적격자를 뽑을 수 있다. 반대로 회의론자는 알아서 걸러진다. 바라던 바다!

　그렇게 해서 채용된 사람에게는 저마다 특별한 직함이 부여된다.

　예를 들어 GT라는 팀원은 직함이 '작가의 투사'다. 그는 우리 웹사이트에 글을 쓰는 8,000여 명의 작가를 관리한다. 그의 직무기술서를 작성한다면 기본적으로 작가의 질문에 답하고, 우리 프로그램을 홍보하고, 웹사이트의 글을 늘리는 게 주 업무라고 할 것이다. 그러나 그가 실제로 하는 일은 훨씬 많다!

내가 그에게 우리 팀에 합류하기를 권한 이유는 그가 다른 사람을 위해 투사처럼 발 벗고 나서는 기질이 있기 때문이다. 그는 항상 긍정적인 태도로 사람들을 격려한다. 사람들이 하는 일에 진심으로 호기심을 느끼고 도와주려 한다. 자기 시간을 내서 당면한 문제를 해결할 수 있도록 돕는다. 진심으로 그들을 아끼기 때문이다.

나는 그를 작가 지원가나 작가 관리자라고 부를 수도 있었지만 그건 좀 시시했다. 그에게나 그와 함께 일하는 사람에게나 별로 자극이 되지 않았다. GT에게는 '작가의 투사'라는 직함이 제격이다. 실제로 그런 사람이니까. 그는 날마다 다른 사람을 위해 투사처럼 나서기를 좋아한다.


나는 우리 팀과 고객에게 바라는 행동에도 독자적인 이름과 언어를 접목한다. 예를 들어 우리 웹사이트의 작가는 관리 페이지에 접속해서 글을 올리는데, 대부분의 회사에서는 그런 페이지를 '관리 화면'이나 '글쓰기 도구'쯤으로 부른다. 실제 기능이 그렇긴 하지만 그건 본질 장사가 아니다. 그래서는 의욕이 생기지 않는다. 자신이 어떤 특별한 집단에 속해 있고 앞으로 더 발전할 수 있다는 느낌이 들지 않는다. 우리가 내세워야 할 것은 기능이나 편익이 아니라 가치다.

우리 웹사이트의 관리 페이지는 '작가의 비상飛翔 작전사령부'로 불린다. 자체 로고와 서체도 있고, 작가가 우리와 함께 큰일을 이룰 수 있다는 느낌을 받도록 만들어졌다. '작가'라는 말은 그들을 위한 전용 페이지라는 것을 알리기 위해 쓰였다. '비상'은 우리 회사의 비행기 로고와 일맥상통한다. '작전사령부'는 그들이 우리 웹사이트의 책임자이고 큰일을 할 수 있다는 것을 암시한다. 날마다 관리 화면이 아니라 이곳에 접속한다고 상상해보자. 그 차이가 느껴지는가?

이름은 사물에 의미를 부여한다. 이름으로 팀에 생기를 불어넣자.

# 돈 버는 회사들의
# 한 단어 팀명

나는 '상품관리팀장'과 일하고 싶지 않다. 나는 관리받는 상품이 되고 싶지 않다.
– 마크 드래거($$$)

**#경이로운 언어 – 로베르토 블레이크($):** 나의 한 단어는 그냥 하나의 말이 아니라 하나의 철학이다. 나는 세상에 가치를 더할 자랑스러운 유산을 남기고 싶다. #경이롭다는 가치 있는 덕목이다. 그리고 여기에는 언어가 포함되어 있다. #경이롭다라는 말에는 전염성이 있다! 나는 회의를 끝낼 때마다 "오늘도 #경이로운 것을 창조합시다"라고 말한다. 이 말은 내 팟캐스트의 제목이기도 하다.

우리는 #경이로운 줄임말도 있다. 나는 골수팬을 위해 페이스북에 리더 모임을 만들었는데 그들이 구호로 쓰는 ABC는 '항상 창조 중Always Be Creating'의 약자다. 창조성Creativity, 일관성Consistency, 맥락Context을 뜻하는 CCC도 있다. 나는 프로젝트를 수행할 때 이런 말을 길잡이로 삼는다. 이 말은 나의 창작 철학이자 작업 원칙이다.

**#가족 언어 – 샤론 갤러($$):** 우리끼리 있을 때만 쓰는 말이 있다. 나는 나를 '어미닭'이라고 부른다. 우리 직원 중에서도 핵심 인사 몇 명만 아는 말이다. 내가 이 말을 좋아하는 이유는 누구나 공감할 수 있는 어머니상이 담겨 있기 때문이다. 혹시 누군가에게 개인적인 문제나 살사와 관련된 문제가 생긴다면? 엄마는 뭐가 제일 좋은지 알고 있다. 하지만 엄마에게도 도움이 필요하다. 그래서 우리 스튜디오에는 자원봉사 도우미가 있다. #가족 안에서 나이 든 아이가 어린아이를 보살피는 것과 같은 이치다. 도우미 중에서 돈을 받고 학생을 가르칠 수 있을 만큼 실력이 발전한 사람은 강사로 승격된다.

**#비범한 언어 – 마크 드래거($$$):** 우리의 언어에는 고객을 존중하는 마음이 담겨 있다. 우리가 고객에게 제공하는 서비스는 통칭 '#비범한 경험'으로 불린다. 이 명칭은 실제로 그들이 그런 경험을 하는 데 도움이 된다. 이 명칭은 고객에게만 중요한 게 아니다. 팀원도 그 말을 들을 때마다 고객이 무엇을 원하고, 무엇을 요구하는지 정확하게 파악해야 한다는 책임감을 되새긴다. 우리의 목표는 우리의 사업을 키우는 게 아니라, 고객의 사업을 키울 수 있도록 돕는 것이다. 고객에게 초점을 맞추기 위해 사업개발부장이란 직함도 전략영상 컨설턴트로 바꿨다.

**#즐거움 언어 – 리처드 셰리든($$$$):** 우리는 언어를 통해 #즐거움을 주입할 방안을 모색한다. 재미있는 언어는 우리가 즐겁게 일할 수 있게 만든다는 점에서 중요하다. 우리는 '초고속 음성 전달 시스템'을 운용 중

이다. 내가 모든 사람에게 하고 싶은 말이 있을 때 "멘로인이여!"라고 외치면 사무실 전체가 조용해지면서 바로 회의가 시작된다. 일부 고객 프로젝트는 기밀이라 암호로 부른다. 예를 들면 〈스타워즈〉의 캐릭터 이름인 C3PO라고 부르는 식이다.

이야기하기가 우리 문화의 핵심이기 때문에 프로젝트 관리 체계가 '이야기 카드'를 중심으로 돌아가는 것도 놀랄 일은 아니다. 우리의 언어에는 역사가 있다. 멘로이노베이션이란 이름은 뉴저지주 멘로파크에서 따왔는데, 그곳은 전구를 개발해 세상을 변화시킨 토머스 에디슨이 살았던 곳이다.

**#정직한 언어 - 크리스토퍼 개비건($$$$$):** 단순할수록 #정직해진다. 우리가 보니 제품 이름은 명쾌한 게 제일이다. 뭔가 그럴싸한 이름을 붙이면 오히려 고객이 혼란스러워하고 이질감을 느꼈다. 나는 우리가 판매하는 125개 제품을 '신뢰의 포트폴리오'라고 생각한다. 안전, 건강, 품질이 최우선이다.

당신도 이렇게 하려면 어떻게 해야 할까? 혹시 당신의 언어와 문화를 뒷받침하는 경영 방침이 필요할까?

# 한 단어
# 경영의 힘

흥, 여기에 규칙 따위는 없다. 우리는 그저 성취를 위해 달릴 뿐이다.
－토머스 에디슨(여러 발명품으로 전 세계인의 삶에 큰 영향을 미친 미국의 발명가, 사업가)

한 단어를 토대로 강력한 문화가 조성되어 있다면 그리 엄격한 경영 방침이 필요하지는 않다.

비즈니스딕셔너리닷컴에는 '경영 방침'이 이렇게 정의되어 있다.

회사의 목표, 운영, 계획에 영향을 미칠 수 있는 내외부 요인을 모두 분석한 후 문서로 작성한 각종 지침. 작성의 주체는 이사회이며 그 내용은 이미 인지된 상황과 차후 인지될 수 있는 상황에 대한 대응법이다. 이를 토대로 전략이 수립·실행되고, 임직원이 회사의 목표를 달성하기 위해 계획을 세우고 의사결정을 하고 행동을 하는 과정에서 방향성과 한계가 정해진다.

흐아암, 하품이 나지 않는가?

대부분의 경영 방침이 재미가 없다. 대부분의 기업이 재미가 없다. 하지만 이 정의에서 마지막 문장을 눈여겨보자. 경영 방침에 따라 '임직원이 회사의 목표를 달성하기 위해 계획을 세우고 의사결정을 하고 행동을 하는 과정에서 방향성과 한계가 정해진다'라고 쓰여 있다.

당신의 한 단어는 팀원이 계획을 세우고 의사결정을 하고 행동에 방향성을 제시할 수 있어야 한다. 당신의 한 단어는 당신의 경영 철학이다. 어떤 주요한 사안에 대해 결정을 내릴 때는 반드시 당신의 한 단어가 판단 근거가 돼야 한다. 한 단어는 당신이 하는 행동의 방향성을 정하는 최고의 도구이다. 그러므로 팀원이 빡빡한 규정에 제약을 받는 게 아니라 한 단어를 길잡이로 삼는다면 더 현명하고 효과적인 의사결정으로 사업의 성장에 힘을 보탤 수 있을 것이다.

우리가 눈여겨볼 부분이 또 하나 있다. '그 내용은 이미 인지된 상황과 차후 인지될 수 있는 상황에 대한 대응법이다.'

사업에서 유일하게 변치 않는 게 있다면 사업이 계속 변한다는 사실이다. 경영 방침을 사업의 지침으로 삼으면 항상 변화를 쫓아가기에 급급해진다. 왜냐하면 경영 방침은 변화에 대한 사후 대응만 말하고, '이미 인지된 상황과 차후 인지될 수 있는 상황'에서만 통하기 때문이다. 하지만 우리는 날마다 인지하지 못한 미지의 상황에 대해 결정을 내려야 한다.

경영 방침은 선제 대응에 도움이 되지 않지만, 한 단어는 도움이 된다.

그렇다면 #믿는다의 경영 방침은 무엇일까?

# #믿는다
# 한 단어 경영

나는 세 가지 원칙을 따른다. 옳은 일을 할 것, 최선을 다할 것,
항상 사람들에게 관심을 표현할 것.
－루 홀츠(선수 출신 미식축구 감독, 분석가)

우리 회사에서 가장 중요한 경영 방침은 '자신이 옳다고 #믿는 일을 할 것!'이다.

앞에서 쏟은 독설에 대해 해명을 좀 해야겠다. 경영 방침 중에는 유익한 것도 있다. 모든 경영 방침을 불살라버리란 말은 아니다. 이미 인지된 문제에 대해서는 팀에 길잡이가 되는 규정을 만드는 게 도움이 될 수 있다. 하지만 항상 그런 규정에 연연해서는 안 된다.

나는 그렇게 행동을 제약하기보다는 적격자, 즉 #믿는다를 믿는 사람을 뽑아서 그들이 자율적으로 행동하도록 놔두는 쪽을 훨씬 좋아한다. 그럴 때 고객이 더 좋은 것을 경험하고, 팀원이 더 큰 자신감과 행복을 느끼고, 사업이 더 성장한다.

나도 예전에는 경영 방침이 많았다. 당연히 그래야 한다고 생각했다. 출

퇴근 시간을 정해놓고 휴가와 병가 규정도 세밀하게 만드는 등 여러 가지 규정을 두었다. 그러다 직원 한 명이 연달아 병가를 쓰는 일이 생겼다. 어느 날은 몇 시간 일찍 퇴근하고 어느 날은 반일 병가를 내다 보니 그의 병가 사용 일수를 일일이 계산하는 게 죽을 맛이었다. 결국 병가 일수가 바닥나자 그는 아픈 몸을 이끌고 출근했는데, 그것은 나에게도 다른 팀원에게도 썩 좋은 일이 아니었다. 이래서는 안 되겠다 싶었다.

그때 마침 넷플릭스가 직원에게 무제한으로 휴가를 주는 방침을 세웠다는 기사를 접했다. 천재적인 발상이었다. 나도 곧장 동일한 방침을 세웠고 상황은 훨씬 나아졌다. 더는 병가 사용 일수를 계산할 필요가 없었고, 팀원은 굳이 아픈 몸으로 출근할 필요가 없었다. 그러자 뜻밖에도 휴가 일수가 정해져 있을 때보다 팀원이 휴가를 적게 썼다.

애초에 적격자를 뽑으면 많은 경영 방침이 필요하지 않다.

그러면 '1년에 300일쯤 휴가를 쓰겠다는 사람이 나오면 어쩌지?'라는 걱정이 들 것이다. 이건 경영 방침의 문제가 아니라 사람의 문제다. 혹시 직원이 회사에 나오기 싫어한다면 지금 회사에 엄청나게 큰 문제가 있는 것이다. 억지로 출근을 강요한다고 해결될 일이 아니다.

나는 이 발상을 사업 전체에 적용했다. 정해진 출퇴근 시간을 없애버렸다. 꼭 사무실에 나와야 한다는 규정조차 없애서 결국 사무실을 처분했다. 일반적으로 기업에서 당연시되는 경영 방침을 서서히 폐지해서 거의 다 없애버렸다. 그리고 팀원에게 가해지는 제약이 줄어들자 오히려 사업이 더 성장했다.

# 돈 버는 회사들의
# 한 단어 경영

애초에 적격자를 선발하고 당신이 그 사람에게 바람직한 롤모델이 된다면
굳이 많은 규정을 문서로 남길 필요가 없다.
– 샤론 갤러($$)

**#경이로운 경영 방침 – 로베르토 블레이크($):** 나와 함께 일하는 사람은 모두 동일한 도구를 사용한다. 우리는 온라인으로 만나기 때문에 원활하게 협업할 수 있도록 모두 나와 동일한 플랫폼을 사용하는 것을 경영 방침으로 삼았다. 그렇게 하니까 마케팅 활동도 서로 더 잘 연계됐다. 혹시 이와 관련해 도움이 필요한 사람이 있다면, 나는 언제든 도와줄 준비가 되어 있다. 이렇게 우리에게 통일성이 생기면 함께 #경이로운 것을 만들고 공유하기가 쉬워진다. 이런 작업 흐름을 따르지 않으려는 사람이 있다면 협업에 심각한 차질이 빚어질 것이다.

**#가족 경영 방침 – 샤론 갤러($$):** 경영 방침보다 중요한 게 문화다. 우리는 '공식' 규정이 별로 없다. 물론 강사는 약정서에 서명하긴 하지만 정말

로 중요한 것은 문서로 작성되지 않은 것이다. 나는 애초에 우리 문화에 잘 맞는 사람을 선발해서 훈련시킨다. 우리가 #가족 지향적인 집단으로 유지될 수 있는 이유는 직원이 내가 가르치는 윤리와 전통을 받아들였기 때문이다. 우리의 경영 방침은 모든 사람을 #가족처럼 대하는 것이다.

**#비범한 경영 방침 – 마크 드래거($$$):** 우리만큼 경영 방침이 없는 회사도 드물 것이다. 우리는 신뢰를 중요하게 여긴다. 올바른 가치관으로 올바른 문화를 조성하고, 거기에 걸맞은 사람을 채용하면 뒤통수 맞을 일이 생기지 않는다. 우리의 경영 방침은 대부분 암묵적으로 통용되는 기본 원칙이다. 예를 들면 마감일은 반드시 지켜야 한다는 것이다. 직원은 무슨 수를 써서든 마감일을 엄수한다.

우리는 근무 시간을 때우기 위해 일하지 않는다. 약간 한가한 시기에는 일찍 퇴근한다. 출근하기 곤란하면 그날은 집에서 일한다. 공식적인 휴가 규정은 없다. 직원을 믿고 필요한 만큼 쉬라고 한다. 직원을 믿고 일하고 싶을 때 일하라고 한다. 업무만 제때 완수하면 된다. 이를 악용하는 사람은 팀 차원에서 경고를 받는다.

**#즐거움 경영 방침 – 리처드 셰리든($$$$):** 멘로이노베이션의 규정이라면 단 두 가지뿐이다! 우리는 개방된 공간에서 프로젝트를 수행하고, 다른 사람이 하는 말을 들을 수 있어야 한다. 그래서 이어폰을 끼면 안 된다는 게 첫 번째 규정이다. 두 번째는 파트너 없이는 단 한 줄의 코드도

작성하면 안 된다는 것이다. 그 외에는 규정이 없는 게 규정이다. 우리는 따로 인사팀이 없다. 휴가를 쓰고 싶으면 승인받을 필요 없이 그냥 쓰면 된다. 우리는 모든 날이 '아이와 함께 출근하는 날'이다. 시험 삼아 매기라는 갓난아기를 데려오게 한 후로 갓난아기를 데려오는 게 유행이 됐다. 이제는 서로 안아주겠다고 난리다. 겪어보니 사무실에 아기가 있으면 고객과도 소통이 훨씬 잘된다!

**#정직한 경영 방침 – 크리스토퍼 개비건($$$$$):** 가족이 우리 사무실을 #정직하게 만든다. 직원은 언제든 자녀나 부모님을 데려올 수 있다. 임신한 직원은 원하는 만큼 휴가를 쓰고, 출산 후에도 원하는 만큼 파트타임으로 근무할 수 있다. 우리는 농산물 직판장에서 판매하는 신선한 과일과 채소, 공정무역 커피, 생수를 항상 비치해놓는다. 전기차를 이용하는 직원에게는 보조금을 지급한다. 일부러 돈을 쥐가며 전기차로 출근시켜서 회사에서 충전하게 한다!

직원이 이런 경영 방침을 위반한다면, 해고해야 할까?

# 계속 함께할 사람과
# 떠나보내야 할 사람

대부분의 사람이 딱 해고당하지 않을 만큼만 일하면서
딱 사표를 쓰지 않을 만큼만 돈을 받는다.
– 조지 칼린(코미디계의 전설)

사람을 해고하는 것은 정말로 못할 짓이다.

해고하는 것을 좋아하는 사업가는 이제껏 본 적이 없고, 해고를 좋아하는 사람은 경영자로서 낙제점일 가능성이 크다. 당신이 채용한 직원이 모두 일을 잘해서 눈부신 성과를 내면 좋겠지만, 항상 그럴 수는 없는 일이다.

앞에서 설명한 채용 절차를 따른다면 좋은 사람을 뽑는 데 도움은 될 것이다. 하지만 그렇다고 모든 사람을 끝까지 데리고 가지는 못할 것이다.

사람을 뽑을 때처럼 사람을 해고할 때도 한 단어를 판단 근거로 삼아야 한다. 당신을 위해 일하는 사람은 다음 두 가지를 갖춰야 한다.


1. 직무를 완수하기 위해 필요한 능력
2. 당신의 한 단어와의 일치성

어떤 사람은 일치성은 있는데 능력은 부족하다면, 교육을 시키거나 직무를 바꿔주면 된다. 어떤 사람은 능력은 있는데 일치성이 없다면 힘든 결정을 내려야 한다. 이때 당신의 한 단어가 명확한 판단의 근거가 될 것이다.

예를 들어 실적은 좋은데 회사 문화에는 잘 맞지 않는 짐이라는 영업사원이 있다고 가정해보자. 짐은 날마다 고객을 유치하지만 팀원 모두 그를 싫어한다. 그래서 당신은 고육지책으로 짐과 다른 팀원을 떨어뜨려 놓는다. 다른 팀원과 마주칠 필요가 없도록 따로 사무실을 내줄 수도 있다. 짐은 최고의 영업사원이니까. 그가 물어오는 계약 건수가 얼만데, 그를 놓칠수 있겠는가?

이렇게 생각한다면 오산이다.

짐을 내보내야 한다. 이렇게 힘든 결정을 내릴 때 당신의 한 단어가 명확한 판단 근거가 된다. 팀에는 다른 팀원과 협력할 수 있는 사람이 있어야한다. 누구 하나가 협력을 방해하면 팀이 제대로 돌아가지 않는다. 그럴 때선제 대응을 하지 않으면, 다른 팀원이 사표를 쓰고 생산성이 떨어져 사업이 천천히 기울게 된다. 그러면서 결국 떠밀리듯이 문제의 직원을 해고할수밖에 없는 상황이 된다. 세상에는 짐 말고도 그와 같은 능력 혹은 그보다 훨씬 뛰어난 능력을 갖고 있으며, 팀과도 잘 어우러지는 수전 같은 사람도 있다는 사실을 명심하자. 지금 당장 수전을 찾으러 가자.

# #믿는다가
# 누군가를 떠나보내는 법

사람을 해고할 때는 동정 어린 마음으로 하는 것이 최선이다.
- 닉 우드먼(억만장자, 고프로GoPro CEO)

흔히 사람은 천천히 뽑고, 해고는 빨리 해야 한다고 말한다.

나는 여유 있게 적격자를 물색하는 것은 잘한다. 당장 사람이 필요하다고 성급하게 영입하지 않는다. 하지만 빨리 해고하는 것은 잘 못하겠다. 지금까지 그래야 했던 적은 딱 한 번뿐이었다.

내가 사람을 빨리 해고하지 못하는 이유는 아무래도 사람들을 #믿고, 사람들을 실망시키는 것을 싫어하기 때문인 것 같다. 그래서 항상 좋은 타결책을 찾으려고 한다. 해고는 내가 아직 노력 중인 부분이다.

내가 사람을 해고하는 방식은 대부분의 사람과 크게 다르다.

회사에서 누군가를 내보내야 한다면 그 사람 스스로도 성과가 자신의 기대에 미치지 못하는 상태이고, 회사에 만족하지 못하고 있을 게 분명하다. 나는 스스로 끝내주게 좋은 성과를 낸다고 믿는 동시에 회사 생활에서 엄청난 보람을 느끼고 있는 사람을 내보내고 싶진 않다.

어떤 사람에게 문제가 있어서 나와 여러 번 면담하며 해법을 모색했는데도 좋은 결과가 나오지 않는다면 그 사람은 점점 더 불만이 커질 것이다. 나는 그런 악순환을 끝내야 할 책임이 있다. 그래서 나의 '해고' 방식은 그 사람과 마주 앉아서 진지하게 대화를 나누는 것이다. 그 사람에게 어떤 점이 불만족스러운지, 그동안 우리가 여러 차례 변화를 시도했으나 큰 진전이 없었음에도 여전히 그 자리가 자신이 하고 싶은 일과 잘 맞는지 물어본다. 그 사람이 행복했으면 좋겠고 그에게 큰 잠재력이 있는 것 같지만 우리 회사에서 그것을 발현시킬 방법은 잘 모르는 것 같다고 말한다. 그리고 다른 데서 일하면 행복할 것 같은지 묻는다.

그 사람이 어떻게 하면 좋을지, 어떤 회사에 가면 능력을 잘 발휘할 수 있을지 함께 고민한다. 그러다 보면 그 사람도 자신에게 더 잘 맞는 곳이 있을 것이라고 생각하며 다시 기대감을 갖는다. 다시 말해 나는 그 사람을 해고하는 게 아니라, 그 사람이 놀라운 일을 할 수 있는 재목이지만 나와 같이 일할 때는 그런 저력이 발휘되지 않는다는 사실을 일깨워주고, 그 문제를 해결할 방법을 모색한다. 그 사람이 잠재력을 발현할 길을 찾을 수 있도록 도와준다. 내가 그렇게 내보냈던 사람은 지금도 나와 연락하며 지내고 있고, 나와 같이 일했을 때보다 훨씬 유능하고 행복하게 살고 있다. 그래서 나도 무척 기쁘다. 그리고 그를 대신해 우리 팀에도 끝내주는 성과를 내는 사람을 찾았다. 모두에게 잘된 일이다.

이것이 #믿는다 해고법이다.

# 돈 버는 회사들의
# 한 단어 해고법

사람을 해고하는 게 즐거울 리 없다.
해고는 이별이고, 원래 이별은 불편한 것이다.
-크리스토퍼 개비건($$$$$)

**#경이로운 해고법 - 로베르토 블레이크($):** #경이로운 해고는 영구적인 게 아니다. 프로젝트를 진행하는 중에도 고용원, 공급자, 후원자는 물론이고 고객에게도 이쯤에서 그만두자고 할 때가 있다. 그렇게 그냥 일이 잘 풀리지 않을 때가 있다. 그렇다고 우리가 그동안 노력한 게 무효가 되진 않는다. 그리고 나중에 또 어떻게 상황이 달라질지 모르는 일이다. 지금 당장은 그 사람과 같이 갈 수 없어도 미래에는 또 다른 가능성이 생길 수 있다. 나는 그 문을 항상 열어두고 계속 친구로 지낸다.

**#가족 해고법 - 샤론 갤러($$):** 토론토댄스살사에는 해고라는 게 없다. 강사는 프리랜서라서 엄밀히 말하면 직원이 아니다. 그래서 일반적인 의미의 '해고'가 존재하지 않는다. 그리고 어떤 의미로든 내가 누군가를

해고해본 적도 없다! 나는 신중하게 사람을 뽑는다. 그래서 대부분의 강사가 장기간 근무한다. 결혼을 하거나 복학하거나 아이가 생기거나 이사를 가는 등 신변에 변화가 생기게 되면 떠난다.

성과가 기준에 미치지 못하는 사람이 있으면 면담을 통해 어떻게 하면 새롭게 의욕을 불어넣어서 성과를 개선할 수 있을지 함께 고민한다.

**#비범한 해고법 – 마크 드래거($$$):** 팀에 맞지 않는 사람이 있으면 팀원은 그 사람이 나가는 것을 환영한다. 나는 직원을 평가할 때 작업물의 품질이 우수한가, 어떤 태도로 업무에 임하는가, 우리 회사의 문화와 잘 맞는가, 보수를 받는 만큼 가치를 창출하는가, 이렇게 네 가지를 본다. 어떤 직원이 제 몫을 못하고 있으면 팀원이 먼저 알아차린다. 내가 직원을 내보내야 했을 때를 생각해보면 매번 다른 직원에게서 먼저 말이 나왔다. 동료가 #비범한 성과를 내기 위해 노력하고 있지 않다는 것이다.

나는 사람을 해고할 때 그 사람의 삶에 미칠 영향을 생각한다. 예전에 내가 해고할 예정이었던 사람이 조만간 집을 살 계획이라고 했다. 나는 즉시 그 사람에게 곧 해고될 예정이라고 말해줬다. 아무것도 모른 채 집을 사게 놔둘 수는 없었다.

**#즐거움 해고법 – 리처드 셰리든($$$$):** 항상 팀에서 먼저 움직인다. 누가 일을 제대로 하지 않는 것 같으면 팀원이 먼저 그 사람에게 말한다. 무엇이 문제인지 알려주고 기대치를 다시 잡는다. 이렇게 피드백을 줄 때 그들은 먼저 그 사람의 신변에 어떤 변화가 있는지 알아본다. 아버지가

편찮으시거나 반려견을 떠나보냈을 수도 있으니까. 그리고 자기 자신에 대해서도 생각해본다. 나는 과연 최선을 다했는가? 그러면 자신도 비슷한 잘못을 저지른 적이 있는지 돌아보면서 진솔한 대화를 나누게 된다.

**#정직한 해고법 – 크리스토퍼 개비건($$$$$):** 나는 직원들이 진심으로 행복했으면 좋겠다. 직원 중에는 우리의 #정직한 사명에 열정을 느끼지만, 이곳에서 일해서는 안 되는 사람도 어쩌다 한 명씩 나온다. 우리는 사람이 먼저이기 때문에 어떤 사람이 제 몫을 다하고 있지 않으면 인간적으로 접근한다. 그 사람이 노력하면 달성할 수 있을 만한 목표를 제시한다. 나는 언제나 그런 사람에게 작업 결과물을 향상할 기회를 주기 위해 먼저 인사고과에서 문제가 되는 부분을 논한다. 그래도 개선이 안 되는 게 확실해지면 보통은 고별 면담을 한다. 그쯤이면 당사자도 자신이 회사와 잘 맞지 않는다는 것을 인지한다. 그래서 보통은 상호 간의 합의로 퇴사가 결정된다.

# 당신이 일하는 곳이

당신과 그곳을 찾는 사람들에게

당신의 단어를 확인하는 곳이

되어야 한다.

# 당신이 일하는 곳이

당신의 단어가 전하는 메시지를 기반으로

강력한 문화를 형성하고 있다면

엄격한 경영 방침은 더 이상 중요하지 않다.

# 당신이 일하는 곳이

당신의 단어로 계획을 세우고

의사결정을 하고 있다면

행동해야 할 때 방향을 제시하고

추진력을 부여할 것이다.

당신은

당신의

단어로

당신의

고객과

소 통

하는가

# 7

# 한 단어로 경영하라

우리 회사에서 중요한 것은 물론 기술력이다.
하지만 운영과 고객 관리 역시 중요하다.
– 마이클 델(억만장자, 델Dell 창립자 및 CEO)

# 한 단어
# 고객 관리

자기 자신을 찾고 싶다면
자신을 잊고 타인을 섬기는 것이 가장 좋은 방법이다.
－마하트마 간디(인도의 걸출한 독립운동가)

고객을 어떻게 대하느냐는 중요한 문제다.

그냥 우수한 서비스를 제공하거나 내가 대접받고 싶은 대로 남을 대접하라는 황금률을 따르는 것만으로는 부족하다. 고객을 대할 때마다 한 단어를 실천해야 한다.

지금쯤이면 당신은 이 책의 '캠페인'에 실린 전략으로 당신과 똑같은 핵심 가치를 갖고 있는 고객을 끌어모았을 것이다. 아직 아니라면 그 부분을 다시 읽자. 이상적인 고객을 유치하는 것은 매우 중요하다.

누군가에게 뭔가를 팔았으면 그 관계를 잘 관리해야 한다.

어쩌면 당신이 판 상품이 그 사람의 필요를 충족하지 못할 수도 있다. 어쩌면 당신의 서비스가 그 사람의 기대에 부응하지 못할 수도 있다. 어쩌면 당신이 처음에 합의했던 시간표를 지키는 게 더는 무리일 수도 있다.

어떤 고객은 당신의 상품이나 서비스를 구매하고서 세상을 다 가진 기분이 될 것이고, 어떤 고객은 과연 다 잘될까 하는 의구심을 품을 것이다. 어느 쪽이든 당신은 그 관계를 잘 관리해서 원하는 결과를 얻은 고객이 친구들에게 당신에 대해 이야기하게 만들어야 한다.

바로 이 대목에서 한 단어가 진가를 발휘한다.

내가 당신에게서 물건을 구입했다고 하자. 그다음에는 어떻게 되는가? 당신에게 이메일이 날아오는가? 그 내용은 무엇인가? 그것이 당신이 추구하는 것을 충족시켜주는가?

만약에 내가 산 물건에 문제가 있다면, 당신에게 전화를 걸면 될까? 그때 전화를 받는 사람은 무슨 말을 하는가? 당신은 어떤 식으로 내 문제를 해결해줄 것인가? 내가 당신의 상품에 만족할 수 있도록 어떤 사후 조치가 취해지는가?

당신은 상품이나 서비스를 구입한 고객과 어떤 식으로 인연을 이어가는가? 고객에게 의미 있고 가치 있는 존재, 가장 먼저 떠오르는 존재로 남기 위해 어떤 노력을 기울이는가? 고객이 좋은 인상을 받고, 다른 사람과 공유하고 싶을 만큼 가치 있는 것을 제공하고 있는가?

고객을 대할 때는 반드시 한 단어에 입각해 말하고 행동해야 하고, 커뮤니케이션 전략 역시 한 단어를 바탕으로 해야 한다. 나는 #믿는다로 그렇게 하고 있고, 당신도 한 단어로 그렇게 할 수 있다.

# #믿는다로
# 고객과 한 단어를 공유하는 법

진정한 서비스에는 돈으로 사거나 평가할 수 없는 것이 있어야 한다. 바로 진정성이다.
- 더글러스 애덤스(베스트셀러 《은하수를 여행하는 히치하이커를 위한 안내서》 저자)

`YOUR ONE WORD`

#믿는다의 핵심은 사람들의 자존감과 자신감을 키워주고 그들이 목표에 도달할 수 있도록 도와주는 것이다. 그게 바로 내가 고객을 위해 하는 일이다.

나는 사업가 고객을 위해서는 목표 설정을 도와주고, 목표 달성도를 확인하고, 다른 사업가와 연결해준다. 그리고 소셜미디어에서 홍보해주고, 일대일 면담을 통해 중도에 포기하지 않도록 붙들어 주고, 진로에서 이탈했을 때 다시 일으켜 세워준다.

브랜드 고객을 위해서는 사업 데이터를 제공하고, 마케팅 캠페인을 개선할 방안을 조언하고, 소셜미디어에 이름을 언급해주고, 직접 만나 새로운 아이디어를 도출하는 것을 도와준다.

나는 덤으로 이 일을 해준다. 그렇게 하는 이유는 그들을 #믿기 때문이고, 내 이름이 붙은 것은 무엇이든 성공하기 바라기 때문이다. 돈을 버는 것은 부차적인 문제다. 정말 중요한 것은 세상에 영향을 미치는 것이다.

당신도 내 옆에 오면 #믿는다의 기운이 느껴질 것이고, 그로 인해 사업과 인생에서 더 많은 일을 하고 싶어질 것이다.

예를 들면 이런 식이다. 사업가 고객 중 한 명이 하고 싶은 말을 영상으로 담아서 공유하고 싶어 했다. 하지만 친구들이 어떻게 생각할까 신경 쓰여 선뜻 행동에 나서지 못하고 있었다. 그래서 나는 다음번에 그가 찾아왔을 때 비디오카메라로 그를 촬영하며 이런저런 요령을 일러줬다. 그리고 그 영상을 내 유튜브 채널과 그의 페이스북에 올리고, 그의 친구들을 태그했다(참고로 친구들은 모두 그에게 성원을 보냈다). 그 후로 그는 많은 영상을 촬영했고, 다른 사람이 어떻게 생각할까 하는 걱정은 떨쳐버렸다. 지금도 그는 그때를 계기로 자신과 사업이 새로운 단계로 올라설 수 있었다며 그날을 인생의 전환점으로 여긴다.

어느 브랜드 고객은 행사에 나를 강연자로 초청했다. 관계자의 말을 듣자니 내부적으로는 트위터에 그 행사가 1억 번 노출되는 게 목표라고 했다. 나는 나 혼자서 하루 만에 그 목표를 달성시켜주겠다고 약속했다. 그러고서 이튿날 오후에 무대에 서야 하는데도 트위터에 올릴 글을 예약하고 준비하느라 새벽 5시까지 밤을 새웠다. 그렇게 그날 하루 동안 올린 트윗이 미리 예약해놓은 것과 실시간으로 작성한 것을 합쳐서 모두 541개였다. 당시 내 구독자가 20만 명 정도 됐으니까 내 계정만으로도 노출 횟수가 1억 번 달성된 것이다. 그들은 좋아서 어쩔 줄 몰랐다.

이게 바로 #믿는다 고객 관리법이다. 그 밖에 또 무엇이 가능할까?

# 돈 버는 회사들의
# 한 단어 고객 관리

내가 하는 일은 고객 관리가 아니다. 내가 하는 일은 고객의 말을 경청하고
관심과 참여를 끌어내는 것이다.
– 크리스토퍼 개비건($$$$$)

**#경이로운 고객 관리 – 로베르토 블레이크($):** 고객이 요구한 것 이상을 제
공하는 게 #경이로운 경험의 일부분이다. 어떤 일을 잘하는 사람이야
쉽게 찾을 수 있지만, 그 사람과 함께 일하는 게 고객에게 꼭 좋은 경험
이 된다는 보장은 없다. 나는 경험을 중요시하기 때문에 필요 이상의
고객 서비스를 제공한다. #경이로운 서비스의 핵심은 성의다.

**#가족 고객 관리 – 샤론 갤러($$):** 새로운 고객을 새로운 #가족처럼 대하면
정말 #가족이 된다. 그것은 고객 서비스의 차원을 훌쩍 넘어선다. 고객
을 우선시하면 고객이 즐거움을 느끼고, 재방문할 확률이 높아진다. 내
가 고객의 재방문을 바라는 이유는 돈 때문만은 아니다. 내가 사랑해마
지 않는 살사를 한 번도 춰보지 않은 사람은 있어도 한 번만 춰본 사람

이 있다는 것은 상상할 수 없기 때문이다. 나는 왜 이렇게 살사를 사랑하는지 보여주고, 그 사람도 나와 같은 열정을 느낄 수 있도록 도와주고 싶다.

**#비범한 고객 관리 - 마크 드래거($$$):** 일을 잘하는 것만으로는 부족하다. 나는 고객이 #비범한 경험을 하기를 바란다. 우리는 고객의 경험에 초점을 맞춰 #비범한 결과물을 제공한다. 그 방법은 이렇다.

고객의 요구를 이해할 것: 고객이 진정으로 요구하는 것이 무엇인지 파악한다.

위험을 무릅쓸 것: 고객이 #비범한 결과물을 원한다면 그를 안전지대 밖으로 밀어내서 익숙하지 않은 것을 하게 만들어야 한다.

모든 단계에서 감탄사를 자아낼 것: 우리는 고객이 요구한 것 이상을 제공하기 위해서라면 노동 시간과 지출이 늘어나는 것도 감수한다.

고객이 만족할 때까지 절대 멈추지 않을 것: 나는 고객의 기대를 초월하는 것에 목숨을 건다.

**#즐거움 고객 관리 - 리처드 셰리든($$$$):** 우리는 고객과 아날로그 방식으로 소통함으로써 #즐거움을 만든다. 우리는 고객과 직접 만나서 대화하는 것을 선호한다. 고객은 매주 우리 회사로 와서 작업물을 보고 의견을 나눈다. 모든 진행 사항을 카드에 수기로 기록하기 때문에 눈과 손으로 계획을 세우고 점검하게 된다.

이것이 고객을 끌어들인다. 고객이 동참할 수밖에 없는 구조이기 때문

이다. 고객이 우리와 함께 카드를 읽고 검토한다. 카드에는 작업 내용, 예산, 소요 시간이 적혀 있다. 이 카드를 통해 고객은 어느 정도의 예산이 사용됐는지 직접 보고 알 수 있다. 이 카드가 있기 때문에 작업 기간이 예정보다 길어지거나 새로운 작업이 필요해지면 고객이 그 장단점을 따져보고 어려운 결정을 한결 수월하게 내린다.

**#정직한 고객 관리 – 크리스토퍼 개비건($$$$$):** 중요한 것은 #정직한 관계다. 고객이 우리와의 관계에서 무엇을 원하는지 파악해야 한다. 고객의 말에 귀를 기울이면 진짜로 원하는 게 무엇인지 알 수 있다.
언젠가 금요일 밤 늦게 한 어머니와 통화했던 적이 있다. 그분은 이제막 애들을 재우고 우리 회사의 물티슈에 대해 얘기하고 싶어서 전화를 걸었다. 45분간 이어진 대화에서 그분은 우리 물티슈가 어디서 나온 원료로 어떻게 생산되는지, 5대 베스트셀러 물티슈에 오르기까지 어떤 과정을 거쳤는지 물었다. 그리고 나는 상세한 답변으로 왕성한 호기심을 충족시켰다.

그렇다면 다음으로 할 일은 고객에게 훌륭한 서비스를 제공하도록 도와줄 공급자를 찾는 것이다.

# 당신의 공급자는
# 당신의 브랜드를 대변하는가

영리한 관리자는 감사하는 문화를 확립한다.
감사하는 태도를 공급자, 판매자, 운반자에게 그리고 당연히 고객에게 확장하라.
－하비 맥케이(사업가, 베스트셀러 저자)

당신의 공급자가 당신의 브랜드를 대변한다.

상품과 서비스에 투입되는 원재료의 품질이 떨어지면 고객은 곧 알아차리고, 그럴 때 고객은 그런 원재료를 납품한 공급자가 아니라 당신을 탓한다. 공급자 선택은 직원 선택만큼 중요하다.

그냥 최저가를 제시하는 쪽을 선택하면 안 된다. 당신이 무엇을 추구하는지 알고 당신과 똑같은 믿음을 갖고 있는 공급자를 선정해야 한다.

당신의 한 단어에 입각해 공급자를 택해야 한다.

당신과 일치도가 높은 공급자일수록 당신이 성장하는 데 도움이 된다. 일단 가장 중요한 공급자부터 그렇게 선정하자.

당신이 펜을 구매하는 문구점도 한 단어와 일치하기를 바라겠지만, 반년에 한 번씩 펜을 구매하는 수준이라면 그곳이 최우선이라 할 수 없다.

- 당신이 사업을 하면서 가장 많은 돈을 쓰는 곳이 어디인가?
- 당신이 돈을 쓰는 사업체가 당신이 고객을 소중히 여기는 것만큼 당신을 소중히 여기는가?
- 자신에게 딱히 이득이 되지 않아도 당신이 목표를 달성하도록 도와줄 방안을 꾸준히 모색하는가?

만일 그들이 당신의 길이 옳고, 자신도 같은 길을 가고 있다고 믿는다면 당신을 도와줄 방법을 훨씬 잘 생각해낼 것이다.

예산은 많지만 가치관이 맞지 않는 고객이 당신에게 해를 끼칠 수 있다. 당신에게 필요한 능력은 갖췄지만 당신의 문화에 맞지 않는 직원이 당신에게 해를 끼칠 수 있다.

이처럼 당신에게 필요한 상품이나 서비스를 제공할 수 있지만 당신의 한 단어와 상충하는 공급자도 당신에게 해를 끼칠 수 있다.

이제 당신이 추구하는 것에 어울리는 공급자를 선택할 때다.

# #믿는다로 공급자와
# 한 단어를 공유하는 법

많은 기업이 합법적인 수단을 총동원해 최대한 돈을 많이 벌어야 한다고 믿는다. 벤앤드제리는 가치관이 중요하다고 믿고, 단순히 아이스크림을 파는 것이 아니라 공급자와 고객을 포함해 모든 이해관계자와 힘을 합쳐 세상의 지속 가능성을 키우는 사업을 추구한다.
–제리 그린필드

**YOUR ONE WORD**

에드의 이야기를 해볼까 한다.

내가 웹사이트를 개설한 초창기에 웹 호스팅 문제가 있었다. 한꺼번에 트래픽이 너무 많이 몰려 서버가 자꾸 다운됐다. 어떻게 보면 좋은 일이긴 했지만, 문제는 문제였다. 당시는 아직 단독 서버 호스팅 서비스가 나오기 전이었고, 나는 호스팅업체에서 새로운 패키지를 출시하는 족족 업그레이드했다. 그래도 별로 소용이 없어서 사이트가 계속 다운됐다. 인터넷은 예나 지금이나 내 사업에서 큰 비중을 차지한다. 웹사이트가 다운되면 사업도 다운되는 셈이었다. 답답하기 짝이 없었다.

그러던 차에 에드를 알게 됐다.

그때 나는 내가 받은 만큼 사회에 돌려줘야 한다는 철학으로 지역 사업가에게 검색엔진 최적화SEO 요령을 가르쳐주는 워크숍을 주기적으로 진행하고 있었다. '아프리카를 위한 SEO'라는 이름이 붙은 그 워크숍을 통해 아프리카의 창업자를 위한 지원금이 10만 달러 넘게 조성됐다.

에드는 꼬박꼬박 워크숍에 참석했다.

그는 웹호스팅 사업을 하고 있었다. 당시 업계에서 가장 친환경적인 회사를 만드는 데 전념하고 있었다. 그는 천성이 느긋하다. 옆에 있으면 세상만사 걱정이 없는 것 같아서 덩달아 마음이 놓이기도 하지만 한편으로는 좀 못 미덥기도 했다. 이 사람에게 내 웹사이트를 맡겨도 될까? 아마도 내가 그에게 단일 계정으로는 최대 고객이 될 텐데, 더는 서버가 다운되는 일을 겪고 싶지 않았다.

에드는 #믿는다를 믿는 사람이었다.

그는 내가 정말 좋은 일을 한다며 자신도 그 일원이 되기를 원했다. 나는 그가 나와 내 사명을 소중히 여긴다는 것을 알았다. 다른 웹 호스팅업체처럼 내 돈에만 관심이 있는 게 아니었다. 그래서 그에게 기회를 줬다.

결과는 실로 어마어마했다!

에드에게 맡긴 후 지금까지 웹사이트는 단 한 번도 다운되지 않았다. 그는 수시로 내게 서버 관리와 관련된 소식, 아이디어를 보낸다. 계약을 하고 1년쯤 됐을 때 성능은 더 좋으면서 비용은 20퍼센트 저렴한 환경을 구축해줬다. 나는 그에게 수시로 사업 소식을 전하며, 그를 우리 팀의 일원으로 대한다. 왜냐하면 그는 진짜 우리 팀의 일원이기 때문이다.

나는 나의 모든 공급자가 에드만큼 #믿는 사람이었으면 좋겠다.

# 돈 버는 회사들의
# 한 단어 공급자 관리

나는 공급자와 철학이 잘 맞았으면 좋겠다.
내게는 그것이 중요하다. 무척 중요하다.
– 로베르토 블레이크($)

**#경이로운 공급자 – 로베르토 블레이크($):** 나는 #경이로운 공급자만 선정한다. 나의 공급자는 내가 하는 일을 더 잘할 수 있게 도와줘야 한다. 그래서 나는 항상 조사를 한다. 공급자 후보의 평판을 알아보고, 그 상품과 서비스의 품질과 평가를 꼼꼼히 확인한다. 거기에 더해 직원 처우, 자선활동, 환경에 미치는 영향도 조사해서 나의 철학과 일치하는지 본다.

**#가족 공급자 – 샤론 갤러($$):** 나의 공급자는 고객이다. 우리 살사 강사 중 대부분이 처음에는 고객이었다! 그들은 우리 문화 속에서 성장했고, 우리와 동일한 가치관을 갖고 있다. 먼저 나를 보조하는 조교로 시작해서 강습 시간이 쌓이면 최종적으로 강사가 된다.

**#비범한 공급자 ─ 마크 드래거($$$)**: 우리의 공급자는 우리 자신이다. 나는 기준이 매우 높기 때문에 기본적으로 모든 것을 사내에서 처리하려고 하는 편이다. 내게 고용된 사람에게는 프로젝트 마감일이 코앞에 닥쳤을 때 새벽 5시 출근처럼 #비범한 행동을 요구하는 게 가능하다. 예전에 SWOT 분석으로 우리 회사를 더 큰 회사와 비교한 적이 있다. 그때 받은 조언이 대기업처럼 아웃소싱을 통해 고정비와 위험성을 줄이라는 것이었다. 하지만 내 생각에는 아웃소싱을 하면 사업의 큰 부분에서 일관성이 없어지고, 프로젝트당 비용도 훨씬 높아질 것이다.

**#즐거움 공급자 ─ 리처드 셰리든($$$$)**: 전 직원이 참가하는 파티가 열렸다. 전통에 따라 우리 사무실을 파티장으로 이용했다. 탁 트이고 널찍한 공간이 성대한 파티를 열기에 안성맞춤이었다. 파티 후 사무실이 난장판이 돼서 다들 월요일 아침에 출근하면 대청소를 해야겠다고 생각했다. 그런데 월요일 아침에 왔더니 놀랍게도 청소팀이 언제 파티가 있었냐는 듯이 깨끗하게 사무실을 청소해놓았다. 모두 감탄을 금치 못하는 와중에 프로그래머 한 명이 감사의 뜻으로 모금을 하자고 제안했다. 그리고 단 몇 분 만에 300달러가 모였다. 즐겁지 아니한가!

**#정직한 공급자 ─ 크리스토퍼 개비건($$$$$)**: 공급자도 우리와 같은 #정직한 열정이 있어야 한다. 우리는 공급자 선정 기준이 말도 안 된다고 할 만큼 까다롭다. 그렇게 까다로운 기준을 내걸고도 우리의 가치관에 대한 이해나 열정이 부족한 공급자를 선정하는 실수를 저지르기도 했다.

공정 노동은 중요한 요구 조건이다. 우리는 공급자의 노동 행위를 폭넓게 조사한다. 노동 현장이 우리와 얼마나 떨어져 있는지 본다. 멀리 떨어져 있으면 그만큼 생태계에 큰 영향을 미치기 때문이다. 그리고 노동 현장에서 어떤 일이 일어나고 있는지 살핀다. 심층적으로 조사하고 교육에 많은 시간과 자원을 투입한다. 생태발자국을 줄이고 지속 가능성을 키우기 위해 어떤 노력을 기울이고 있는지 확인한다. 공급품의 성분도 검토한다. 우리가 공급받는 원재료 중 상당수가 그 자체로 보존료를 포함하고 있다. 일부 경쟁사와 달리 우리는 최종 완성품에서 그 부분을 고객에게 투명하게 공개한다. #정직한 경영을 위해 우리는 기준을 높인다. 누군가가 그것을 모방해 시장 전체의 기준이 높아진다면 환영할 일이다.

이제 당신에게도 공급자가 생겼다. 그러면 다음은 의미 있는 상품과 서비스를 만들 차례다.

# 한 단어
# 상품과 서비스

헨리 포드가 값싸고 안정적인 차를 만들었을 때 사람들은
"아니, 말을 놔두고 뭐하는 짓이야?"라고 말했다.
그는 어마어마한 도박을 감행했고 그 도박이 통했다.
－일론 머스크

일론 머스크에게는 화성 개척이라는 포부가 있다.

그냥 화성에 로켓을 보내는 수준이 아니다. 그는 화성을 사람이 '거주할'
수 있는 곳으로 만들고자 한다. 현재의 과학 기술로 보자면 물리적으로 실
현이 불가능한 꿈이다. 머스크가 목표를 달성하려면 우주로 나가는 비용
을 지금의 10분의 1 수준으로 낮춰야 한다. 재사용 가능한 발사체를 만들
어야 한다. 지금까지 설계된 적 없는 제품을 설계해야 한다.

대부분의 기업에서 새롭게 만들 상품과 서비스를 선정하는 방식을 보
면 문제가 많다. 대부분의 기업에서는 데이터를 검토하고, 시장을 조사하
고, 가격을 비교하고, 비용을 분석한 후 이윤이 날 것 같으면 새로운 상품
이나 서비스를 출시한다.

이것은 반쪽짜리 방정식에 불과하다. 이 방식은 전형적으로 '머리만 쓰

는' 의사결정법이고, 절대로 잠재력을 모두 발현할 수가 없다.

큰 결정은 가슴으로, 작은 결정은 머리로 해야 한다.

상품과 서비스에 대한 결정을 내릴 때는 한 단어에서 출발해야 한다.

당신은 세상에 어떤 식으로 긍정적인 영향을 미치길 원하는가? 그런 비전을 성취하는 과정에서 당신이 만드는 상품이나 서비스가 어떤 식으로 도움이 될 수 있는가?

일론 머스크는 화성 개척이라는 비전을 길잡이 삼아 거기에 필요한 제품을 만들고 있다. 마음을 길잡이 삼아 큰 결정을 내린 후 머리로 세부 사항을 고민하자.

이제 내가 어떻게 #믿는다를 중심으로 상품과 서비스를 만드는지 얘기해보겠다.

# #믿는다로 이렇게
# 상품과 서비스를 개발했다

나는 사명감을 가진 사람이 더 좋은 제품을 만든다고 굳게 믿는다.
그들은 더 많은 정성을 기울인다. 그들은 사업을 위한 사업을 하지 않는다.
－제프 베이조스

나는 새로운 상품이나 서비스를 출시할 때 절대로 돈을 우선으로 생각하지 않는다. 제일 중요한 것은 세상에 영향을 미치는 것이다. 세상에 영향을 미칠 때 돈도 들어온다.

나는 사업가를 #믿기 때문에 총 10억 명의 사업가를 돕고 싶다. 그게 나의 사명이고, 상품이나 서비스와 관련된 결정을 내릴 때는 반드시 이 목표를 생각한다.

내 유튜브 채널이 좋은 예다.

이 글을 쓰는 현재 나는 유튜브에 올인한 상태다. 사람들을 위해 영상을 만드는 게 정말 좋다. 내 능력은 다른 매체보다 영상에서 더 큰 진가를 발휘한다. 나는 무언가를 배울 때 시각을 많이 활용하는 편이고, 기왕이면 많은 사람이 접할 수 있는 수단으로 사람들을 가르치고 싶다. 각 영상의 주제는 내가 열정을 느끼는 것, 다시 말하면 내가 사업을 시작할 때 없어서 아쉬웠던 것, 또한 지금도 없어서 아쉬운 것이다. 그래서 세상에 필요하지만 아무도 만들고 있지 않아서 아쉬운 영상을 내가 직접 만드는 것이다. 이것은 가슴으로 내리는 결정이다.

내가 유튜브에 영상을 올리는 이유는 유튜브가 세계 최대의 영상 플랫폼이기 때문이다. 이런 상황이 달라지면 나도 달라질 것이다. 내가 제목을 최적화하고 설명문을 넣고 재생목록을 만들고 태그를 다는 것은 영상의 순위를 높이는 데 도움이 되기 때문이다. 이것은 머리로 내리는 결정이다.

우리에게는 가슴과 머리가 모두 필요하지만, 결정은 가슴으로 하고 그것을 성취할 방법은 '머리'로 고민해야 한다.

이것을 반대로 한다고 생각해보자.

내가 머리부터 써서 순전히 돈을 많이 벌기 위해 인기 플랫폼인 유튜브를 선택했다고 하자. 제일 잘나간다는 영상을 보니까 누군가 노래를 하거나, 귀여운 고양이가 나오거나, 굴욕적인 장면을 담고 있다. 그래서 나도 노래를 하고 귀여운 고양이가 나오고 굴욕적인 장면을 담은 영상을 만든다면, 절대 성공하지 못한다. 나는 고양이를 별로 좋아하지 않기 때문에 세계 최고의 고양이 영상을 만들려고 노력하지 않을 것이다. 그래서 실패할 것이다. 물론 푼돈이야 좀 벌 수 있을지 몰라도 절대로 부자가 되거나 세상에 어마어마한 영향을 미치진 못할 것이다.

큰 결정은 가슴으로, 작은 결정은 머리로! 무조건이다.

# 돈 버는 회사들의
# 한 단어 상품과 서비스 개발법

고객은 원하는 것을 얻기 위해 우리에게 오고,
우리는 고객에게 주고 싶은 것을 주기 위해 열심히 노력한다.
– 마크 드래거($$$)

YOUR ONE WORD

**#경이로운 창조 – 로베르토 블레이크($):** 나는 가장 큰 영향력을 발휘할 수 있는 영역에 집중한다. 내 유튜브 채널 분석 자료를 보고 어떤 영상과 재생목록이 더 좋은 성과를 내고 있는지 확인한다. 어떤 콘텐츠가 가장 많은 반응을 불러일으키는지 확인한다. 그러면 어떤 영역에서 콘텐츠를 더 만들고 덜 만들지 판단이 선다.

열정은 내게 중요한 지표다. 나는 수치만 보지 않는다. 우리 부족의 반응을 본다. 댓글을 주의 깊게 읽으면서 어떤 주제가 거론되고 있는지 파악한다.

그리고 프로젝트의 금전적 투자수익률ROI을 꾸준히 예측한다. 하지만 이것은 단순히 돈벌이를 위한 것이 아니다. 이것은 나 개인의 비전을 성취하는 힘이 된다. #경이로운 것을 만들 때 중요한 것은 나와 우리 부족

이 얼마나 큰 의욕과 영감을 느끼느냐 하는 것이다.

**#가족 창조 – 샤론 갤러($$):** 우리가 하는 수업의 종류는 우리 #가족이 결정한다. 우리는 학생이 어떤 수업을 새롭게 요구하는지 본다. 우리는 살사를 기본으로 하지만 그 밖에도 다양한 스타일의 춤도 우리의 관심을 끈다. 탱고, 웨스트코스트 스윙, 자이브 등의 수업에 대한 수요가 생겼다 없어졌다 하지만, 우리는 #가족에게 관심을 갖고 그들이 원하는 수업을 만든다.

**#비범한 창조 – 마크 드래거($$$):** 나는 결과물에 대한 기대치가 고객보다 훨씬 높은 편이다. 그래서 고객이 원하는 수준과 우리가 고객에게 제공하려는 #비범한 수준 사이에서 수시로 균형을 맞춘다. 모든 고객이 프로젝트의 전 과정을 다 알진 못한다. 이로 인해 고객은 우리와 입찰 경쟁이 붙은 다른 회사가 그들을 기만하는 것에 넘어갈 수도 있다.

**#즐거움 창조 – 리처드 셰리든($$$$):** #즐거움은 우리가 파는 상품이다. 기업은 자신에게 필요한 것을 개발하기 위해 우리를 고용하지만, 우리는 그 기업의 최종 사용자에게 큰 가치를 더하는 것을 우선시한다. 여기에는 그들도 동의한다. "그래요, 우리도 소비자를 감격시키고 싶습니다"라고 말한다. 그들은 우리의 #즐거움 문화가 결과적으로 자신의 수익 창출에 보탬이 될 것임을 믿고 우리에게 프로젝트를 맡긴다.

**#정직한 창조 - 크리스토퍼 개비건($$$$$):** 우리는 건강과 디자인에 대한 우리의 #정직한 기준이 충족될 때만 제품을 생산한다. 우리 제품은 우리와 가족에게 안전하고 무독한 것이어야 한다. 조금이라도 부정적인 영향을 끼칠 가능성이 있으면 만들지 않는다.

우리는 시장에 혁신을 일으키고 있지만 건강을 무시하면서까지 혁신을 추구하진 않는다. 아름다운 디자인도 우리 브랜드에서 빠질 수 없는 요소인 만큼 모든 제품이 보기에도 좋아야 한다. 그렇지만 디자인이 과도해서도 안 된다.

우리는 어디까지나 깔끔하고 자연스러운 멋을 추구한다. 우리 제품은 기능이 우수하면서 가격 부담이 적어야 한다. 최종 소비자에게 그런 제품을 제공하자면 우리의 이윤을 줄여야 할 때도 있다. 소비자가 타사 제품보다 조금 비싸게 사야 할 때도 있다. 하지만 그들은 우리 제품이 우수한 품질을 보장하고, 더 오래 쓸 수 있고, 환경에 더 좋다는 것을 안다. 우리가 좋은 의도와 목적으로 제품을 만들고 그 제품이 제 기능을 한다면 소비자는 우리 제품을 구매할 것이다.

자, 이제 훌륭한 상품이 생겼다. 그러면 어떻게 해야 사업이 성장해도 우수한 품질을 유지할 수 있을까?

# 한 단어
# 품질 관리

당신이 곧 품질의 척도가 돼야 한다.
탁월함이 당연시되는 환경에 익숙하지 않은 사람도 있기 때문이다.
– 스티브 잡스

당신이 만드는 상품과 서비스에 자부심을 느낄 수 있어야 한다.

당신이 만든 것을 어머니께 보여드릴 수 있겠는가? 당신이 파는 것을 남편이나 부인에게 추천할 수 있겠는가? 지금 만든 것을 훗날 손주에게 보여주면서 "할아버지/할머니가 만들었다!"라고 말할 수 있겠는가?

당신이 만드는 것은 모두 당신 스스로 '참 잘했어요' 도장을 찍어줄 수 있는 것이어야 한다. 당신이 만드는 것은 모두 당신이 남기는 유산이다. 사람들은 그것으로 당신을 기억할 것이다. 그러므로 잘 만들어야 한다.

당신이 만드는 모든 상품과 서비스에 당신의 한 단어가 배어 있어야 한다. 사람들이 당신의 상품이나 서비스를 이용하면서 #믿는다, #평온, #가족 등 당신의 한 단어를 체감하지 못한다면 당신은 품질 관리에 실패한 것이다.

당신의 한 단어를 렌즈로 삼아 세상을 보고 회사를 운영해야 한다. 당신의 한 단어는 당신이 가야 할 방향을 알려주는 나침반이다.

대부분의 품질 관리 프로세스는 다음과 같은 체크리스트를 따른다.

- 실제 무게가 설계상의 무게와 동일한가?
- 업계 지침을 준수하는가?
- 철자나 문법상의 오류는 없는가?
- 고객의 요구 사항과 일치하는가?
- 고객 만족도 조사에서 합격점이 나오는가?
- 기타 등등

모두 중요하긴 하지만 가장 중요한 부분이 빠졌다. 바로 이것이다.

'사람들이 우리의 한 단어를 느낄 수 있는가?'

만일 아니라면 큰일 났다. 매출이야 조금 올릴 수 있을지 몰라도, 사람들이 관심을 갖지는 않을 것이다.

사람들이 당신의 상품에 관심을 갖게 하려면 당신이 그들에게 관심이 있고, 그들을 믿는다는 것을 먼저 보여줘야 한다.

# #믿는다의
# 품질 관리법

리더십의 품질은 자신에 대한 기준에서 고스란히 드러난다.
-레이 크록

내 유튜브 영상 중에 래퍼 피프티센트에게 '쩐다'라는 평가를 받은 영상
이 있다. 그 말을 듣기 사흘 전만 해도 나는 그 영상을 올리려던 계획을 접
으려 했다. 자초지종을 말하자면 이렇다.

나는 우리 팀에 피프티센트를 집중 조명해 그의 성공에서 사업가가 배울
점을 알려주는 영상을 만들어달라고 했다. 팀원 2명이 평소의 2배인 5시간
동안 조사해서 만든 영상을 보내왔다. 하지만 품질이 아주 좋진 않았다.

무난하긴 했지만 #믿는다에 걸맞은 수준은 아니었다.

피프티센트란 이름이 들어갔으니 사람들이 보긴 할 테지만, 이 정도로
사람들에게 감흥을 줄 수 있을까? 이 정도로 사람들의 인생이 바뀔까? 이
정도로 세상에 영향을 미칠 수 있을까? 내가 보기엔 그렇지 않았다. 이미
늦은 저녁 시간이었지만, 그날 안에는 영상이 완성돼야 편집자가 후반 작

업을 할 수 있었다. 그래서 내가 3시간 동안 영상을 수정해서 #믿는다에 어울리는 수준으로 만들었다. 막판에 그 고생을 하자니 피곤하고 짜증도 나고 답답했다. 하지만 그 덕에 마감 시간에 맞춰 자랑스러운 결과물을 내놓을 수 있었다.

피프티센트도 그 영상을 마음에 들어 했다.

누가 그 영상을 그에게도 보여줬던가 보다. 이후 그가 블로그, 트위터, 페이스북에서 그 영상을 공유하면서 24시간 만에 조회수가 5만 건 정도 증가했다.

만약에 우리가 처음 만들었던 영상을 그대로 올렸다면 피프티센트가 그렇게 했을까? 아예 가능성이 없다고는 못하겠지만 아마도 아니었을 것이다. 바쁜 사람은 '그럭저럭' 괜찮은 것을 공유하지 않는다. 자신에게 영향을 미치는 것을 공유한다.

피프티센트가 그 영상을 공유할 것이라고 내가 예상했을까? 물론 아니다. 하지만 누군가가 그 영상을 그에게 보낸 것은 별로 놀랍지 않았다. 왜냐하면 그 영상이 #믿는다에 걸맞은 품질이 됐을 때 비로소 세상에 내놓았기 때문이다.

# 돈 버는 회사들의
# 한 단어 품질 관리

내가 모든 사람을 교육하는 것이 고품질을 유지하는 비결이다.
– 샤론 갤러($$)

**#경이로운 품질 – 로베르토 블레이크($):** 나는 내 작업물의 품질을 검사하는 판사이자 배심원이다. 상시 근무하는 직원이 따로 없기 때문에 내 콘텐츠의 품질은 전적으로 내 책임이다. 내가 #경이로운 콘텐츠를 제작하고 있는지 점검하기 위해 꾸준히 3C를 확인한다. 3C는 창조성Creativity, 일관성Consistency, 맥락Context이다. 그리고 내 콘텐츠가 #경이로운 수준에 미치지 못하면 사람들이 알려주기도 한다.

우리 부족은 내가 훌륭한 작업물을 만들어야 한다는 책임감을 느끼게 한다. 나는 수많은 콘텐츠를 제작해서 대중과 공유하기 때문에 사람들의 피드백이 매우 중요한 척도가 된다. 그 점은 내가 고객을 위해 만드는 콘텐츠도 마찬가지다. 내 웹사이트나 포트폴리오에 있는 작업물을 보고 의뢰가 들어오지 않는다면 개선이 필요하다는 뜻이다.

**#가족 품질 – 샤론 갤러($$):** 모든 강사는 내게 교육을 받아야 한다. 내가 직접 강사를 교육하는 게 우리 수업의 일관성을 지키기 위한 최선의 방법이다. 아무리 숙달된 강사라고 해도 #가족 문화의 진정한 의미를 알기 위해 내게 교육을 받아야만 한다. 나는 '어미닭'으로서 강사가 모든 #가족 구성원을 챙기게 만든다.

**#비범한 품질 – 마크 드래거($$$):** 나는 나보다 작업 수완이 우수한 사람을 고용한다. 우리 팀원은 작업물의 품질에 대한 기준이 나보다 더 높다! 자신이 자부심을 느낄 만큼 품질이 우수한 제품을 만들기 위해 각고의 노력을 기울인다. 팀원이 천성적으로 #비범한 결과물을 도출하기 위해 분투한다는 것을 알기 때문에, 나는 작업이 잘 완료될 것이라 믿는다. 우리의 작업 프로세스도 더 좋은 결과를 내는 데 도움이 된다. 기본적으로 유연성이 있기 때문에 실수가 있어도 쉽게 방향을 전환할 수 있다. 영상이 만들어진 후에는 고객과 20번 정도 검수한다.

**#즐거움 품질 – 리처드 셰리든($$$$):** 프로그래머가 2인 1조로 일하기 때문에 문제가 생기면 서로 머리를 맞대고 해결책을 모색한다. 6시그마 방식으로 말하자면 소스 코드 작성과 품질 검사를 병행하는 것이다. 두 사람이 나란히 일하기 때문에 오류를 좀 더 빨리 잡아낼 수 있다. 그중 한 명은 계속 면밀히 주시하고 있는 것이다. 그리고 5일마다 파트너가 바뀌기 때문에 새로운 파트너가 와서 작업물을 검토하고, 왜 지난주의 파트너와 특정한 코드를 사용했는지 묻는다. 그러면 새로운 파트너가

무엇이 문제인지 알아낼 수도 있다. 또한 지난주의 파트너가 맞은편에 앉아 있기 때문에 자신의 의견을 보탤 수 있다.

**#정직한 품질 – 크리스토퍼 개비건($$$$$):** 우리는 모든 단계에서 품질을 검사한다. 이때 사내에서 서로 연관성 없는 부서가 검수 과정에 참여하고, 외부 검수자도 많이 활용한다. 물류창고에 입고된 제품은 일단 검수실로 보내진다. 거기서 내외부 인력의 검수를 받고 품질 검사를 통과한 제품만 판매처로 발송된다.

이제 당신의 상품에 날개가 달렸다. 그렇다면 어떻게 해야 일관성 있고, 성공적인 상품군을 개발할 수 있을까?

# 한 단어
## 연구개발(R&D)

혁신은 연구개발에 쓰는 돈과 상관없다. 중요한 것은 돈이 아니라 사람이다.
리더가 어떤 사람을 어떻게 통솔하고, 그들이 해당 분야를 얼마나 잘 알고 있느냐가 중요하다.
－스티브 잡스

연구개발은 불가능해 보이는 목표를 달성할 수 있게 한다.

사람들이 당신의 사업에 관심을 보이기를 원한다면 당신이 강력한 사명을 수행하고 있어야 한다. 그 과정에서 한 단어가 길잡이가 되어 상품과 서비스에 반영될 것이다.

세상을 향한 당신의 비전은 기존의 해법을 초월해야 하고, 진정한 진보를 이룩하려면 당신의 상품, 기술 그리고 남들은 불가능하다고 생각하는 것을 성취할 수 있는 사람에게 투자를 아끼지 말아야 한다.

그 첫 번째 단계는 팀원을 단결시키는 것이다.

그들은 어떤 일을 '어떻게' 수행해야 하는지 알기 전에 '왜' 그 일을 해야 하는지 알아야 한다. 당신은 사업가로서 당신이 만든 것에 사람들이 어떤 반응을 보이는지 직접 볼 수 있다. 고객을 상대하며 만족한 얼굴을 볼 수 있다. 당신으로 인해 삶이 달라졌다는 말을 듣고 당신이 어떤 영향을 미치고 있는지 알 수 있다. 이것이 계속 전진하는 동력이 된다.

다만 팀원은 대부분 보이지 않는 곳에서 일하기 때문에 그런 결과를 직접 눈으로 볼 수 없다. 물론 자신이 목표를 달성했고, 전에 없던 것을 만들었고, 프로젝트를 완수했다는 사실 자체에서 만족감을 느끼고 큰 성취감을 느낄 수는 있다.

그러나 그것은 당신이 체험하는 것과 분명히 다르다.

팀원에게 그들이 하는 일로 사람들의 삶이 바뀌고 있다는 것을 보여줄 수 있다면, 그들은 당신에게 머리만 아니라 가슴과 영혼까지 내줄 것이다.

그것은 당신의 마음가짐에서 시작된다.

당신에게 한 단어에 부합하는 중요한 '왜'가 있다면 사람들이 자진해서 당신을 위해 일하러 올 것이다. 그리고 당신에게는 현재 실현 가능한 수준을 초월하는 원대한 사명이 있어야 한다. 또한 팀원의 수고가 실제로 사람들의 삶에 어떤 영향을 미칠지 보여줌으로써 그들이 업무에 총력을 기울이도록 만들어야 한다.

팀원이 당신을 위해 만드는 작업물의 가치를 #믿게 해야 한다.

# #믿는다의
# 연구개발법

비전은 크게 갖되 거기에 이르는 한 걸음 한 걸음은 작게 디뎌야 한다.
계획을 실행할 때는 겸손하되 미래를 향한 포부는 원대해야 한다.
– 제이슨 칼라캐니스(인터넷 사업가, 블로거, 엔젤투자자)

YOUR ONE WORD

우리 회사에서 최고의 아이디어는 나와 우리 팀, 고객에게서 나온다.

당신은 언제나 훌륭한 아이디어의 근원이다. 열정적으로 사업을 추진하면서 거기에 보탬이 되는 아이디어를 뽑아내고 있을 것이다. 그리고 당신이 원대한 목표를 향해 걸어갈 때 팀원과 고객에게서도 유익한 아이디어를 얻어내려면 당신의 한 단어가 무엇이고, 그 의미가 무엇이며, 그것이 세상에 어떤 영향을 미치고 있는지를 그들에게 보여줘야 한다.

나는 무척 운이 좋은 사람이다. 날마다 아침에 일어나면 내가 하는 일에 감사하다는 이메일, 유튜브 댓글, 각종 소셜미디어 포스트가 수백 개씩 나를 기다리고 있다. 내가 사람들에게 도움을 주고 있다는 뿌듯함으로 하루를 시작할 수 있어 얼마나 좋은지 모른다.

그럼 우리 팀원은 어떤가? 사람들이 내 유튜브 영상을 좋아하고 내게 고맙다는 말을 하지만, 영상 촬영을 도와주는 제이슨, 자료 조사를 도와주는 이반과 니나, 나의 기량 향상을 도와주는 자니와 스티브, 제이라이즈, 편집을 도와주는 크리스티나와 샘을 비롯해 뒤에서 내 프로젝트를 도와주는 사람들은 그런 말을 듣지 못한다. 그렇다면 그들이 의욕을 잃지 않고 계속해서 우리 사업의 저변을 넓힐 아이디어를 낼 수 있게 하려면 어떻게 해야할까? 그 답은 공유에 있다.

매주 월요일 아침에 나는 사람들이 내게 보낸 메시지를 정리해서 팀원에게 보낸다. 그들이 이 중요한 사업의 일원으로서 수고하는 것에 감사하다고 말한다. 그들 없이는 내가 이 일을 할 수 없다는 것을 알게 한다. 그리고 우리가 수행 중인 주요 프로젝트의 근황을 모든 팀원에게 알린다. 누구에게서 어떤 훌륭한 아이디어가 나올지 모르기 때문이다. 예를 들면 내가 유튜브 채널을 개선하려고 하는데 우리 팀 프로그래머가 좋은 아이디어를 제시할 수도 있다. 내가 올리는 영상은 프로그래밍과 관련이 없어 그런 일이 쉽게 예상되진 않지만, 만약에 내가 그에게 근황을 알리지 않는다면 그의 아이디어를 절대 들을 수 없을 것이다.

우리 고객도 마찬가지다. 나는 수십만 달러를 지불하는 큰손은 물론이고, 무료로 영상을 보는 유튜브 구독자까지 포함해 모든 사람에게 내가 무엇을 하고 있는지 알린다. 내가 무엇을 하고 있고, 그게 왜 중요한지 말하면서 피드백을 청한다. 그렇게 해서 연구개발과 관련된 훌륭한 아이디어를 많이 얻고 있다. 그들은 내가 자신들에게 관심이 있다는 것을 알기 때문에 내게 관심을 갖고 도우려 한다. 즉 나의 비법은 나 자신을, 우리 팀을, 우리 고객을 #믿는 것이다.

# 돈 버는 회사들의
# 한 단어 연구개발 관리

키좀바 열풍에 대해 알게 된 후 우리는 그쪽 방면으로 최고의 강사가 누구이고,
어디서 그런 사람을 찾을 수 있는지 조사한 후 몇 주 만에 키좀바반을 개설했다.
– 샤론 갤러($$)

**YOUR ONE WORD**

**#경이로운 연구개발 – 로베르토 블레이크($):** #경이로운 연구개발에 필요한
것은 보통 내 시간뿐이다. 어떤 것을 나 혼자서도 충분히 만들 수 있을
것 같으면, 직접 만들어서 비용을 크게 절감한다. 대부분의 기업은 연
구개발에 많은 예산을 배정한다. 다행히도 나는 지금까지 그래야 했던
적이 거의 없다. 나 같은 1인 사업가는 뭔가가 필요하면 스스로 해결하
는 법을 배우는 경우가 더 많다. 나는 웬만하면 일단 내 힘으로 해보자
는 주의다.

**#가족 연구개발 – 샤론 갤러($$):** 학기가 끝날 때마다 우리는 학생들에게
수업 평가를 요청한다. 그들의 평가 덕분에 우리 회사가 계속 발전할
수 있다. 요즘 키좀바(Kizomba, 앙골라의 댄스 및 음악장르)가 유행하는 것처

럼 새로운 스타일의 댄스가 인기를 끌면 우리는 빨리 그것을 연구해서 수업에 접목할 방법을 찾는다. 그리고 여러 강사와 접촉해 몇 주 안에 새로운 수업을 개강한다. 우리 #가족이 원하기 때문이다.

**#비범한 연구개발 – 마크 드래거($$$):** #비범한 결과물을 도출하려면 시장의 영상 트렌드를 항상 예의 주시해야 한다. 우리는 어떤 분야에 수요가 있는지 파악하기 위해 어떤 업계에서 어떤 종류의 영상이 만들어지고 있는지 조사한다. 모션그래픽 영상의 인기가 높아졌을 때 우리도 그쪽으로 작업량을 늘리기로 했다. 유명한 작업 결과물을 몇 편 보고 어떻게 하면 좋을지 연구했다. 그 방면으로 실력이 붙으며 상을 여러 개 받았다. 그 덕에 우리에게 새로운 틈새시장이 생겼고, 그쪽으로 계속 매출을 올릴 수 있게 됐다.

**#즐거움 연구개발 – 리처드 셰리든($$$$):** 우리 회사에서는 연구개발이 5일제로 돌아간다. 5일 동안 연구하고 5일 동안 개발한다. 고객도 연구와 개발 양면에서 도움을 준다. 사실 우리가 하는 일은 거의 다 고객을 중심으로 돌아간다. 고객의 프로젝트를 수행하면서 기존에 없던 해법을 찾는다. 혹자는 범용성 있는 소프트웨어를 개발해서 여기저기 팔면 더 수익성이 좋아질 거라고 하지만, 우리가 보기에 그런 사업은 너무 단조롭다. 우리는 소프트웨어 디자인 작업물을 고객사의 지분과 교환하기도 한다. 고객이 시장 조사와 상품 마케팅을 모두 하기 때문에 우리는 지금 만들고 있는 게 누군가가 열렬히 원하는 것임을 안다.

**#정직한 연구개발 – 크리스토퍼 개비건($$$$$):** 어니스트컴퍼니는 표준을 만든다. 우리는 항상 과학, 의학, 조제학, 독성학 등 학계의 최신 동향을 살펴서 어떤 화학물질과 성분이 환경에 따라서 건강에 어떤 영향을 미치는지 파악한다. 그래서 어떤 것이 질병이나 염증 등 어떤 식으로든 건강을 악화시킨다는 관련 데이터가 나오면 예방 조치를 취한다. 나중에 후회하는 것보다는 처음부터 안전하지 않은 물질을 사용하지 않는 편이 낫다. 우리는 시장에 우리만의 표준을 만든다. #정직한 연구개발을 통해 시장이 따라올 만한 실질적 표준을 정한다.

이제 당신은 훌륭한 사업을 위한 재료를 모두 확보했다. 그렇다면 누구에게 조언을 구하면 좋을까?

# 한 단어
# 조언자

말 조련사에게서 내 인생 최고의 조언을 들었다. 그는 빨리 가려면 천천히 가야 한다고 했다. 인생의 모든 영역에서 마찬가지인 것 같다. 우리는 하루 24시간이 부족한 것처럼 살지만 모든 일에 차분하고 신중하게 임하면 소요되는 시간도 단축되고 스트레스도 훨씬 덜 받는다.
– 비고 모텐슨(아카데미 남우주연상 후보, 예술가)

주위에 어떤 사람을 두느냐가 중요하다.

당신이 모든 문제의 답을 알 수 없고, 모든 일을 혼자 힘으로 할 수도 없다. 큰일을 하려면 많은 사람의 머리와 가슴, 노력이 필요하다. 모든 것을 혼자 하려고 하면 자신의 맹점과 약점에 발목을 잡혀서 당신도 회사도 모두 잠재력을 발현하지 못한다.

적격자를 직원으로 채용하는 게 중요하듯이, 당신에게 길잡이가 되는 조언자도 적격자를 선택해야 한다. 중대한 결정을 내릴 때는 모두 그렇듯이 이때도 출발점은 당신의 한 단어다. 그 사람의 능력이나 지식을 따지기 전에 그 사람이 누구이고 무엇을 추구하는지를 알아야 한다. 서로 가치관이 다르다면 갈등이 빚어질 것이다. 경험과 인맥이라는 측면에서는 딱 맞는 사람인 것처럼 보여도 가치관의 차이로 사업이 침몰할 수 있다.

조언자의 역할은 당신을 밀어붙이는 것이다.

그 사람이 조언자인 것은 당신이 모르는 것을 알고 있고, 당신을 도와주기 때문이다. 그 사람은 당신을 믿고, 당신을 안전지대 밖으로 끌어내야 한다. 당신이 더 야무진 사업가가 되도록 도와줘야 한다. 당신이 새로운 기술을 습득하거나 자신에 대한 제약적 믿음을 극복하도록 밀어붙임으로써 당신의 마음을 불편하게 만드는 것은 조언자가 마땅히 해야 할 건전한 행동이다. 하지만 조언자가 당신의 한 단어와 어긋나는 행위를 강요함으로써 마음을 불편하게 만든다면 곤란하다.

당신이 추구하는 것이 명확하다면 당신을 사랑하는 조언자가 나타날 것이다. 유능한 직원처럼 유능한 조언자를 찾는 곳이 많다. 그 사람은 어느 회사든 갈 수 있다. 그런데 왜 굳이 당신에게 와야 하는가? 무엇이 당신을 차별화하는가? 당신이 돈이든 뭐든 간에 다른 회사만큼 주지 못하는데 굳이 당신을 선택해야 할 이유가 무엇인가?

그 답은 당신의 한 단어에 있다.

그 답은 당신이 중요한 것을 추구하기 때문이다. 당신이 중요한 일을 하고 있기 때문이다. 당신이 세상에 긍정적인 변화를 일으키려고 노력 중이기 때문이다. 그러니까 당신의 한 단어에서 시작해야 한다. 사람들이 당신의 한 단어를 피부로 느끼게 만들어야 한다. 그러면 뜻이 맞는 사람이 나타날 것이다.

당신에게는 #믿을 만한 조언자가 필요하다.

# #믿는다로
# 조언자를 발견하는 법

좋은 동료도 중요하지만 조언자야말로 보석 같은 존재다.
—주노 디아스(퓰리처상 수상 작가, MIT 문예창작 교수)

나는 어릴 때 사업 조언자가 없었다.

우리 부모님은 훌륭한 인생의 조언자셨다. 지금 나의 가치관은 두 분에게 큰 영향을 받았다. 두 분이 있었기에 지금의 내가 있을 수 있는 것이니 평생 감사할 일이다. 하지만 사업에 대한 조언자는 없었다. 주변에 동경하며 닮고 싶은 사업가도 없었다. 고등학교 졸업 앨범에서 10년 후 무엇을 하고 있을 것 같으냐는 질문에 나는 은행 지점장이라고 답했다.

처음 사업을 시작하고 고생깨나 하고 있을 때 은행에 가서 도움을 구해야겠다고 생각했다. 어차피 아는 사람도 없었고, 은행의 역할 중 하나가 사업가를 돕는 것이라고 믿었다.

그러면서 나는 큰 조언자를 찾았다. 큰 조언자는 우리가 우러러보며 본받으려 하는 사람이다. 큰 조언자는 이제껏 만나본 적 없지만, 언젠가는 만

날지도 모를 사람이다. 혹은 이미 고인이 됐다고 하더라도 그의 성공담에서 배울 것이 많은 사람일 수도 있다.

A. P. 지아니니는 내게 약자를 믿고 도우라고 가르쳤다. 도널드 트럼프는 크게 생각하라고 가르쳤다. 스티브 잡스는 중요한 일을 하라고 가르쳤다. 하워드 슐츠는 내가 믿는 것을 당당히 내세우라고 가르쳤다. 카니예 웨스트Kanye West는 나 자신을 제한하지 말라고 가르쳤다. 빌 게이츠는 동맹과 같은 동반자 관계를 맺으라고 가르쳤다. 워런 버핏은 내 사업에 경제적 해자垓子를 만들라고 가르쳤다. 마사 스튜어트는 개인 브랜드를 만들라고 가르쳤다. 마크 큐번Mark Cuban은 경쟁자보다 열심히 일하라고 가르쳤다. 팀 페리스Tim Ferriss는 더 생산적인 사람이 되는 법을 가르쳤다. 오프라 윈프리는 마음을 활짝 열라고 가르쳤다. 스티브 워즈니악은 나 자신을 위해 창조하라고 가르쳤다. 나는 그 밖에도 많은 조언자에게 가르침을 받았다.

그중 누구와도 직접 대화를 나눠본 적이 없지만(아직은 그렇다) 영상, 기사, 책, 인터뷰를 통해 사업가로 더 크게 성공하는 법을 배웠다.

나는 감사하게도 현실에서 직접적으로 도움을 요청할 수 있는 조언자도 몇 명 있다. 훌륭한 리더 모임도 두 개나 진행하고 있어서 내가 더 나은 사람이 되도록 자극을 받고 아이디어를 널리 전파하는 데 도움을 받는다.

그러나 사업가로서 내게 가장 큰 영향을 미친 조언자는 모두 내가 개인적으로는 알지 못하는 사람이다. 당신도 그런 조언자를 둘 수 있다.

당신의 큰 조언자를 찾자.

# 한 단어는
# 어떤 사업가를 좋아하는가

타인의 필요를 충족시키는 것이 오늘날 유일하게 정당한 사업 행위다.
－A. P. 지아니니(뱅크오브아메리카 창립자)

내가 제일 좋아하는 사업가는 뱅크오브아메리카의 창립자 A. P. 지아니니다. 잠깐, 은행가라고? 그렇다! 하지만 그는 평범한 은행가가 아니었다. 그는 #믿는다 은행가였다.

그가 회사를 세우고 성장시킨 과정은 사업가로서 언제나 내게 큰 귀감이 된다. 이미 오래 전에 작고했지만 그가 성공에 이른 길은 지금도 본받고 따라가 볼 만하다.

이탈리아 제노바에서 미국으로 건너온 이민자 가정에서 태어난 지아니니는 열네 살에 학교를 그만두고 새아버지의 과일 가게에서 일하며 5년 동안 가게 일에 열과 성을 다 바쳤다. 홍보 담당이 되어 모든 잠재고객과 공급자에게 편지를 보내고 이후로도 계속 연락을 주고받았다.

열아홉 살이 되자 새아버지가 그간의 노고에 대한 보상으로 그를 당시

번창하던 사업의 동업자로 격상시켰다. 이후로 주위 사람에게 든든한 기둥 같은 역할을 하던 그는 서른두 살 때 회사 지분을 팔고 새롭게 도전할 거리를 찾아보기로 했다.

곧 여러 회사에서 러브콜을 보냈지만 유독 그의 관심을 끄는 곳이 있었다. 그에게 이사직을 제안한 콜럼버스저축대부조합Columbus Savings & Loan Association이었다.

콜럼버스저축대부조합은 노스비치의 이탈리아인 거주지에 본점을 둔 중규모 은행이었다. 지아니니는 이사라는 근사한 직함을 달고 지역사회에 이바지할 수 있으리란 기대로 제안을 수락했다. 2년 동안 지아니니가 은행 일에 모든 정성을 쏟자 주변의 여건도 순조롭게 개선되는 것처럼 보였다. 하지만 그즈음부터 다른 이사들과 갈등이 불거졌다.

지아니니는 부모님처럼 열심히 살아가는 이민자를 돕고 싶었다. 그런데 콜럼버스저축대부조합은 이미 재산이 많은 사업가나 재력가 외에는 돈을 빌려줄 의지가 없었다. 다시 말해 돈이 있는 사람만 돈을 빌릴 수 있었다.

지아니니는 말도 안 된다고 생각했다. 그는 사람을 #믿었기 때문이다.

그러나 노동자 계층에도 돈을 빌려줘야 한다는 그의 목소리에 아무도 귀를 기울이지 않았다. 그런다고 가만히 있을 지아니니가 아니었다.

# 최고의
# 한 단어 사업가 탄생

은행가는 자신을 사람들의 종복, 사회의 종복으로 생각해야 한다.
- A. P. 지아니니

그는 사람들을 돕기 위해 일어서야 할 때라고 생각했다.

1904년에 지아니니는 새아버지와 10명의 친구로부터 15만 달러를 조달해 뱅크오브이탈리아를 세웠다. 뱅크오브이탈리아는 콜럼버스저축대부조합 바로 맞은편 건물의 술집을 개조하여 사무실로 사용했고, 바텐더를 창구 보조직원으로 고용했다. 처음부터 전문성을 인정받지는 못해서 당시만 해도 상도덕에 어긋난다는 소리까지 들어가며 사업체를 일일이 방문해 고객을 유치해야 했다. 하지만 지아니니는 개의치 않았다.

뱅크오브이탈리아로 지아니니는 노동자 계층을 돕겠다는 꿈을 이룰 수 있었다. 설립 1년 만에 이 '약자를 위한 은행'의 예금액이 70만 달러를 넘어섰다. 1906년에는 예금액이 100만 달러를 돌파했다. 지아니니는 세상을 다 가진 기분이었다. 그때 재앙이 닥쳤다.

1906년 4월 18일, 샌프란시스코에 역대 최악의 지진이 일어나 도시가 크게 파괴됐다. 다른 은행은 업무 재개까지 한 달이 걸렸지만 지아니니는 엿새 만에 뱅크오브이탈리아를 다시 열었다. 비록 노상에서 커다란 원통 두 개 위에 널빤지를 깔고 영업을 할지언정, 대출이 필요한 사람, 더욱이 재난으로 어느 때보다도 대출이 간절해진 사람에게는 그가 어떻게든 영업을 하고 있다는 사실을 알리는 것이 중요했다. 지아니니는 악수를 하고 '눈빛'을 보는 것만으로 대출을 실행했다.

악수와 눈빛만으로 돈을 빌려주는 은행가라니 상상이 가는가?

지아니니는 아무도 도와주지 않으려 하는 월트 디즈니라는 젊은 사업가에게 도박을 걸었다. 아무도 투자하지 않으려 하는 금문교 건설 사업에도 도박을 걸었다.

이것이 #믿는다 은행가다.

내가 지아니니에게서 받은 가장 큰 가르침은 약자를 위해 싸우라는 것이다. 나는 아무도 도와주지 않고 믿어주지 않는 사업가를 도와주고 믿어주는 것을 내 사명으로 삼았다.

지아니니는 신랄한 비판에도 아랑곳하지 않고 매사에 입지가 약한 사업가를 염두에 뒀다. 나는 사업을 하면서 어떤 결정을 내릴 때마다 그것을 생각한다. 당신도 지아니니처럼 귀감이 되는 조언자를 찾으면 나처럼 사업에 큰 영향을 받을 것이다.

다른 한 단어 사업가는 어떻게 조언자를 찾았는지 보자.

# 돈 버는 회사들의
# 한 단어 조언자 찾는 법

인터넷에서는 다른 사람을 스토킹해서 나에게 유리한 정보를 취득하는 게 가능하다. 그렇게 뒤를 밟을 만한 사람 중 한 명이 날마다 자신이 하는 일에 마지막 땀 한 방울까지 쥐어짜 넣어야 한다고 부르짖는다. 그 사람이 바로 게리 바이너척Gary Vaynerchuk이다. 그는 우리가 소비하는 수많은 것을 생산해낸다.

– 로베르토 블레이크($)

**#경이로운 조언자 – 로베르토 블레이크($):** 나는 자문단 역할을 하는 리더 모임을 결성했다. '#경이로운 창조자'는 창조적인 사업을 하는 1인 사업가가 서로 교류하며 도움을 주고받는 유료 모임이다. 아무나 들어올 수는 없고, 먼저 지원서를 내고 면접을 봐야 한다. 나는 지원자를 평가할 때 다른 회원에게 가치를 창출할 수 있는지, 조언과 피드백을 받기만 하는 게 아니라 줄 수도 있는지 살펴본다. 나도 이 모임에서 #경이로운 가르침을 받기도 하고, 주기도 한다.

**#가족 조언자 – 샤론 갤러($$):** 나는 자문단이 따로 없고 #가족에게 조언을 구한다. 강사, 사무직원, 도우미, 학생을 막론하고 우리 #가족이 곧 나의 조언자다. 일례로 우리 웹사이트를 개편할 때 도우미 한 명에게 그 일

을 부탁했다. 그는 학생으로 들어와서 2년 동안 함께 지냈기 때문에 이곳의 분위기와 #가족을 중시하는 가치관을 잘 알았다. 그는 자신이 도움이 될 수 있어서 기쁘다며 아주 근사한 웹사이트를 만들어줬다! 웹사이트에 게시된 사진을 촬영한 사람도 아마추어 사진가로 활동하는 학생이었다. 나는 이렇게 웬만한 것은 우리 #가족 안에서 해결한다.

**#비범한 조언자 – 마크 드래거($$$):** 내가 성공하는 데 지대한 공헌을 한 조언자 집단이 있다. 우선 상호조언자회라는 다양한 업계에서 나와 비슷하거나 좀 더 큰 규모의 사업체를 운영하는 사람들이 모인 리더 모임이 있다. 그리고 처음 사업을 시작해서 영상만 만들 줄 알지, 어떻게 회사를 운영해야 하는지 모르던 시절에는 비즈니스 코치에게 많은 도움을 받았다. 조언자와 함께하는 점심 식사는 내가 본받고 싶은 분과 미리 약속을 잡고 만나는 시간이다. 그분들은 내게 귀한 정보를 준다. 어쩌면 내게서 자신의 젊은 시절 모습을 보는지도 모르겠다. 고객과 함께하는 점심 식사를 통해 고객과 대화를 나누는 것도 어떻게 사업을 운영해야 할지 귀한 깨달음을 얻는 시간이 된다.

**#즐거움 조언자 – 리처드 셰리든($$$$):** 우리 회사 문을 열고 들어오는 사람은 모두 우리가 계속해서 남아 있기를 바란다. 우리가 그냥 살아남는 수준을 넘어서 꾸준히 성장하고 번창하기를 바란다. 우리는 사람들이 언제든 들어와서 우리가 하는 일을 볼 수 있도록 회사 문을 열어놓는다. 그래서 단 한순간도 우리가 멘로와 #즐거움의 문을 닫는 것을 허락

하지 않는 사람이 수두룩하다. 새벽 3시에 잠옷 바람으로 찾아오는 사람도 있다.

**#정직한 조언자 – 크리스토퍼 개비건($$$$$):** 이사회를 선정하고 운영하는 것은 매우 중요하다. 나는 주위에 한편으로는 응원해주고, 또 한편으로는 문제를 제기할 수 있는 사람을 둬야 한다고 생각한다. 우리 이사회가 그렇다. 그들은 조언과 도움을 주는 동시에 비판과 압박을 가한다. 어떤 사람은 마찰을 일으키는 사람을 일부러 피하지만 나는 적당한 수준의 불편은 환영한다. 그럴 때 우리가 더 발전할 수 있다. 물론 이윤도 중요하고 필요하다. 하지만 이사회는 우리에게 장기적인 사명과 사회에 대한 비전이 있다는 것을 안다. 그들은 모두 힘을 합쳐 그것을 실현하려는 사람들이다.

당신의 조언자와 한 단어는 자본금을 조성하는 데 도움이 되는가?

# 한 단어
# 자본금

사업가는 자신에게 필요한 게 무엇인지 알아야 한다.
그런 후에 돈으로든 전략적 제휴로든 지식으로든 자신의 약점을 상쇄해줄 투자자를 찾아야 한다.
– 데이먼드 존(후부FUBU 창립자, 투자자, 투자 리얼리티 방송 〈샤크 탱크Shark Tank〉 출연)

YOUR ONE WORD

　아무한테서나 돈을 받으면 안 된다. 자본금 조성은 직원 채용과 같아서 단순히 당신에게 필요한 자원만 갖고 있는 사람이 아니라, 당신이 하는 일의 가치를 믿는 사람을 찾아야 한다.

　많은 사업가가 투자금에 목이 말라 누가 돈을 준다면 앞뒤 가리지 않고 덥석 물어버린다! 그런 사람은 되지 말자. 그건 아이를 너무 갖고 싶어서 앞으로 두 사람이 어떻게 살고, 어떻게 아이를 키울지는 생각하지도 않고 일단 결혼식부터 올리는 것과 마찬가지다.

　투자자도 사람이고 저마다 보유한 능력, 인맥, 자원, 가치관이 다르다.

　돈을 조달하는 게 전부가 아니다. 이상적인 투자자는 당신에게 자본, 인맥, 아이디어, 자원을 제공할 수 있어야 한다. 그리고 가치관이 서로 맞아야 한다.

한 단어는 당신에게 알맞은 고객과 직원을 끌어들이는 꿀이 되는 것처럼 최상의 투자자를 불러들이는 데도 도움이 된다.

자본금을 조성하고자 사방팔방으로 뛰어다닐 때 당신은 비슷비슷한 아이디어를 가진 수많은 사업가 중 한 명에 불과하다. 내가 벤처캐피털 업계에 있어 보니 비슷한 아이디어로 비슷한 말을 하는 사람이 정말 놀랄 만큼 많았다. 당신은 자신의 아이디어가 특별하다고 믿겠지만, 사실은 그렇지 않다. 그래서 투자자는 기밀유지 협약서에 서명하지 않는다. 비슷한 아이디어를 가진 사업가를 너무 많이 봤기 때문이다.

그렇다면 어떻게 해야 눈에 띄는 존재가 될 수 있을까?

한 단어를 사용하자. 당신의 목적을 전면에 내세우자. 그것을 좋아하는 사람도 있고, 싫어하는 사람도 있을 것이다. 앞에서도 말했지만 그건 아주 좋은 현상이다! 당신의 한 단어를 싫어하는 사람은 당신에게 좋은 투자자가 될 리 없다. 어차피 당신과 잘 맞지 않을 텐데 자기가 알아서 떨어져나가니 차라리 잘된 것이다. 그리고 당신의 한 단어를 사랑하는 사람은 당신이 다른 사업가와 비교해서 두드러지는 점을 확실히 알고 있을 것이다.

당신과 잘 맞는 투자자를 찾아서 자본금을 조달하고 싶다면 먼저 한 단어를 제시하자.

# #믿는다로
# 자본금을 만드는 법

사람들이 타인의 성공을 진심으로 기뻐할 때 파이가 커진다.

– 스티븐 코비

나는 사업을 하려고 따로 자금을 모아야 했던 적이 없다.

벤처캐피털 업계에 몸담기도 했지만, 나 자신이 투자를 받기 위해 뛰어다닌 적은 없다. 돈을 벌기 전에 쓰면 안 된다는 지론 때문이었다. 나는 이것이 회사를 시작하면서 값비싼 실수를 최대한 줄이는 방법이라고 믿는다. 일단 도전하고 실패하고 또 도전하고 또 실패하고 그렇게 승자가 될 때까지 끊임없이 도전하면서 빨리 실패하고 자주 실패하고 값싸게 실패하는 게 중요하다고 생각한다. 나는 창의적인 방법으로 자본금을 조성하는데, 바로 사람들에게 기대를 걸고 또 기대를 심어주는 것이다.

돈이 왜 필요한가? 보통은 사람 때문이다. 사업을 시작하기 위해 꼭 사무실이나 명함, 회사 트럭이 필요한 것은 아니다. 심지어 웹사이트조차 필수 요소가 아니다. 하지만 사업을 확장하고 싶다면 사람이 필요하다.

그래서 나는 최고의 인재를 가려내 수익의 일정 비율을 나눠준다.

임금을 지급하기 위해 돈을 끌어모으는 게 아니라 구체적으로 사업상 어떤 기회가 있는지 보고 그 부문에서 다른 사람과 손잡을 방법을 모색한다. 처음에는 보수를 조금 주거나 아예 안 줄 수도 있다. 그 사람은 그 사업 부문이 성장하면 보수를 받는다. 성장폭이 클수록 보수도 늘어난다.

이렇게 하면 장기적으로 봤을 때 더 큰 비용이 드는 셈일 수도 있다. 그냥 어디서 돈을 끌어오거나 내 돈을 투입해서 월급을 주면 될 텐데 왜 굳이 수익의 10~50퍼센트를 직원에게 양보하는가? 이유는 간단하다.

첫째, 내 입장에서 손실액에 한도가 생기기 때문이다. 만약에 그 사람이 제 역할을 못 한다 해도 나는 어마어마한 손실을 보지 않는다. 수많은 사업가가 수익만 생각하지, 손실을 줄여야 한다는 생각은 하지 않는다. 나는 성공하면 100퍼센트를 챙기고, 실패하면 100퍼센트를 잃는 도박을 하기보다는 성공했을 때 50~90퍼센트만 챙기더라도 실패했을 때의 손실이 작은 쪽이 낫다고 본다.

둘째, 사람들이 프로젝트에 전력을 기울이게 하기 위해서다. 나는 사람들이 주인 의식을 가졌으면 좋겠고, 자신의 미래는 자기 하기 나름이라고 생각했으면 좋겠다. 자신이 중대한 결정을 내릴 자격이 있고, 열심히 일해서 성과를 내면 합당한 보상을 받게 된다고 믿었으면 좋겠다.

모든 사람이 이런 기회를 좋아하진 않는다. 많은 사람이 안정적인 월급을 선호한다. 그것도 좋다. 중요한 것은 직원이 어떤 성향이고 무엇을 지향하는지 아는 것이다. 나는 자본금을 조성하지 않고 그 대신 사람을 #믿고 함께 사업을 일군다.

# 돈 버는 회사들의
# 한 단어 자본금 조성 방법

핵심 가치를 중심으로 사람을 모으면 동질감과 일체감이 생긴다.
– 크리스토퍼 개비건($$$$$)

**#경이로운 자금 – 로베르토 블레이크($):** 나는 #경이로운 수익원이 여러 군데 있다. 웹사이트 디자이너 외에도 작가, 영상 마케터, 컨설턴트로 활동하고 있다. 그 밖에 제휴 마케팅과 유튜브에서도 수익원도 발굴했다. 투자자에게 큰돈을 받는 데에는 관심이 없다. 수익원이 다각화되어 있고, 고정비가 적기 때문에 사업을 잘 확장해나가고 있다. 내가 창출하는 #경이로운 가치에 힘입어 지금껏 혼자 힘으로 사업을 잘 꾸려왔다.

**#가족 자금 – 샤론 갤러($$):** 나는 자금을 추가로 모은 적이 없다. 항상 내가 가진 예산 안에서 일을 벌였다. 처음에는 피트니스센터의 공간을 빌려 썼다. 대여료로 시간당 30달러를 내고 학생들에게 수강료로 시간당 10달러를 받았다. 이후 수업이 늘어나고 수업 장소도 늘어났다. 그때그

때 형편에 맞춰 살면서 남는 소득은 수업을 확장하는 데 썼다. 그렇게 몇 년이 흐르자 꾸준히 학생이 유입됐고, 마침내 스튜디오를 임차하게 됐다. 그 과정에서 위험은 없었다. 나는 무리하게 사업을 키우고 싶지 않아서 남의 돈을 빌리지 않았다. 우리 학원이 절대로 인간미 없는 곳이 되면 안 됐기 때문에 품질, 서비스, #가족이 타격을 받는 일이 없도록 천천히 확장했다.

**#비범한 자금 - 마크 드래거($$$):** #비범하다는 것은 군살 없이 단출하고 배고픈 상태를 유지한다는 것이다. 나는 사업을 확장하기 위해 그런 것을 포기하고 빚을 낼 필요가 없도록 일부러 성장 속도를 늦췄다. 그러면서 연봉만 후하게 주고 나머지는 어떻게든 줄이려고 한다고 비판을 많이 받았다. 그렇지만 내가 겪어보니 돈을 많이 주면 직원이 더 빠르게 더 좋은 성과를 내기 때문에 굳이 사람을 많이 뽑을 필요가 없다. 군살 없는 단출함이 우리가 계속 #비범한 성과를 내기 위해 매진할 수 있는 비결이다.

**#즐거움 자금 - 리처드 셰리든($$$$):** 우리는 굳이 자금을 조성할 필요가 없었다. 사업을 시작하는 날, 창립자들이 1만 5,000달러씩 각출한 후 더는 사비를 투입할 일이 없었다. 처음 여섯 달 동안 나는 집에 월급을 가져가지 못했다. 뭐든 아껴야 했다. 9·11 사태 직후와 2008년 경기 침체 때 특히 심했다. 우리는 일찌감치 외부의 돈을 끌어다 쓰지 않기로 방침을 정했다. 그런 돈을 가져다 썼으면 더 빨리 성장할 수 있었을지

도 모르겠다. 하지만 멘로와 #즐거움에 대해 우리만큼 관심이 없는 사람에게 굽실거리고 싶지 않았으므로, 혹여라도 우리의 사명이 훼손될 위험을 감수하느니 차라리 투자를 받지 않기로 했다. 우리의 운명은 항상 우리의 손 안에 있었다.

**#정직한 자금 – 크리스토퍼 개비건($$$$$):** 사업 초기에는 나와 제시카 둘뿐이었다. 비전과 꿈이 있었지만 우리의 돈만으로 버틸 수는 없었다. 우리 회사 같은 곳은 외부의 자금 수혈이 필요하다. 자본금을 충분히 확보해야 비전을 유지하면서 운신의 폭을 넓힐 수 있었다. 처음에는 700만 달러를 조달했다. 그리고 지금까지 총 2억 2,700만 달러를 조달했다. 흥미로운 점은 그 돈의 80퍼센트 이상이 여전히 재무상태표에 고스란히 남아 있다는 것이다. 우리는 돈으로 성장을 살 생각이 없다. 아주 신중하게 사업을 일궈나가고 있다. 돈을 쓸 때도 끌어올 때도 항상 주의 깊게 판단한다.

자금을 조성했다면 그것을 어디에 써야 할까? 혹시 그 돈으로 영업 인력을 영입하는 게 좋을까?

# 한 단어
# 영업과 마케팅

입소문은 가장 가치 있는 마케팅 방식이지만 돈으로 살 수는 없다.
오로지 전파할 수만 있을 뿐이다. 이때는 진정성이 있어야 한다.

−제이−지

이 단락은 많은 사람을 발끈하게 할 것이다.

사업이 성공하기 위해 꼭 영업 인력이 필요하지는 않다.

휴우, 말하고 나니 후련하다.

전화를 받고 고객을 지원하고 프로젝트를 관리하는 일을 할 사람은 필요하지만, 대외적으로 영업을 뛰는 사람은 필요 없다.

당신에게 필요한 것은 관심을 끄는 것이다. 사업가는 누구나 관심을 먹고 산다. 관심을 많이 끌수록 판매량이 늘어난다. 하지만 관심을 끌기 위해 다짜고짜 스팸 메일을 보내고, 전화를 돌리고, 문을 두드리면서 성가시게 해서는 안 된다.

당신이 뭔가 중요한 것을 추구하면 자연스럽게 관심이 집중된다. 뭔가 중요한 일을 하면 관심이 집중된다. 남다른 회사와 문화를 만들면 관심이 집중된다. 그러면 온갖 소음을 뚫고 우뚝 올라설 수 있다.

어차피 사람들이 받자마자 끊어버릴 텔레마케팅 전화만 죽어라 돌리지 말고, 고객에게 이야깃거리가 될 만한 경험과 메시지를 제공하면 어떨까?

당신의 상품이나 서비스가 최고라고 설득하지 말고, 뭔가 중요한 것을 추구함으로써 업계에 일대 소란을 일으키고, 그래서 사람들이 어떻게 하면 같이 일할 수 있겠느냐고 먼저 묻게 만들면 어떨까?

기존의 영업인은 진화하거나, 멸종하거나 둘 중 하나다.

당신의 회사에는 이야기꾼, 그러니까 당신의 메시지를 전파하고 주위에 영향을 미칠 사람이 필요하다. 자신의 실적을 채우는 것보다 회사의 사명을 수행하는 것을 더 중요하게 여기는 사람이 필요하다. 안전지대 밖에서 남들의 예상을 초월하는 일을 시도할 만큼 용감한 사람이 필요하다.

그래야 인지도가 생긴다. 그래야 사람들이 당신을 찾아오고, 당신에 대해 이야기한다. 그래야 당신의 상품과 서비스가 팔린다.

그 출발점은 당신의 한 단어다.

# #믿는다
# 영업법

어떤 브랜드를 사회적으로 책임감 있는 선도 브랜드로 변화시키는 것은 단순히 새로운 마케팅 전략과 광고 전략을 수립한다고 되는 일이 아니다. 고객이 신뢰하고 공감할 만한 비전을 찾기 위해 노력해야 한다.

─ 사이먼 메인워링(브랜딩 컨설턴트, 크리에이티브 디렉터, 소셜미디어 전문가)

**YOUR ONE WORD**

"에번, 이해가 잘 안 돼서 그러는데요. 당신의 사업 모델이 뭐예요? 어떻게 돈을 버는 거죠?"

최근에 사업체를 하나 인수하고 잘 운영해서 발전시킬 관리자를 영입했다. 그는 내 친구로 사업가 에번보다 인간 에번을 더 잘 아는 사람인데, 내가 하는 일을 보고 놀라기도 하고 당혹스러워하면서 이렇게 물었다. 그에게 내 사업 모델은 업계에서 최대한 소란을 일으켜서 사람들의 관심을 현금으로 바꾸는 것이라고 대답했다. 아마 그는 내가 제정신이 아니거나 너무 철학적으로 말한다고 생각했을 것이다. 하지만 실제로 내가 하는 사업이 그렇고, 그게 내가 돈을 버는 방법이다.

당신과 마찬가지로 나도 사람들의 관심을 먹고 산다.

내가 하는 모든 일의 핵심은 내 영향력을 키우는 것이다. 그 이유는 첫째로 내 기분이 좋아지기 때문이다. 사람을 돕는 것은 내 영혼의 자양분이다. 둘째로 벌이가 늘어나기 때문이다. 관심을 많이 끌수록 돈도 더 많이 번다.

그래서 내가 하는 일은 확장성이 있어야 한다. 내가 유튜브 영상을 만드는 이유는 수많은 사람에게 노출되기 때문이다. 내가 트위터에서 활발히 활동하는 이유는 수많은 사람에게 말할 수 있기 때문이다. 내가 이 책을 쓴 이유는 파급 효과가 크기 때문이다. 내가 하는 어떤 일이 수많은 사람의 삶에 실질적인 영향을 미칠 가능성이 없다면, 나는 그 일에 금세 흥미를 잃는다.

나는 일대 소란을 일으켜 그것을 현금화한다.

내가 하는 일은 거의 다 무료다. 영상과 콘텐츠를 만들고 사람들과 대화할 때 웬만하면 돈을 받지 않는다. 그렇기에 어마어마한 영향력을 발휘한다. 그냥 내가 사랑하는 일을 하면서 사람들을 도왔을 뿐인데, 경이로운 #빌리브네이션 커뮤니티가 형성되고 많은 기회가 굴러들어왔다(이 책을 쓴 것도 그런 기회 중 하나였다!). 나를 지지하는 집단이 커질수록 내게 주어지는 기회도 많아진다.

그리고 나는 대외적으로 영업을 뛰지 않는다. 전혀 하지 않는다.

누군가를 물고 늘어지지도 않는다. 만약에 당신이 내게 견적을 받은 후 연락이 없더라도 나는 굳이 연락하지 않는다. 당신에게 내 상품과 서비스를 사라고 매달리지 않는다. 대신 이미 내게 마음을 빼앗긴 고객에게 시간을 쓰는 것으로 더 큰 소란을 일으켜 당신이 자꾸 내 이름을 듣게 만들 것이다. 이것이 #믿는다 영업과 마케팅이다. :)

# 돈 버는 회사들의
# 한 단어 영업과 마케팅

우리는 홍보팀도 없고 홍보 회사도 안 쓴다. 홍보 전문가 모임에 가면
어떻게 그럴 수 있느냐는 질문을 많이 받는다. 그러면 나는 차라리 모르는 게
낫다고 말한다. 그들이 실직자가 될 테니까.
– 리처드 셰리든($$$$)

**#경이로운 영업법 – 로베르토 블레이크($):** 나는 소셜미디어를 통해 대화를
유도한다. 보통은 먼저 어떤 사람에게 이러이러한 이유로 내 구독자가
그 사람이 하는 일을 좋아할 것 같다고 말한다. 그러면 쉽게 대화의 물
꼬가 트인다. 왜냐하면 그 시점에서 나는 이미 그 사람의 브랜드에 관심
이 있고, 우리 부족에게 내가 그 브랜드의 어떤 점을 좋아하는지 공개적
으로 밝힌 상태이기 때문이다. 나는 다짜고짜 전화를 걸진 않지만, 다짜
고짜 트위터로 말을 걸긴 한다! 이렇게 트위터로 대화를 유도함으로써
지금까지 좋은 관계를 많이 맺었다. 이 전략으로 씨게이트, 웨스턴디지
털, 조브Jobe 등 여러 브랜드와 좋은 관계를 형성했다. 내게 들어온 기
고, 유료 웹세미나, 강연 요청 중 상당수가 트윗 하나에서 시작됐다.

**#가족 영업법 – 샤론 갤러($$):** 우리는 영업과 마케팅에 돈을 써본 적이 없다. 영업사원을 고용한 적도 없고 광고비를 지불한 적도 없다. 모든 게 입소문에서 비롯됐다. 우리의 마케팅은 우리 #가족이 우리에 대해 이야기하는 것이다. 초창기부터 학생들이 수업을 좋아해서 친구들에게 말하는 것으로 사업이 성장했다. 우리 학생 #가족이 대신 영업을 해주는 셈이다.

**#비범한 영업법 – 마크 드래거($$$):** 모든 고객 접점이 영업과 마케팅 현장이 된다. 그 시작은 현재의 고객에게 #비범한 결과, 즉 #비범한 경험과 작업물을 제공하는 것이다. 이것에 감격한 고객은 주변에 우리 회사를 추천한다. 그리고 우리가 만드는 훌륭한 상품이 더 많은 사람을 끌어들인다. 관계만큼 중요한 게 없다. 나는 새로운 관계를 형성하고, 기존의 관계를 강화하기 위해 투자를 아끼지 않는다. 여기에는 현재의 고객이나 이전의 고객과 자주 점심을 먹는 것도 포함된다. 그리고 고객이 관심을 보이는 자선 행사를 후원하고 무료 프로젝트도 진행한다. 내가 같이 일하고 싶은 사람과 일할 수만 있다면 세부적인 방법은 뭐든 상관없다.

**#즐거움 영업법 – 리처드 셰리든($$$$):** 우리 회사는 영업팀이 없다. 멘로의 이야기 자체가 매력적이기 때문에 작가와 기자가 우리에 대한 글을 쓰고 싶다고 먼저 찾아온다. 우리 이야기는 〈포브스〉, 〈뉴욕타임스〉, 〈Inc.〉 등에 특집으로 실렸다. 고객이 먼저 우리를 찾아오니까 영업팀이 필요 없다. 재미있는 이야기가 있고 그 이야기를 잘 풀어낼 수 있다

면, 온 세상이 나서서 그 이야기를 전파해주겠다고 한다. 우리는 그냥 우리의 이야기를 할 뿐이다. 거기에는 열정과 열의가 담겨 있고, 우리가 이 일을 하는 이유가 담겨 있다. 그 결과로 지금까지 이곳저곳에서 우리 이야기가 수도 없이 보도됐다!

**#정직한 영업법 – 크리스토퍼 개비건($$$$$):** 최고가 되고 싶다면 어떤 중요한 것을 갖고 있다고 소문이 나야 한다. 우리는 시장에서 개성과 소신이 뚜렷한 기업이다. 때문에 고객이 우리가 하는 모든 일에 관여하며 우리가 사명을 수행하는 것을 도와주려 한다. 그래서 우리의 영업과 마케팅은 우리의 #정직한 사풍과 가치관을 세상에 전파하는 것이다. 모름지기 영업과 마케팅의 핵심은 자신의 이야기를 전하고, 자신이 무엇을 추구하는지를 전하는 것이다.

이렇게 해서 장사가 잘되면 이제 그것을 관리할 방법이 필요하다!

# 한 단어
# 프로젝트 관리

고객이 계속 우수한 성과를 낼 수 있도록 코치하면서 느낀 것인데, 해야 할 일과 달성해야 할 목표의 목록이 길면 길수록 중압감이 커져서 오히려 엇나갈 가능성이 크다. 간결함에서 명료함이 나오는 법이다.
– 브렌든 버처드(〈뉴욕타임스〉 베스트셀러 《백만장자 메신저》 저자)

YOUR ONE WORD

　프로젝트란 이리저리 꼬일 때가 있기 마련이다. 그것을 잘 관리하면 회사가 살고, 아니면 망한다. 프로젝트 관리가 괜히 모든 조직에서 중요 요소로 취급되고 관련 자격증이 생긴 게 아니다.

　프로젝트 관리를 못 하면 되는 일이 아무것도 없다.

　프로젝트 관리를 잘해야 목표를 달성하기 위한 체계가 잡힌다. 프로젝트 관리를 잘해야 아이디어가 구체적으로 실현된다.

　기존의 프로젝트 관리법에서는 보통 착수, 계획 및 설계, 실행 및 구축, 모니터링 및 통제, 완료 및 마무리 같은 용어를 쓴다. 그리고 시중에 프린스 2PRINCE 2, 애로사슬Critical chain, 프로세스 기반, 애자일Agile, 린Lean, 익스트림, 편익 실현Benefits realization 등 다양한 프로젝트 관리법이 나와 있다.

　당신에게는 한 단어가 지배하는 프로젝트 관리 체계가 필요하다.

그래야 팀원이 프로젝트에서 공통된 목표, 곧 공통된 결과를 추구하는 것은 물론이고, 그 프로젝트를 수행하는 이유와 방법에도 공통된 인식이 생긴다.

당신의 한 단어는 팀이 하는 모든 일에서 지향점이 되는 북극성이다. 팀원의 행동이 프로젝트 목표를 달성하는 데는 도움이 되지만 한 단어에는 위배된다면, 그들은 최소한 당신에게 그런 문제를 알리기라도 해야 한다.

한 단어는 팀이 프로젝트를 어떻게 수행해야 할지를 명확하게 이해하는 근거가 된다. 예를 들어 당신의 한 단어가 #평온인데, 프로젝트가 어마어마한 스트레스를 유발한다면 변화가 필요하다.

그럴 때 당신이 #평온을 근거로 끌어모은 팀원은 아무리 기성 프로젝트 관리법에서 말하는 규칙을 다 지킨다고 해도 스트레스와 불만이 쌓여 탁월한 결과를 내지 못할 것이다. 팀의 상황이 한 단어에 부합할 때 프로젝트가 더 효과적으로 완료된다.

다음은 내가 #믿는다를 중심으로 프로젝트를 운영하는 방법이다.

# #믿는다는
# 이렇게 프로젝트를 관리한다

사람의 일생에는 멋진 날이 두 번 있다.
하나는 태어나는 날이고, 다른 하나는 그 이유를 깨닫는 날이다.
– 윌리엄 바클레이(저술가, 라디오 · 텔레비전 방송 진행자, 교수)

나의 프로젝트 관리법은 모든 사람이 지금 하고 있는 일을 왜 해야 하는지 깨닫도록 도와주는 것에서 출발한다.

나는 사람들이 마치 기계 부품처럼 일하는 것을 원하지 않는다. 대부분의 기업을 보면 보이지 않는 곳에서 일하는 사람은 노력의 결과를 직접 보지 못한다. 그들은 흐뭇해하는 고객을 보지 못하고 시상식에도 초대받지 못한다. 그들에게는 인터뷰나 강연 요청도 들어오지 않는다.

우리 팀은 다르다. 나는 어떤 프로젝트를 시작하기 전에 관계자에게 그 일이 누구를 위한 것이고, 왜 중요하며, 어떤 가치가 있고, 사람들의 삶에 어떤 영향을 미칠 것인지 알려준다. 그리고 정기적으로 소비자의 피드백을 취합해서 공유함으로써 그들의 수고가 사람들에게 어떤 식으로 도움이 되는지를 알려준다.

그들이 실제로 변화를 일으키고 있다는 사실을 피부로 느끼게 하는 것이다.

### 1. 의견을 구하는 것도 중요하다.

혹시 회사에서 당신 말고는 좋은 아이디어를 내는 사람이 아무도 없는 것 같다면 당신이 편안한 분위기를 조성하지 못했거나 팀원이 자신과 자신의 아이디어를 #믿고 말할 수 있도록 도와주지 않았기 때문일 수 있다.

우리 회사에서는 프로젝트와 관련해 새로운 아이디어가 나오면 적어도 두세 명이 그것을 검토해서 의견을 말한다. 때로는 내가 그것을 소셜미디어에 올리기도 한다. 나는 그렇게 사람들의 피드백을 구한다.

나는 새로운 아이디어를 사랑한다. 새로운 아이디어가 자유롭게 나올 때 최종 결과물이 더 좋아지는 것은 물론이고, 사람들이 프로젝트에 깊이 관여하고 있다는 느낌과 인정받는다는 느낌, 프로젝트의 성공에 이바지하고 있다는 느낌을 훨씬 강하게 받기 때문이다.

### 2. 사람을 적소에 배치하는 것 역시 중요하다.

사람들이 이미 모든 자리에 배치되어 있는 경우도 있고, 전문가를 영입해야 하는 경우도 있다. 그리고 인턴이나 파트타임 직원을 뽑아야 할 때도 있다. 내가 가장 좋아하는 방법은 기존의 팀원이 자신을 #믿고 안전지대 밖으로 나가서 더 크고 새로운 것에 도전하게 만드는 것이다.

### 3. 업무를 분장하고 협력해서 마감을 지키는 게 중요하다.

현재 우리 팀원은 대부분 서로 직접 만나본 적이 없다. 다들 이 나라 저 나라에 뿔뿔이 흩어져 있다. 그런데도 처음으로 공동 프로젝트를 맡아 일을 해도 금세 죽이 척척 맞는다. 서로 시간대도 다르고, 신앙도 다르고, 취미도 다르고, 정치 견해도 다르고, 좋아하는 스포츠 팀도 다르고, 가정 상황도 다르고, 여하튼 이것 저것 다 다른데 어떻게 그럴 수 있을까? 어떻게 그렇게 협력이 잘될 수 있을까?

모두 #믿는 사람이기 때문이다. 당신이 당신의 한 단어를 잘 선정하면 모든 것이 알아서 잘 풀릴 것이다.

# 돈 버는 회사들의
# 한 단어 프로젝트 관리법

그들은 모두 #가족의 일원이다.
그들은 학생으로 시작해서 행사를 기획하고 조율하는 사람으로 성장했다.
　−샤론 갤러($$)

**#경이로운 프로젝트 – 로베르토 블레이크($):** 나는 다양한 도구를 사용해 활동을 조율한다. 나는 매우 많은 활동을 하기 때문에 그것을 효과적으로 관리하려면 여러 도구가 필요하다. 구글 캘린더는 일정을 기록하고 확인할 수 있고, 마감일을 미리 알려주는 훌륭한 도구다. 나는 아사나 Asana라는 무료 작업 관리 도구를 사용 중이고, 일부러 여동생을 '잔소리꾼'으로 고용했다. 일반적인 스티커 메모지도 유용하게 사용한다.

**#가족 프로젝트 – 샤론 갤러($$):** 우리 학원의 프로젝트를 관리하는 사람은 모두 #가족의 일원이다. 그들은 모두 학생으로 시작했다. 도우미와 강사는 특별히 관심이 가는 프로젝트나 행사가 있으면 그것을 앞장서서 추진한다. 행사의 주최자와 사회자도 보통은 그쪽으로 열렬한 관심

이 있는 학생이 맡는다. 학원 전체 일정은 직원 한 명이 관리한다. 지금까지 그 자리에 두 명을 뽑았는데 두 사람 모두 뭔가 책임지고 할 일이 더 많았으면 하는 학생이었다. 그들은 그전부터 나를 위해 프로젝트를 수행하고 있었다. 순전히 재미있어서! 나는 그들이 하던 일을 직업으로 확장시켰고, 그것은 아주 좋은 효과를 발휘했다.

**#비범한 프로젝트 – 마크 드래거($$$):** 효과적인 프로젝트 관리의 핵심은 커뮤니케이션이다. 커뮤니케이션이 잘돼야만 마감일을 준수할 수 있다. 나는 방송계에서 힌트를 얻어 제작 일정판을 벽에 걸어뒀다. 거기에는 각 제작 단계를 나타내는 색깔 카드가 붙어 있어서 팀원이 일정의 빈틈을 쉽게 찾을 수 있다. 나는 일정판을 한번 쓱 보기만 해도 각 팀원이 얼마나 효과적으로 프로젝트를 진행 중인지, 새로운 프로젝트를 발굴하기 위한 노력을 확대할 필요가 있는지 없는지 알 수 있다.

**#즐거움 프로젝트 – 리처드 셰리든($$$$):** 우리는 프로젝트 '이야기 카드'로 주간 작업 흐름을 관리한다. 벽에 프로젝트별 이야기판이 걸려 있다. 이 판에 한 주의 이야기 카드를 붙인다. 이야기 카드는 수영장의 레인처럼 나뉘어 있어서 시작점과 종착점을 한눈에 확인할 수 있다. 하나의 이야기 레인을 두 사람이 이용하면서 작업 진행 과정에 맞춰 동그란 색깔 스티커를 붙인다. 그래서 누구든 이야기 레인에 붙은 스티커를 보고 현재 프로젝트가 순조롭게 진행되고 있는지 차질이 생겼는지를 금세 알 수 있다.

**#정직한 프로젝트 – 크리스토퍼 개비건($$$$$):** 우리는 #정직한 열정과 뚝심으로 어떤 작업이든 악착같이 완수한다. 예나 지금이나 투지와 실력으로 꿋꿋이 전진하고 있다. 그러자면 항상 모든 일이 질서정연하게 이뤄지지 않고, 그야말로 난장판이 될 때도 있다. 그래도 우리는 회사의 성장 과정에서 중요한 전환기마다 차분히 숨을 고르면서 앞으로 나아갈 방향을 현명하게 선택해왔다. 그리고 고객을 지원하면서 그들에게 프로젝트 아이디어를 듣는다.

고객 지원팀은 내가 소비자, 마케팅 효과에 대한 정보를 직통으로 듣는 창구다. 그들이 내게 유용한 피드백을 전달하면 나는 그 내용을 제품개발 쪽으로 보낸다. 그렇게 해서 신제품 아이디어를 얻고 마케팅을 수정하고 현행 작업을 조정한다.

끝으로, 당신의 한 단어는 사업을 하면서 힘든 결정을 내릴 때마다 도움이 될 것이다.

# 한 단어
# 결정

자신의 가치관을 알면 결정을 내리는 게 어렵지 않다.
– 로이 E. 디즈니

힘든 결정은 누구나 싫어한다.

일이 잘 풀릴 때 한 단어, 사명, 가치관 등을 말하기는 쉽다. 그러나 일이 잘 풀리지 않을 때는 어떤가? 월세도 못 내는 상황에서 누군가 당신의 가치관에는 위배되지만, 보수는 두둑한 일을 제안한다면?

이런 게 바로 사업의 세계다.

당신의 한 단어를 안다면 힘든 결정을 내리기가 한결 쉬워진다.

당신도 사업도 어려운 상황에서 당신이 내리는 결정으로 정체성이 정해진다. 그것은 당신이 어떤 사람이고, 진심으로 믿는 게 무엇인지 발견하는 기회가 된다. 위기의 순간이 닥쳐올 때, 벼랑 끝으로 내몰렸을 때, 달콤한 유혹이 손을 뻗어 왔을 때에 내리는 결정이 당신이 누구인가를 설명해준다.

**CVS헬스 이야기:** 2014년 가을에 CVS는 사명을 CVS 헬스로 변경하고 전국의 총 7,700개 매장에서 담배와 관련 제품의 판매를 전면 중단했다. 그로 인해 연 매출이 20억 달러 줄어들 것으로 전망됐다. 그러나 담배는 이회사의 한 단어인 #건강과 공존할 수 없었다. CVS의 대표 래리 멀로Larry Merlo는 이렇게 말했다.

"20억 달러의 매출을 포기하기에 좋은 때가 있을 리 없겠지만 우리는 이번이 좋은 기회라고 판단했다. CVS헬스 약국에서 담배류 제품의 판매를 중단한 것은 우리 고객과 회사를 위해 잘한 일이다. 담배류를 파는 것은 건강 증진을 돕는다는 우리의 목표와 어울리지 않는다."

이게 바로 힘든 결정이다. 당신이라면 연 매출 20억 달러를 순순히 포기할 수 있겠는가? 자신이 무엇을 추구하는지 알면 이런 결정을 한층 쉽게 내릴 수 있다. 이후 CVS헬스는 금연 법안에 반대 로비를 벌인다는 이유로 미국상공회의소를 탈퇴했다.

어떤 중요한 것을 추구할 때 회사는 단기적으로 타격을 입을지 모른다. 20억 달러가 하늘에서 뚝 떨어지는 돈은 아니다. 하지만 가치관을 고수할 때 장기적인 성공의 길이 열린다. 그럴 때 고객은 당신이 무엇을 추구하는지 알게 된다. 그럴 때 직원은 자부심을 느낀다. 그럴 때 미디어가 당신을 긍정적으로 보도한다.

당신이 단기적인 손실을 감수하고 올바른 것을 추구하면서 소신 있는 결정을 내린다면, 그 결정의 긍정적인 효과가 사업의 전 영역으로 흘러들어간다.

# #믿는다는
# 이렇게 결정한다

어떤 것에 '예'라고 말하는 것은 다른 것에 '아니요'라고 말하는 것이다.
그래서 결정이 어려울 때가 있다.
— 숀 코비(《성공하는 10대들의 7가지 습관》 저자)

나는 열아홉 살 때 내 인생에서 최고로 힘든 결정에 직면했다.

어릴 때부터 내 장래희망은 은행가였다. 보드게임을 할 때도 항상 은행
가만 했다. 우리 가족은 모두 일반적인 직업을 갖고 있었고, 앞에서 말했던
것처럼 나는 고등학교 졸업 앨범에 10년 후 은행 지점장이 되어 있을 것이
라고 썼다.

그러다 열아홉 살 때 고비가 왔다.

나는 소프트웨어 회사의 소유주가 됐지만, 회사 상황이 썩 좋지 않았다.
대학을 다니면서 한 달 수입 300달러로 간신히 연명했다. 사업이 내 길이
라는 확신이 없었고, 계속 학업을 이어갔다. 그러던 중 갑자기 취업 쪽으로
진로가 열렸다. 유수의 은행과 전략 컨설팅업체에서 영입 제의가 들어왔
다. 다른 친구들이 군침을 흘리는 제안이었다. 면접을 보러 오라고 뉴욕의

최고급 호텔을 예약해주었고, 합격한다면 전 세계를 돌아다닐 수 있는 자리였다. 초봉이 연간 8만~10만 달러나 됐다.

당시 내가 사업으로 버는 돈은 고작 월 300달러였다. 어떻게 해야 할지 난감했다. 예전부터 원했던 일이니까 제안을 수락할까, 아니면 사업을 하면서 끝까지 버텨볼까? 동업자를 빼고는 내가 묻는 사람마다 제안을 수락하라고 했다. 그게 안전하고 안정적인 길이었다. 내가 항상 원했던 길이었다. 돈도 벌고 세상도 구경할 수 있는 길이었다. 지금이야 사업이 다 잘될 줄 알았기 때문에 고민할 것도 없이 그 제안을 뿌리치고 사업에 전념했다고 말할 수 있을 것이다.

하지만 사실을 말하자면 당시 나는 잔뜩 겁을 먹었다.

만약에 회사가 망하면 어쩌지? 그러면 어떻게 먹고살지? 실패의 경험을 안고 어떻게 살아가지? 다른 회사에서 나를 또 뽑으려고 할까? 결국 나는 나중에 나 자신을 #믿고 사업에 매진했으면 어떻게 됐을까 하는 후회 없이 살기로 결심했다. 끝까지 버텨보기로 했다.

그 이후로 나는 줄곧 똑같은 기법을 쓰고 있다. 힘든 결정을 마주할 때마다 나 자신을 #믿고 지금 어떤 것을 하지 않은 것을 나중에 후회하지 않겠느냐고 물어보는 것이다. 후회할 것 같으면 바로 행동에 돌입한다. 실수를 안고 살 수는 있다. 실패를 안고 살 수는 있다. 망신을 안고 살 수는 있다. 하지만 후회를 안고 살고 싶지는 않다.

# 돈 버는 회사들의
# 한 단어 결정법

악마는 항상 현찰을 들고 나타난다. 테이블에 현찰 뭉치를 떡하니 내려놓는 것이다.
나는 '아, 이걸 포기하자니 가슴이 무너지는구나'라고 생각했다.
하지만 그렇게 하는 게 옳았다.
– 리처드 셰리든($$$$)

**#경이로운 결정 – 로베르토 블레이크($):** 나는 아무리 수익성이 좋은 기회라고 해도 #경이롭지 않으면 거절한다. 나는 담배 회사, 수압파쇄법(강한 압력으로 셰일가스를 채취하는 공법으로 환경에 악영향을 미친다는 논란이 있다 – 역주) 사용 회사를 포함해 초거대 기업의 많은 제안을 거부했고, 정치 조직의 제안도 거의 다 거부했다. 예외가 있긴 하다. 예를 들어 어떤 정치인이 선거와 상관없이 교육 등 다른 분야에서 좋은 뜻이 있어 같이 일하자고 하면 기꺼이 손을 잡을 것이다.

**#가족 결정 – 샤론 갤러($$):** 나는 #가족이 먼저다. 예전에 낮 시간에 우리 스튜디오를 빌리고 싶다는 사람이 있었는데, 왠지 우리와 잘 맞지 않는 것 같았다. 그들은 별로 개방적이지도, 사람들을 환영하지도 않는 게

우리의 가치관과 전혀 맞지 않았다. 그래서 계약서에 서명하기 직전에 그만뒀다. 그냥 아니다 싶었다. 스튜디오에서 연습하는 도우미를 생각하니 방해가 될 것 같았다. 그리고 우리 강사가 정규 수업 전에 스튜디오에서 레슨으로 부수입을 얻고 있기도 했다. 나는 언제나 일시적인 수익보다 #가족이 우선이다.

**#비범한 결정 - 마크 드래거($$$):** 나는 한 단어에 의지해 힘든 결정을 내린다. 무엇이 가장 #비범한 결과를 낼지 생각해보면 그 길을 가야 할지 말아야 할지 판단이 선다. 한 단어는 껄끄러운 대화를 할 때도 도움이 된다. 팀원은 내가 #비범한 것이 무엇인지 보여주기를 기대하고, 나는 무엇이든 #비범하지 않은 일은 거절한다. 언젠가 의뢰인과 만날 시간도 없을 만큼 빡빡한 일정으로 작업 요청이 들어왔다. 나는 의뢰인에게 그렇게 해서는 수준 미달의 결과물이 나올 수밖에 없기 때문에 요청을 받아들일 수 없다고 말했다. 나는 품질을 포기할 수 없었고, 의뢰인은 더 많은 예산을 쓸 생각이 없었다.

**#즐거움 결정 - 리처드 셰리든($$$$):** 우리는 우리가 세상에 선사하는 기쁨으로 #즐거움을 측정할 수 있다. 상품이 시장에서 얼마나 잘나가는가를 기준으로 경제적 성과를 측정할 수 있는 것처럼 #즐거움도 측정 가능하다. 상품이 잘나가면 사람들에게 #즐거움을 주고 있다는 뜻이다. 이것은 우리가 수고의 대가로 현금 대신 고객사의 지분이나 로열티를 받을 때 더욱 확실하게 체감할 수 있다. 그러나 우리가 #즐거움에서 멀

어지면 힘든 결정을 내려야 한다. 우리는 고객과 협업할 때 까다로운 조건을 제시한다. 우리가 고객에게 적극적인 참여를 요구했을 때 만약 고객이 #즐거움에 걸림돌을 만든다면, 만약 고객이 "됐으니까 그냥 알아서 해주세요."라고 말한다면, 그쪽은 우리의 윤리 기준을 존중하지 않는다는 것을 알 수 있다.

**#정직한 결정 – 크리스토퍼 개비건($$$$$):** 브랜드에 걸맞은 결정을 내려야 한다. 가끔 공급업체가 우리 기준을 충족시키지 못하는 상황이 발생한다. 우리는 그들과 나란히 걸으며 사명을 수행하기를 바라지만, 그쪽에서 우리가 원하는 것을 제공하지 못하는 것이다. 그 이유는 보통 우리가 너무 빨리 성장했기 때문이다. 우리가 공급업체보다 빨리 성장해서 그들이 우리의 걸음과 규모에 맞추지 못하는 경우가 많다. 우리는 프로세스를 정비하고 더 많은 규정을 만드는데 그쪽에서 감당하지 못하는 것이다. 그동안 함께 브랜드를 구축해온 이들과 관계를 끊는 게 쉬운 일은 아니다.

# 당신의 공급자는

## 당신의 브랜드를 대변하고 있는가?

# 당신의 구성원은

## 자신들이 하는 일로

## 사람들의 삶이 바뀌고 있다는 것을

## 자각하고 있는가?

# 당신의 고객은

## 당신의 상품에 관심을 두는

## 자신들에게

## 당신이 관심 있어

## 한다는 걸 알고 있는가?

분화하는 화산은 웅장하다.

용암이 폭발하고 연기와 화산재가

하늘과 대지를 뒤덮는 엄청난 위력과 영향력

하지만 그 시작은 지구의

코어에서 시작된 아주 작은 움직임이

맨틀을 거치면서 커지고

지각에 이르러 걷잡을 수 없는 강력한 힘이 되어

지표면의 빈틈을 치고 나온 것이라는 것을

결코 잊지 말자.

당신도 마찬가지다.

# 당신의 한 단어가
# 당신의 코어다!

# 결

# 론

## 당신의 한 단어가 당신의 본질이다

회사 설립의 가장 큰 장애물은 아이디어도 투자도 경험도 아니다.

바로 핑계다.

– 세라 레이시(기술 전문 기자, 저술가)

# 이 책으로
# 성공을 '미리보기' 하라

성공한 사람은 모두 청사진을 남긴다.

− 케빈 하트(배우, 코미디언)

이 책은 그냥 책이 아니다. 청사진이다.

한 단어의 길에 첫발을 들였을 때 나 자신이 미쳤다고 생각했다. 내 결정이 너무 거창하다고, 너무 대담하다고, 너무 위험하다고 생각했다. 하지만 일단 마음을 정하고나자 비록 비틀거릴지언정 본능에 따라 내가 옳다고 믿는 걸음을 꿋꿋이 내딛는 수밖에 없다는 마음이 들었다. 어차피 나 말고는 이 길을 가는 사람도 없는 것 같았고, 길잡이가 될 책도 없었다.

그러다 나와 같은 길을 가는 사람들을 알게 됐다. 그들은 직접 사업을 만들고 수십억 달러의 연 매출을 올리는 제국까지 건설했다. 알고 보니 그들도 답을 알고 있진 않았다. 그들도 비틀거릴지언정 본능에 따라 자신이 옳다고 믿는 걸음을 꿋꿋이 내디뎠다. 그들에게도 길잡이가 될 책이 없었다.

그래서 나는 그들의 이야기, 교훈, 혜안을 모아 당신은 이 길을 좀 더 쉽게 걸을 수 있도록 책으로 엮었다. 미국과 캐나다를 누비며 당신을 대신해 그들을 직접 만났다. 길고 긴 대화의 정수만 추려서 당신을 위한 성공의 계획표를 만들었다. 당신에게는 이제 중요한 것을 건설하기 위한 청사진이 생겼다. 모두 이제는 성공한 사업가가 그간의 세월 동안 겪은 시행착오 덕분이다.

일찍이 누가 나를 위해 이렇게 해줬으면 얼마나 좋았을까. 내가 첫걸음을 내디딜 때 이런 본보기가 있었으면 얼마나 좋았을까. 그러면 직접 부딪혀 배운다고 소비한 시간과 돈을 많이 아낄 수 있었을 것이다. 그리고 내가 진정으로 원하던 사업을 더 빨리 구축할 수 있었을 것이다.

하지만 최고의 사업 아이디어는 직접 문제를 해결할 때 나오는 법이라고 했다. 혹시 지금 어떤 큰 문제에 봉착해서 그 문제를 해결하기 위해 고군분투하고 있는가? 아마 당신 말고도 똑같은 문제와 씨름하면서 당신이 해법을 준다면 감사히 받을 사람이 많이 있을 것이다.

그래서 나는 당신이 이 책에 실린 지식을 활용했으면 좋겠다. 당장 그랬으면 좋겠다. 다른 사람이 여기까지 오기 위해 기울인 노력을 발판 삼아 당신 자신과 이 세상을 위해 경이로운 것을 만들어냈으면 좋겠다. 당신이 이것을 진지하게 받아들였으면 좋겠다. 당신이 이 책에 실린 전략을 실행할 때 사람들의 삶이 달라질 테니까 말이다.

코어, 캠페인, 회사. 이 순서를 따르면 당신의 성공 확률이 극대화될 것이다. 출발점은 당신의 본질(코어)이다.

# 당신의 한 단어가
# 당신의 본질이다

나는 주변 사람이 시키는 것, 부모님이 시키는 것, 선생님이 시키는 것, 더 나아가 문화가 시키는
것을 하지 않고 자기 마음이 시키는 것을 하는 게 매우 중요하다고 생각한다.
ㅡ조지 루카스(억만장자, 사업가, 〈스타워즈〉와 〈인디아나 존스〉 제작자)

YOUR ONE WORD

뻔한 삶을 끝내자!

대부분의 사람이 뻔한 인생을 살면서, 자신에 대한 기대치를 너무 낮게
잡으면서 뻔한 게 용납되는 세상을 만들어버렸다. 당신이 만나는 사람, 당
신이 들어가는 웹사이트, 당신이 소비하는 미디어, 이렇게 당신의 주변에
있는 모든 것이 당신을 지금 있는 그 자리에 붙들어놓고 있다.

당신 안의 위대함을 발견해야 한다. 모든 사람이 제로에서 시작한다. 차
이는 자신이 어디로 나아가고 있다고 보느냐에 따라 만들어진다.

당신에게는 한 단어가 있다.

당신이란 사람을 정의하고, 당신을 살맛 나게 하는 모든 것을 하나로 잇
고, 당신의 뻔한 인생의 사슬을 끊을 수 있게 해주는 한 단어가 존재한다.

사람들은 당신에게서 뭔가를 사기 전에 당신이 어떤 사람이고, 무엇을 추구하는지를 알고 싶어 한다.

당신의 신념이 고객의 신념이 돼야 한다. 기능과 편익은 저리 치워두자. 쓸데없다고 할 수는 없지만, 딱히 효율적이지도 않다. 진짜는 본질을 파는 것이다. 돈을 벌려면 훌륭한 상품이나 서비스를 제공하는 것만으로는 안 된다. 중요한 것은 사람들이 당신의 브랜드를 볼 때 느끼는 감정이다.

돈을 버는 게 유일한 목표라면 절대로 부자가 될 수 없다. 세상에 영향을 미치고 유산을 남기겠다는 바람이 있어야 한다. 당신의 한 단어는 마케팅용 카피가 아니다. 삶의 방식이다. 당신의 한 단어를 알 때 당신의 길에 걸맞은 결정을 내릴 수 있다. 한 단어의 철학으로 많은 사업가가 수백만 달러의 매출을 올리고 있고, 그런 일이 당신에게도 얼마든지 일어날 수 있다.

한 단어는 어떻게 찾을 수 있을까?

평생에서 당신의 한 단어를 찾는 것만큼 가치 있는 활동도 드물 것이다. 성공하고 싶다면 먼저 당신을 행복하게 하는 게 무엇인지 알아야 한다. 당신을 행복하게 하는 것을 망라한 목록을 보고, 그 모든 것을 관통하는 주제를 찾아서 적어보자.

여기서부터 마법이 일어난다. 자신이 어떤 사람인지 모르겠다면 자신이 어떤 사람이 아닌지부터 생각해보자. 사람이든 사물이든 당신을 불쾌하게 하는 것을 모두 적은 후 그것을 하나로 묶는 주제가 무엇인지 밝히자. 당신의 한 단어는 새해 결심과 다르다. 절대로 변치 않는다. 싫증 나지 않는다. 당신의 핵심 가치, 당신의 한 단어는 변치 않는다.

당신의 한 단어는 당연히 대담한 것이어야 한다.

당신은 지금까지 자꾸 할 수 없다는 말로 자신에게 상처를 입혔다.

대담해지자. 당당해지자. 다른 사람과 더 얘기하지 말고 자기 자신과 더 얘기하자. 이제는 다른 사람의 생각과 판단에 지배당하지 말자. 당신의 인생은 누구도 아닌 당신의 것이다. 당신은 당신의 인생을 살아야 한다. 거기에 타인의 허락 따윈 필요 없다. 당신이 선택한 단어가 강력한 것일수록 이미 다른 사람이 그 단어를 사용하고 있을 확률이 높다. 개성은 단어 자체에서 나오는 게 아니라 단어에 대한 당신의 해석에서 나온다.

이제 당신이 무엇을 추구하는지 알았으니 그것을 토대로 다른 사람에게 행동을 유도하는 강력한 캠페인을 만들 수 있게 됐다.

# 행동을 유도하는
# 캠페인 만들기

캠페인에는 많은 요소가 포함된다.
그중에서 제일은 리더십이다. 나머지는 전부 그다음이다.
– 베르톨트 브레히트(시인, 극작가, 연출가)

당신의 한 단어가 세상을 바꿀 수 있다.

한 사람이 일으킨 바람이 역사의 물살을 바꾼다. 당신이 어떤 중요한 일에 참여할 기회를 주면 사람들은 주저 없이 당신과 한배를 탄다. 간단한 테스트를 통해 당신의 한 단어가 위력을 발휘하는지 검증하자. 수개월간 계획만 짜지 말고 일단 쉬운 것부터 찾아서 시작하자!

나의 예전 영상은 조회수 10만의 벽을 뚫는 데 꼬박 1년이 걸렸다. 하지만 #믿는다 영상은 한 달 만에 1.5배의 성과를 거뒀다. 당신이 뭔가 강력한 것, 당신에게 어떤 의미가 있는 것, 그러면서 남도 쉽게 이해할 수 있는 것을 추구하면 사람들이 그것을 공유하고 당신 등 뒤로 우르르 몰려들 것이다.

당신은 후회 없는 인생을 살기 위해, 미래의 자신을 위해 지금 여기서 변화를 시도해야 할 의무가 있다. 일단 한번 시도한 일은 실패해도 후회가 거의 남지 않고, 그런 과정을 통해 우리는 꿈꾸는 삶에 다가선다. 의욕이 없으면 큰일을 이루지 못한다. 자기 자신에게 물어보자. 남 밑에서 일하는 게 왜 싫은가? 왜 사업을 시작했는가? 어떤 사람으로 기억되고 싶은가?

### 강력한 캠페인은 어떻게 만들 수 있는가?

여기서 말한 요소를 하나도 빠짐없이 갖춰야만 성공할 수 있는 것은 아니다. 많은 사람이 이 가운데 일부만 갖추고도 성공한다. 하지만 그중에서 캠페인에 투입되는 요소가 많을수록 강력한 바람을 일으킬 확률도 높아진다. 일단 당신과 당신의 메시지를 듣는 사람에게 기운을 북돋아줄 신조가 있어야 한다. 당신의 신조는 당신이 하는 모든 창조 행위에 영감을 준다.

당신의 창업 스토리도 중요하다. 당신이 생각하는 것보다 훨씬 중요하다. 당신의 이야기는 고객이 느끼는 가치를 키우고 맥락을 만들어준다. 사람들의 약력은 대부분 재미가 없다. 눈곱만큼도 재미가 없다. 그러므로 당신의 이야기는 흥미롭게 쓰자. 인간적인 느낌이 나게 쓰자. 정감이 가게 쓰자. 그것이 나한테도 통했으니까 당신에게도 통할 것이다.

다음으로 당신을, 당신의 사업을, 당신의 신념을 추종하고 서로 교류하는 충성팬이 있어야 한다. 그들에게 이름을 지어주자. 그들을 인정하자. 그들을 결집하자. 그들에게 의례를 만들어주자.

이어서 회사 이름에 대해 생각해보자. 아마도 당신은 회사 이름에 대해 잘못된 조언을 들었을 것이다. 회사 이름으로 그저 무엇을 판매하는지만 알려서는 안 된다. 회사 이름에는 융통성이 있어야 한다.

다음으로 적은 행동의 기폭제가 된다. 적을 찾아서 긍정적인 변화를 일으키기 위한 세력을 규합하자. 상징물도 어떤 캠페인에서나 중요한 요소다. 당신의 적을 나타내는 상징물은 무엇인가? 당신의 한 단어를 나타내는 상징물은 무엇인가?

색깔에도 의미가 있다. 서체는 감정을 자아낸다. 음악은 사람들이 당신의 사업에 친밀감을 느끼게 만드는 언어다. 이 모든 것에 꼭 큰돈을 들일 필요는 없다. 강력한 목적이 있고, 그것이 이야기를 전달하는 데 도움이 되는 이런 요소와 결합된다면 지속적으로 세상을 변화시킬 영향력 있는 브랜드를 만들 수 있다.

이로써 당신은 캠페인을 회사로 발전시켜 더 많은 사람에게 훨씬 큰 영향력을 발휘할 준비가 끝났다.

# 한 단어
# 회사 만들기

나는 우리 회사의 사명대로 살려고 노력하고
인생에서 그 외의 것은 모두 지극히 단순한 상태를 유지한다.
— 마크 저커버그(페이스북 창립자)

당신의 한 단어를 중심으로 회사 문화를 조성하자.

당신이 어떤 팀을 꾸리느냐에 따라 회사가 흥할 수도 있고 망할 수도 있다. 한 단어는 그것을 하나로 어우러지게 만드는 마법의 소스다. 다른 데서는 부적격이라도 당신에게는 최적격인 사람을 채용하자.

당신의 업무 환경을 돌아보자. 주변 환경이 당신을 지금 그 자리에 붙들어두고 있다. 훌륭한 일을 하고 싶으면 훌륭함으로 사방을 둘러싸야 한다. 당신의 회사가 사람들에게 색다른 세상의 진입로가 되어야 한다.

이어서 당신이 조성하는 문화를 뒷받침하는 의례를 만들자. 의례를 통해 당신이 하는 사업의 정체성이 드러난다. 최강의 문화에는 독자적인 언어가 있다. 강력한 이름을 만들자. 거기에 의미를 채우자. 그러면 팀원이 그에 부응할 것이다.

당신의 한 단어를 토대로 강력한 문화가 조성되어 있다면 엄격한 경영 방침은 필요하지 않다. 한 단어는 의사결정과 행동 방향을 제시할 수 있어야 한다.

사람을 해고할 때도 한 단어를 판단 근거로 삼아야 한다. 어떤 사람이 능력을 발휘하지 못한다면 당신의 한 단어가 어떻게 하는 게 가장 좋은지 알려줄 것이다.

당신의 한 단어를 경영의 나침반으로 삼자.

일단 고객을 생각하자. 고객을 대할 때는 반드시 한 단어에 입각해 말하고 행동하고, 커뮤니케이션 전략 역시 한 단어를 바탕으로 해야 한다.

공급자는 당신이 무엇을 추구하는지 알고, 당신과 똑같은 믿음을 갖고 있는 사람을 선정해야 한다. 그런 공급자일수록 당신이 성장하는 데 도움이 된다.

다음으로는 당신이 만드는 새로운 상품과 서비스에 대해 당신이 자부심을 느껴야 한다. 사람들이 당신의 상품에 관심을 갖게 하려면 당신이 그들에게 관심이 있다는 것을 먼저 보여줘야 한다. 이어서 연구개발, 조언자, 투자자, 영업 인력, 프로젝트 관리에 한 단어를 접목해야 한다.

끝으로, 당신의 한 단어를 안다면 힘든 결정을 내리기가 한결 쉬워진다. 당신이 단기적인 손실이나 머리로는 명쾌하게 납득이 안 가는 것을 감수하고서라도 올바른 것을 추구하면 그것의 긍정적인 효과가 사업의 전 영역으로 흘러들어간다.

# 변명할 시간에
# 실행하라

진짜로 결정을 내렸는지 아닌지는 새로운 행동을 했느냐 아니냐로 판단할 수 있다.
아무런 행동도 하지 않았다면 진짜로 결정을 내린 게 아니다.
　－토니 로빈스

YOUR ONE WORD

자, 이렇게 당신은 또 한 권의 책을 끝냈다.

어떤 사람에게는 이것이 정말로 큰 성과일 수도 있다. 평소에 책을 잘 읽지 않는다면 그럴 것이다. 그렇다면 축하한다! 또 일주일에 한 권씩 책을 읽는 습관이 있는 사람은 이 책을 '다 읽은 책' 목록에 올리고 바로 책꽂이에 꽂아버릴지도 모른다. 어느 쪽이든 그 정도로는 부족하다.

어떤 책이든 마찬가지겠지만 특히 이 책은 그냥 읽는 것만으로는 부족하다. 그냥 읽기만 한다면 우리 둘 다 시간만 낭비한 셈이다. 나는 자료를 모으고 책을 쓰는 데 걸린 1년을 낭비했고, 당신은 이 책을 읽는 데 걸린 시간을 낭비했다.

**중요한 것은 행동이다.**

내가 목표 설정과 관련해서 얻은 가장 값진 교훈은 일단 목표를 설정했으면 무엇이 됐든 좋으니 그 목표를 달성하기 위한 행동에 '지체 없이' 돌입해야 한다는 것이다.

그것이 꼭 거창하고 대담한 행동이어야 하는 것은 아니다. 뭐가 됐든 괜찮다. 메일을 보내도 좋고, 친구에게 다짐해도 좋고, 페이스북에 글을 써도 좋다. 어떤 것이라도 추진력이 떨어지지만 않으면 된다. '내일'부터 하겠다고 말할 때는 내일 할 마음이 정말로 있겠지만, 막상 내일이 되면 다음 날로, 또 그다음 날로 미루다가 결국 흐지부지되어 인생이 큰 변화 없이 예전처럼 흘러가게 된다.

이젠 그러면 안 된다.

물론 지금 당장 뭘 하기에는 시간이 너무 늦었을 것이다. 물론 지금 당장은 시간이 없을 것이다. 물론 모든 것을 완벽하게 조율한 후에 시작하고 싶을 것이다. 하지만 이젠 그러면 안 된다. 완벽한 때란 절대 오지 않는다. 핑곗거리는 언제나 존재한다. 당신은 영리한 사람이니까 지금껏 온갖 영리한 핑계를 잘 만들어냈을 것이다.

나중에 '완벽하게' 하는 것보다 지금 당장 '뭐라도' 하는 게 훨씬 중요하다는 것이다. 어차피 완벽한 것은 없다. 어차피 나중에는 안 할 것이다. 그러니 오늘 시작하자. 지금 당장 행동에 들어가자. 지금 당신 안에서 차오르는 추진력을 느끼자.

"에번, 무슨 말인지 알겠는데요. 그래도 지금 상황이…"

# '그렇지만' 보다
# '그럼에도 불구하고'

사람들은 책임을 돌릴 사람을 찾기 위해 너무 많은 시간을 쓰고, 할 수 있는 일을 하지 않을 핑계를 찾기 위해 너무 많은 에너지를 쓰지만, 정작 위험을 무릅쓰고 과거에서 벗어나 전진하기 위해서는 에너지를 잘 사용하지 않는다.
–J. 마이클 스트라진스키(《토르》, 《어메이징 스파이더맨》 등으로 유명한 그래픽노블 작가, 제작자)

YOUR ONE WORD

"에번, 지금은 좀 곤란한 게…."

아마도 이게 모든 사람에게 가장 큰 장애물일 것이다. 자신의 발목을 붙잡는 말을 스스로 하고 있는 것이다. 거울을 보고 당신이 왜 원하는 만큼 성공하지 못했는지 물어보기 바란다. 내면의 목소리가 무엇이라고 대답하는가? 보통 이런 말이 나올 것이다.

내가 성공하지 못한 이유는…

- 필요한 자원이 없기 때문이다.
- 연줄이 없기 때문이다.
- 필요한 교육을 받지 못했기 때문이다.
- 부모님이 성공하지 못했기 때문이다.

- 정부가 훼방을 놓기 때문이다.
- 소수자, 여자, 장애인이거나, 너무 어리거나 너무 늙었기 때문이다.
- 성공할 자격이 없기 때문이다.
- 성공해봤자 그 상태를 유지할 수 없기 때문이다.
- 창의성/외향성/전문성/기술력/붙임성이 없기 때문이다.
- 다른 사람이 선수를 쳤기 때문이다.
- 도전했다가 실패하면 사람들이 비판할 것이기 때문이다.

하지만 당신보다 훨씬 못한 환경에서도 열심히 꿈을 좇으며 그것을 실현하고 있는 사람이 있다. 저런 이유를 무시하라는 게 아니다. 만일 당신이 소말리아에서 태어나 내전, 가뭄, 해적이 만드는 난리 속에서 살아야 한다면 당연히 뉴욕의 중산층 가정에서 태어난 사람보다 삶이 훨씬 더 팍팍할 것이다.

하지만 어쩌겠는가? 그게 당신에게 주어진 패다. 그 패로 무엇을 하겠는가? 평생 남 탓만 하며 살 것인가, 아니면 자신의 인생에 책임을 지겠는가? 세상을 바꾸는 사람은 수중에 얼마나 많은 자원을 보유하고 있느냐가 아니라, 현재 갖고 있는 자원을 얼마나 수완 좋게 활용하느냐가 중요하다. 또 주어진 인생에 감사하며 미래에 대한 책임을 지는 게 중요하다는 사실을 잘 안다.

남 탓 할 일이 아니다. 미래를 만드는 것은 당신에게 달린 일이다.

# 당신의 미래는
# 당신에게 달렸다

수완 없는 자와 어울리기엔 인생이 너무 짧다.
－제프 베이조스

존 폴 디조리아John Paul DeJoria는 두 살 때 부모님이 이혼했다.

아홉 살 때 집집마다 돌아다니며 신문을 배달하고, 크리스마스카드를 팔아서 가계에 보탰다. 홀어머니가 더는 그를 부양할 수 없게 되자 로스앤젤레스에 있는 위탁가정으로 보냈고, 거기서 갱단에 들어갔다. 고등학교 때 수학 교사에게 '뭘 하든 성공은 글러먹은 놈'이라는 소리를 들었다. 이후 수위와 보험 판매원 등으로 일했지만, 지금은 억만장자다.

오프라 윈프리는 원래 이름이 오르파였지만 사람들이 자꾸만 오프라라고 발음해서 아예 이름을 그렇게 바꿨다. 그녀의 어머니는 십 대 미혼모 가정부였다. 오프라는 어릴 때 집이 찢어지게 가난해서 감자 포대로 만든 옷을 입고 다닌다고 아이들에게 놀림을 받았다. 아홉 살 때 집에 들락거리던 사촌, 삼촌, 지인에게 성폭행을 당했다. 열세 살 때 가출해서 열네 살에 임신했으나, 아기는 미숙아로 태어나 사망했다. 이 글을 쓰는 현재를 기준으로 그녀는 북미에서 흑인으로는 최초이자 유일한 수십억대 자산가다.

에이브러햄 링컨은 아홉 살 때 병으로 어머니를 여의었다. 그가 공식적으로 교육을 받은 기간은 1년이 채 안 된다. 스물한 살 때까지 버는 돈을 모두 아버지에게 드렸다. 스물두 살 때 첫사랑이 세상을 떠났다. 자녀 4명 중 3명이 성년이 되기 전에 사망했다. 부인은 끝내 정신병원에 입원했고, 그는 '비애'에 젖어 살았다. 요즘 말로 하면 우울증이었다. 정치 인생에서 상·하원의원, 부통령에 도전해 8번 고배를 마셨다. 1860년에 미국 대통령으로 당선되어 지금은 미국 역사상 최고의 대통령으로 꼽힌다.

이들과 비교했을 때 당신의 이야기는 어떤가?
당신이 존 폴 디조리아보다 불우하다고, 오프라 윈프리보다 가진 게 없다고, 에이브러햄 링컨보다 곡절이 많다고 하긴 어려울 것이다.
이 책 안에, 그리고 당신 안에 성공에 필요한 도구가 다 갖춰져 있다. 모든 것은 당신의 행동에 달렸다. 대담하게 행동에 나서자. 당신을 위해서, 그리고 온 세상을 위해서.
#믿으시길!

## 감사의 말씀

이 책의 독자인 당신에게 감사의 말씀을 드리고 싶습니다.

이 책을 구입한 당신에게 감사합니다. 지금 당신 앞에는 엄청난 길이 펼쳐져 있습니다. 나를 후원해주신 것에 감사합니다.

이 책을 여러 권 구입해서 친구에게 선물로 건넨 당신에게 감사합니다. 당신은 인생을 잘사는 비결이 나눔에 있다는 것을 아는 사람입니다. 나와 당신의 친구는 당신의 훌륭한 됨됨이에 감사합니다.

이 책을 불법으로 복사한 당신에게 감사합니다. 당신의 인생에 좋은 영향을 미치는 작가를 후원하면 어떨지 한번 생각해보면 좋겠습니다. 앞으로 보내주실 후원에 감사합니다.

책을 사놓기만 하고 읽지 않는 당신에게 감사합니다. 이제 책은 그만 수집하고 지식을 수집하시기 바랍니다. 장차 당신이 책을 읽기 시작하면서 세상에 미칠 영향에 감사합니다.

책을 하루에 한 권씩 읽지만 행동에 나서지는 않는 당신에게 감사합니다. 좀 더 천천히 책을 곱씹어 읽고 그 내용을 실천하시길 바랍니다. 장차 당신이 실천에 나서면서 세상에 미칠 영향에 감사합니다.

이 책을 읽었지만 행동을 망설이는 당신에게 감사합니다. 다른 사람의 꿈은 그만 좇고 이제 당신의 꿈에 인생을 거시기 바랍니다. 이 책을 선택해 무궁무진한 당신의 잠재력을 탐구하기로 한 용기에 감사합니다.

이 책을 읽고 즉각 행동에 나서는 당신에게 감사합니다. 당신은 세상을 바꾸는 1퍼센트 중 한 명입니다. 이 세상을 더 살기 좋은 곳으로 바꾸고 있는 것에 감사합니다. 당신의 여정에 잠시나마 동행할 수 있어 영광입니다.

MEMO

**MEMO**